# Mujeres en la Biblia

## Ejemplos Para Vivir

Sylvia Charles

# Mujeres en la Biblia

Ejemplos Para Vivir

Sylvia Charles

# Dedicación

Dedico este estudio de las mujeres en la Biblia a tres jóvenes preciosas en mi vida, mis hijas...Donna, Laurie, y Nancy.

# Reconocimientos

Deseo dar gracias a todos los que me permitieron usar sus historias personales como ilustraciones de verdades Escriturales. Oro que sus experiencias de la vida verdadera bendecira al lector tanto como estos amigos han enriquecido mi vida.

Y también públicamente quiero expresar mi aprecio a mi esposo, Don, por animarme y soportarme mientras compartíamos el trabajo del Señor de estas enseñanzas en nuestra relación matrimonial.

Yo estoy, mas que todo, agradecida a mi Padre Celestial por enviar su hijo Jesús, a morir por mis pecados y darme Su Espíritu Santo para ser enseñada de Su Palabra y luego compartir esa Palabra con otros.

La Versión de la Biblia usada, es la Reina-Valera, Revisión de 1960.

Primera Impresión

ISBN 1-56322-072-5

**Mujeres en la Biblia**

Copiado © 2000 por Publicaciones Hensley. Reservados todos los derechos. Impreso en los Estados Unidos de América por Publicaciones Hensley. Ninguna parte de esta publicación puede ser reproducida, mejorada de condición, transmitida en un sistema electrónico, mecánico, fotografiado, grabado, o de cualquier otra manera.

# PROLOGO

Fue durante un tiempo quieto con el Señor hace muchos años, que leí en Lucas 17:32 el simple mandamiento de Jesús: "Acordaos de la mujer de Lot." Aunque sabia que el estaba describiendo las señales antes de la Segunda Venida, ¡Yo estuve impresionada con la realidad de que Jesús escogió a esta mujer sin nombre de ser recordada de toda la historia! Y mientras realizaba que yo era una de esas mujeres viviendo los últimos tiempos, me sentí impulsada a descubrir por que Jesús dijo que nos recordáramos de la esposa de Lot.

Releí su historia en Génesis, Tratando de ponerme en su lugar. Mientras lo hacia, yo vi, de nuevo, las consecuencias por mirar atrás (por cualquier razón) cuando Dios desea que nos movamos con El. Yo recuerdo mis pensamientos, no realizando entonces que esto seria un capitulo de mi primer libro, "Mujeres en la Palabra," a ser publicado unos años mas tarde.

Estaba tan fascinada con "Acordaos de la mujer de Lot" que determine hacer lo mismo con otras mujeres de la Biblia—hasta que finalmente complete un estudio con 64 mujeres nombradas en las Escrituras. En el proceso, comencé a ver que todas estas mujeres eran un preludio a la ultima mujer en la Palabra de Dios—la esposa de Cristo Jesús. Así, las lecciones aprendidas de estas *Mujeres en la Biblia* son parte de la manera de Dios de prepararnos, la Iglesia, como la Esposa.

Mi carga ha sido que nosotras, que estamos viviendo en los dias que Cristo habló en Lucas 17, necesitamos no solamente oír el mandamiento de "Acordaos de la mujer de Lot," pero también aprender de otras mujeres de la Biblia.

Es mi oración que cada mujer que estudia *Mujeres en la Biblia, Ejemplos para Vivir,* sea bendecida tal y como yo lo he estado, aprendiendo estas verdades que Dios quiere que apliquemos a nuestras vidas...para que vengamos a ser la hermosa Esposa de Jesucristo.

*Amados, ahora somos hijos de Dios, y aun no se ha manifestado lo que hemos de ser; pero sabemos que cuando él se manifieste, seremos semejantes a él, porque le veremos tal como él es.* I de Juan 3:2

# Hacerca de Fotocopiar Este Libro

Alguna gente que nunca caminaría en una tienda y robaría un libro, nunca pensaría en fotocopiar el mismo libro. Los resultados son iguales. Ambos actos son erróneos. Mucha gente tiene el entendimiento equivocado de que haciendo copias de un material que es la propiedad de una obra literaria es legal si es para su uso personal y no para revender. Haciendo copias no autorizadas de un material de propiedad de una obra literaria para cualquier propósito es contra la ley federal, y quizás resulte en encarcelamiento o hasta multas de $50,000 Dólares.

I de Timoteo 5:17-18 nos instruye que le demos al obrero su salario, especificamente a esos que trabajan en la Palabra y doctrina. Como el editor, tenemos una responsabilidad moral y legal de ver que nuestros autores reciban una justa recompensa por sus esfuerzos. Muchos de ellos dependen de la ganancia de la venta de estos libros como su único modo de vivir. Por esa razón también los artistas, impresores, y otras cantidad de gentes que trabajan para hacer estos libros disponibles para usted.

Por favor ayúdenos a permanecer en la ley de ambos, del hombre y de Dios, desanimando a aquellos que podrían copiar este material en vez de comprarlo. Ya que este libro es protegido por las leyes y convenios de los editores de EE.UU, apreciaríamos ser notificado de cualquier violación.

# Tabla de Contenido

| | | | |
|---|---|---|---|
| Lección | 1 | **Comprendiendo la Biblia** | 9 |
| Lección | 2 | **Eva** | 15 |
| | | *Un Ejemplo del Orden Divino de Dios para las Mujeres* | |
| Lección | 3 | **Sara y la Reina Vasti** | 25 |
| | | *Un Ejemplo de Sumisión a la Autoridad* | |
| Lección | 4 | **Agar** | 35 |
| | | *Un Ejemplo de Conflicto entre la Carne y el Espíritu* | |
| Lección | 5 | **La Esposa de Lot** | 47 |
| | | *Un Ejemplo de Santificación* | |
| Lección | 6 | **Rebeca** | 57 |
| | | *Un Ejemplo de Idolatría* | |
| Lección | 7 | **Lea y Raquel** | 65 |
| | | *Un Ejemplo de Pactos* | |
| Lección | 8 | **Dina y la Esposa de Potifar** | 73 |
| | | *Un Ejemplo de Pecado — Arrepentimiento* | |
| Lección | 9 | **Jocabed, Miriam y Sefora** | 83 |
| | | *Un Ejemplo de Responsabilidad Maternal—Alabanza—Circuncisión* | |
| Lección | 10 | **Tamar y Rahab** | 93 |
| | | *Un Ejemplo de Misericordia y Gracia* | |
| Lección | 11 | **Debora** | 103 |
| | | *Un Ejemplo del Espíritu Santo* | |
| Lección | 12 | **Dalila y Abigail** | 117 |
| | | *Un Ejemplo de Lucha Espiritual* | |
| Lección | 13 | **Noemi y Rut** | 125 |
| | | *Un Ejemplo de Israel y la Iglesia* | |
| Lección | 14 | **Ana, Rispá, y la Madre de Icabod** | 135 |
| | | *Un Ejemplo de Oración* | |
| Lección | 15 | **Milca y Betsabe** | 147 |
| | | *En Ejemplo de Relaciones Matrimoniales* | |
| Lección | 16 | **La Bruja de Endor y Jezabel** | 155 |
| | | *Un Ejemplo del Ocultismo* | |
| Lección | 17 | **La Viuda de Sarepta, La Viuda con la Vasija de Aceite y la Mujer Sunamita** | 165 |
| | | *Un Ejemplo de Responder a la Palabra de Dios* | |
| Lección | 18 | **La Criada de la Esposa de Naaman, Huldá y La Reina de Saba** | 173 |
| | | *Un Ejemplo de Confesar la Palabra—Sabiduría* | |

| | | | |
|---|---|---|---|
| Lección | 19 | **La Esposa de Manoa y la Esposa de Job** | 183 |
| | | *Un Ejemplo a la Respuesta a los Caminos de Dios* | |
| Lección | 20 | **Ester** | 193 |
| | | *Un Ejemplo de Festejo y Ayuno* | |
| Lección | 21 | **Gomer** | 203 |
| | | *Un Ejemplo de la Misericordia y el Amor de Dios* | |
| Lección | 22 | **Elisabet y Ana** | 213 |
| | | *Un Ejemplo de Jesús como Señor y Rey* | |
| Lección | 23 | **Maria, Madre de Jesus** | 225 |
| | | *En Ejemplo de Meditación en la Palabra de Dios* | |
| Lección | 24 | **Maria y Marta** | 233 |
| | | *Un Ejemplo de Amigos — Familia* | |
| Lección | 25 | **Mujer de Samaria, Viuda de Naim, y la Mujer de Sirofenicia** | 243 |
| | | *Un Ejemplo de los Recipientes en el Ministerio de Jesus* | |
| Lección | 26 | **La Mujer con la Condición de Sangre** | 253 |
| | | *Un Ejemplo de Sanidad* | |
| Lección | 27 | **Herodes y la Esposa de Pilato** | 265 |
| | | *Un Ejemplo de Venganza — Sueños* | |
| Lección | 28 | **Maria Magdalena, Juana y la Otra Maria** | 277 |
| | | *Un Ejemplo de Mujeres que Ministratron con Jesus* | |
| Lección | 29 | **Salomé y Rode** | 287 |
| | | *Un Ejemplo de Sufrimento, Persecución y Rechazo* | |
| Lección | 30 | **La Viuda con dos Monedas y Safira** | 297 |
| | | *Un Ejemplo de Mayordomia (Administración)* | |
| Lección | 31 | **Dorcas, Lidia, Febe y Priscila** | 307 |
| | | *Un Ejemplo de Siervas* | |
| Lección | 32 | **Evodia y Sintique, Loida y Eunice, y la Señora Elegida** | 315 |
| | | *Un Ejemplo de Relaciones en el Cuerpo de Cristo* | |
| Lección | 33 | **La Novia del Cordero de Dios** | 325 |
| | | *Un Ejemple de La Iglesia Gloriosa* | |

*Lección 1*
# Comprendiendo la Biblia

Usted, como mujer que desea estar en la Voluntad de Dios, esta comenzando un estudio de las mujeres dibujadas en la Palabra de Dios. Esto será mas que un examen, o aun un estudio del carácter de las mujeres en la Biblia, porque miraremos a estas mujeres en la Escritura a la luz de las lecciones que podemos aprender de ellas. Luego trataremos de aplicar estas enseñanzas a nuestras vidas — ¡para que la Palabra sea hecha carne en nosotras!

La mujer fue creada como la contraparte del hombre. Era el propósito que ella tuviera una relación intima con el. La mujer es lo femenino del hombre. Ella también es un símbolo para la Iglesia, la novia de Jesucristo. Así que, mientras miramos a las mujeres en la Biblia, nos veremos nosotras mismas y descubriremos la naturaleza que Dios quiere que se forme en nosotras y prepararnos como una novia para su hijo.

Eva, como la primer mujer (Génesis) descrita en la Biblia, es un tipo de la ultima "mujer" (Apocalipsis), la novia cuya relación con Jesús será consumada en la cena de las bodas del Cordero. Entre medio hay muchas mujeres de quien podemos aprender. Algunas fueron buenos ejemplos. Algunas no. Antes que comencemos el estudio de Eva, usaremos esta primera lección para estar en un acuerdo común en la Palabra de Dios — que es, como vino a ser, y como podemos poner nuestra fe en ella como verdadera que es. Si no tenemos la misma creencia en la Palabra, será difícil discutir las enseñanzas y aplicarlas a nuestras vidas.

## *Las Versiones y Traducciones de la Biblia*

La Biblia es un libro, una historia — Su historia. Es la revelación de Dios escrita de Su plan y voluntad para el hombre. Es un libro eterno, sin fin, apropiado para cada persona en el mundo. Es un libro único que trae vida a esos que la leen y la creen.

Es un libro distinto a otros. Una progresiva, revelación divina que se mueve desde el principio del tiempo hasta el fin del tiempo. ¡Contiene 66 libros, fue escrita por 40 autores, y cubre un periodo como de 1,600 años! Reyes y príncipes, poetas y filósofos, profetas y estadistas, pastores, doctores, y pescadores todos fueron inspirados por el Espíritu Santo para escribir. A través de un periodo de varios siglos, una historia que no se contradice. Al contrario la historia da un mensaje total y completo.

Es dificultoso saber exactamente como el Antiguo Testamento vino a ser. Hay una tradición Judía muy fuerte que fue Esdras, el escriba quien arreglo el canon, aunque colecciones del Pentateuco y algunos de los profetas existían mucho antes de su tiempo.

Los libros del canon Hebreo fueron arreglados en tres grupos — la Ley, los Profetas, y los Escritos, que incluye la "Literatura de la Sabiduría." Los 24 libros del canon Hebreo son equivalente a los 39 libros del canon Griego (Que ahora conocemos como el Antiguo Testamento).

La mayoría de los libros del Antiguo Testamento son citados en el Nuevo Testamento. Esto sugiere que el Antiguo Testamento que Jesús conocía era idéntico al que generalmente se usaba entre los Judíos. (Como una docena de libros no están incluidos en la Biblia Protestante. No son parte del canon del Antiguo Testamento Judío, y no son aceptados como genuinos e inspirados. Estos son conocidos como los Apócrifos.)

Aunque tenemos muy poca evidencia temprana, podemos poner junto la manera que el Nuevo Testamento vino a existencia. El Antiguo Testamento era leído regularmente en los servicios de la Iglesia primitiva, y era natural agregar una lectura de algún documento autentico acerca de la vida y muerte de Jesucristo.

Al principio, los apóstoles mismos proveían un testimonio hablado; pero después de sus muertes, la Iglesia necesitaba un registro escrito de lo que ellos habían dicho. Sus cartas fueron agregadas a los evangelios porque daban guianza en la conducta Cristiana. El libro de Hechos fue incluido como una continuación del evangelio de Lucas, porque enseña el comienzo de la Iglesia primitiva. El Apocalipsis de Juan apela en tiempo de persecución.

Los métodos antiguos de publicaciones eran muy diferentes a los métodos de hoy. Manuscritos eran usualmente reproducidos por un grupo de escribas escribiendo al dictado de un escriba jefe. Por la labor envuelta, el manuscrito era muy caro para el uso general y eran preservados para uso en grupos. La forma del manuscrito usado en la Iglesia primitiva era el papiro, cuero, o pergamino, que era usado por siglos. Pero hay una buena razón para creer que muy temprano en el segundo siglo D.C., los Cristianos comenzaron a usar la forma de libro para una referencia fácil. Es de estos antiguos pergaminos y manuscritos que los traductores producen las diferentes versiones que tenemos hoy.

En la edad media, la Vulgata Latina era la versión oficial de la Iglesia. Pero después de la Reforma, había un deseo de traducir la Biblia en lenguas nacionales para que la gente común pudiera comprenderla. La imprenta ya había sido inventada, así que la Biblia podía ser producida en cantidades grandes. Fue la Biblia Alemana la primera que la separo en versículos.

En Inglaterra hubieron muchos intentos de traducir partes de la Biblia al Ingles. Esto incluye Wycliffe, Tyndale, y la Edicion Cloverdale. Finalmente 47 eruditos fueron designados por el rey Santiago I para hacer una traducción basado en lenguajes originales y en toda traducción disponible en ese tiempo. Era el trabajo mas completo y por consiguiente, en 1611 vino a ser la versión autorizada de la Biblia.

Desde entonces muchas otras versiones han aparecido. Algunas fueron el trabajo de comités, como el de la Version Revisada. Otros eran el trabajo de un solo hombre como el de la Biblia Viviente de Ken Taylor, el cual simplemente queria poner las escrituras en un lenguaje sus diez hijos podian entender durante el tiempo de devocionales. Las distintas versiones y traducciones ayudan a traer luz en las Escrituras, así que es bueno usar varias cuando se estudia la Biblia profundamente.

Todo esto es con el propósito de obtener el mensaje, de oír clara y exactamente a Dios. Aun con sus muchos autores y fuentes, la Biblia presenta un tema común a través de sus paginas porque el Espíritu Santo lo estaba cubriendo durante todo el proceso. Sin embargo parece haber un cambio mayor entre el Antiguo y el Nuevo Testamento, el mismo Dios habla y el mismo Espíritu Santo inspira al hombre. En estos hombres falibles, el planto una semilla de fe que eventualmente floreció hasta estar completo en Jesús. Y este Jesús, sobrenaturalmente concebido, fue nacido en el mundo natural de problemas y pecado y vino a ser la expresión completa de la Palabra de Dios.

### ¿Como La Palabra De Dios Puede Ser Vida?

La clase de vida que tenemos en la tierra, como el lugar de nuestra existencia eterna, depende últimamente en el escogimiento que hagamos: ¿Creeremos que la Palabra de Dios es verdadera para nosotros — o no? Nuestra salvación, como nuestra profunda dedicación terrenal al Señor, depende si creemos o no creemos la Palabra de Dios de ser toda verdadera.

Tenemos que creer que:

- La Biblia es la inspirada Palabra de Dios.
- Es la verdad para nosotros hoy como fue cuando fue escrita.
- Lo que la Biblia dice de si misma es verdad.
- Dios habló la Palabra y el cielo y su ejercito vino a existencia.
- Esta Palabra es aguda que divide el alma y el espíritu, también los ensamientos y las intenciones del corazón.
- La Palabra permanece para siempre y no pasara, aunque los cielos y la tierra pasen.
- La Palabra no regresara a Dios sin haber hecho lo que el quiere que haga.
- La Palabra nos juzga y revela nuestro pecado.
- Jesús es la Palabra de Dios hecha carne, y vino a vivir entre los hombres.

Para creer la Palabra de Dios, tenemos que aceptar que eso es verdad *por fe*. ¡Y fe en si misma viene por oír la Palabra de Dios! Siendo así, leyendo y meditando en la Palabra edifica nuestra fe y nos da la habilidad de creer la Palabra como ¡Palabra de Dios!

En lenguaje de computación, si ponemos "basura" adentro, "basura" saldrá. Si metemos literatura basura, T. V. sucia, pensamientos negativos y palabras ociosas en nuestras mentes, estas cosas, en palabras tarde o temprano, saldran y acciones impias. Si ponemos la Palabra de Dios en nuestras mentes y corazones, la Palabra de Dios saldrá en acciones del agrado a El.

Una cosa que destruye la fe es *duda*. Duda eventualmente produce incredulidad y hace la fe imposible. Satanás sabe esto. El uso esta táctica exitosamente con Eva, y con cualquiera que cae a esta pregunta, "¿Con que Dios os ha dicho...?"

Cuando Satanás aparece a Eva en el Jardín del Edén en la forma de una serpiente, el le pregunta a ella de una orden que Dios le había dado. El la tienta sugiriéndole que sus ojos serian abiertos y ella vendría a ser "como Dios." El Diablo mintió, diciendo ¡Dios verdaderamente no permitirá que tu mueras!

Quizá estos fueron los pensamientos que pasaron por su mente.

...Tenemos mucha autoridad ahora. ¿Que hay de malo con un poquito mas?

...Adán no le importo cuando le di un poco de este delicioso fruto para comer. Después de todo, ¡yo puedo hacer una decisión por mi misma!

...Las consecuencias de la desobediencia no pueden ser tan malas. No ha pasado nada terrible todavía.

Codicia, orgullo, rebelión, el deseo de independencia — estas son algunas de las cosas de nuestra naturaleza que Satanás usa para tentarnos, probablemente igual como hizo con Eva. Compare esto con la tentación de Jesús en el desierto después de su bautismo. Aquí vemos que Satanás no pudo encontrar nada en Jesús con que tentarlo; no había codicia, orgullo, rebelión, no deseo de independencia. En vez de eso, Jesús demuestra victoria sobre Satanás por recordarle lo que Dios ha dicho a través de su Palabra Escrita.

Actualmente cuando empezamos a dudar la Palabra de Dios, estamos tratando de ser "como Dios." Estamos participando del fruto prohibido, tratando de determinar por nosotros mismos que es malo y que es bueno. Jesús, quien era Dios, continuo sometiéndose a la sabiduría de su Padre celestial como se expresa en la Palabra y comunicándose por El Espiritu Santo.

Satanás, nuestro enemigo, quiere que dudemos la Palabra de Dios, así participamos de su propio carácter, de orgullo y rebelión. La causa de su caída del cielo, en primer lugar, fue porque el quería "ser como el Altísimo." Satanás quiere que el hombre se rebele también, tener la posición de Dios, tener y obtener gratis el conocimiento de lo bueno y malo para que pueda justificarse de sus propias acciones.

Dios, en el otro lado, desea que permitamos que su Espíritu Santo nos dirija, porque su Espíritu es el Espíritu de Verdad y nos puede enseñar todas las cosas (Juan 14:17 y 26).

Siendo así, tenemos que escoger: ¿Creeremos la Palabra de Dios o la palabra de Satanás? Y, si creemos lo que Dios dice en su Palabra, ¿deseamos aceptar y obedecer sin importar el costo?

Pídale al Espiritu Santo que le guíe mientras usted llena las principales verdades de las siguientes Escrituras:

**Josué 1:8** Los beneficios de la continua meditación en el libro de la ley son _____

**Juan 15:7** Si permanecemos en Jesús, y Su Palabra permanece en nosotros, nostras _____

**II de Timoteo 3:16 y 17** _____

La Escritura es: _____

y útil para _____

**Salmo 119:89** La Palabra de Dios _____
_____
_____

**Isaias 55:8-11** La Palabra de Dios _____
_____
_____

**I de Pedro 1:23-25** La Palabra de Dios _____
_____
_____

**II de Pedro 1:20 y 21** La Palabra fue escrita _____
_____
_____

**Apocalipsis 22:18 y 19** Si alguno añadiere a la profeciá de la Palabra, Dios traerá sobre de el _____
_____
_____

Y si alguno quitare de las palabras del libro de esta profecía, Dios hara _____
_____
_____

**Juan 20:31** El evangelio de Juan fue escrito para _____
_____
_____

**Romanos 10:17** _____
_____
_____

Viene por_____
_____
_____

**Salmo 119:105** La Palabra es _____
_____
_____

y _____
_____
_____

**Santiago 1:22-25** Concerniente a la Palabra, debemos de _____
_____
_____

y no _____
_____
_____

**Juan 12:47 y 48** Para los que rechazan a Cristo, la _____
_____

ella _____
_____ en el dia postrero.

**Apocalipsis 20:4** Los que reinaran con Cristo son los que dieron sus vidas por el testimonio de Jesús y por la _____
_____
_____

*Lección 2*
# Eva

## *Un Ejemplo del Orden Divino de Dios para las Mujeres*

*Pero quiero que sepáis que Cristo es la cabeza de todo varón, y el varón es la cabeza de la mujer, y Dios la cabeza de Cristo.*

I de Corintios 11:3

## PREPARANDO EL ESCENARIO

¡Eva lo tenia hecho! No solamente vivía en un lugar hermoso, pero gozaba de excelente salud, y todas sus necesidades materiales eran suplidas, y también era amada por su esposo, y tenia comunión con el Dios Todopoderoso. Eva era una completa y perfecta mujer. Única en creación, nunca fue una niña o una hija; ella nunca supo lo que era no estar casada.

Distinta de cualquier otra criatura, ella fue hecha de hueso (No del polvo como Adán). Es mas, ella fue tomada de uno de los costados de Adán — un lugar de protección. Ella era la ayuda idónea que Dios proveyó para que el hombre pudiera multiplicarse y llenar la tierra.

Las Escrituras dan a esta primer mujer tres nombres:

1. **Varona** (Mujer) — ella es llamada *Varona* "porque del varón fue tomada" (Génesis 2:23). Esto es mas termino genérico que un nombre, porque muestra que ella es la contraparte del hombre.
2. **Adán** — Ella es llamada Adán. "Varón y hembra los creo...y llamo el nombre de ellos *Adán*"...(Génesis 5:2). Este nombre inclusivo implica lo ideal para el hombre y esposa, que Dios los hizo una carne.
3. **Eva** — Ella es llamada *Eva*, "Por cuanto ella era madre de todos los vivientes" (Génesis 3:20). Este nombre, que Adán le dio a ella después de "la caída," describe su destino en historia espiritual. En el estudio de Eva, vendremos a comprender el orden divino que Dios estableció después de la caída del hombre. Este orden divino esta en efecto a través de toda la Escritura. Veremos que el orden divino no solamente nos alinea con nuestras relaciones terrenales con la Palabra de Dios, pero también nos permite ser la hermosa, sumisa Novia de Jesucristo.

## EL FRACASO DE EVA

(Basado en Génesis 2:8 — 5:5)

Como la primer mujer, Eva no había heredado pecado. Ella fue creada pura y santa. Dios les dijo a Adán y a Eva que no comieran del fruto de un árbol en particular en el jardín del Edén. Era el árbol de la ciencia del bien y del mal.

Satanás, quien apareció en forma de serpiente, apelo a los deseos de Eva de ser "como Dios" y la tentó a dudar la Palabra de Dios. Después no solamente comió del fruto, sino que le dio también a Adán. Como un resultado, ellos fueron separados de Dios y sacados del Jardín.

Se dieron cuenta de que estaban desnudos como resultado de su rebelión y desobediencia, la cual trataron de cubrir con hojas de higuera. Pero Dios, sabiendo que solo la sangre podía expiar pecados, los cubrió con pieles de animales.

De este modo, ellos fueron "perdonados." Pero tenían que sufrir las consecuencias de sus acciones. Adán tenia que trabajar la tierra maldita con el sudor de su frente. Eva como un resultado de su fracaso fue puesta bajo el gobierno de su esposo, y con dolores iba a dar a luz. Desde entonces, los hijos iban a nacer en pecado.

## LECCIONES DE EVA
### El Lugar de la Mujer en el Orden Divino de Dios

*Cuadro 2a*

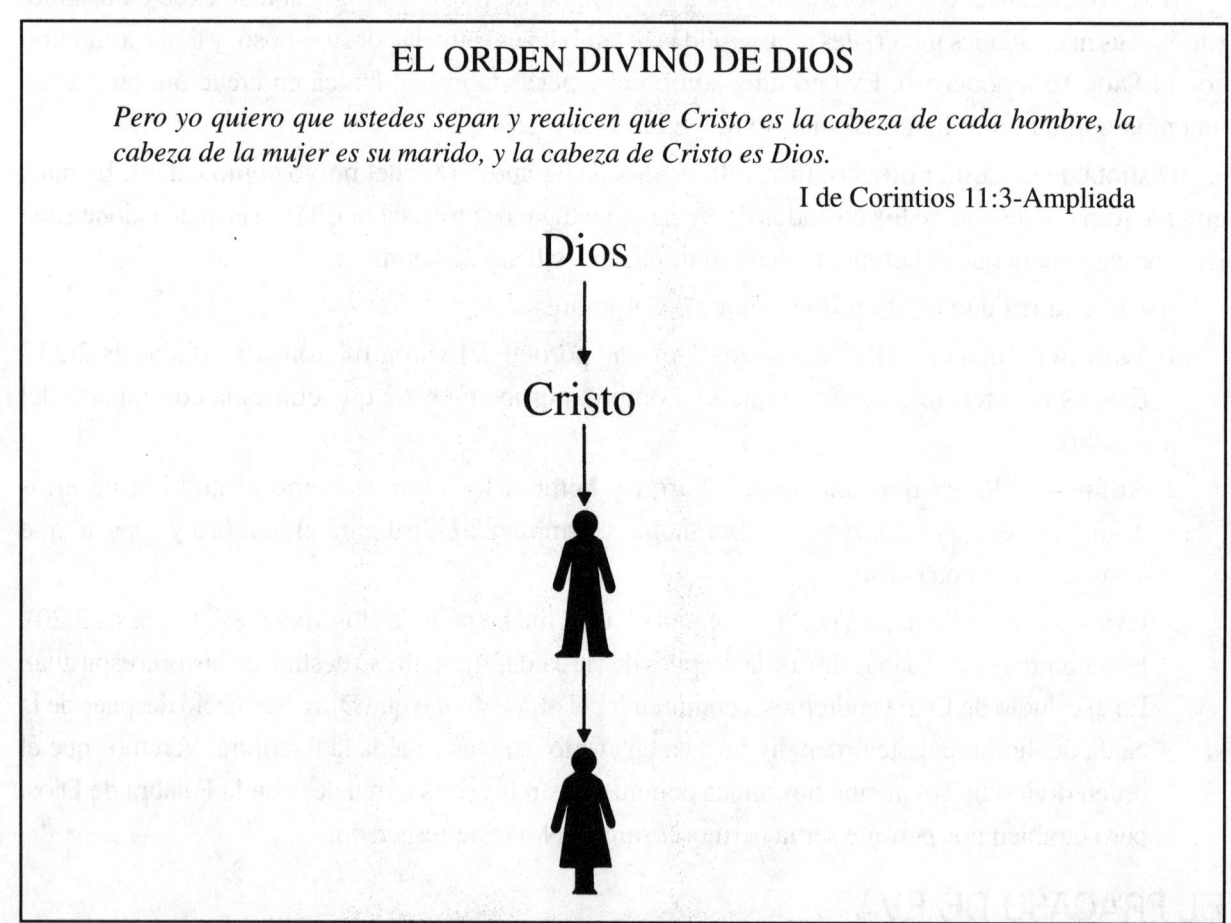

Dios creo a Adán y Eva en su imagen y les dio dominio sobre de toda la tierra, con la excepción de no comer de un árbol en particular. Cuando Eva se sometió a la tentación de Satanás y causo que Adán desobedeciera también, ellos "cayeron" de la gracia de Dios y fueron separados de El a través del pecado. Para proteger a Eva de los engaños del Diablo, Dios puso a Eva bajo la *cobertura* de su esposo. Desde entonces, ella se someterá a el. Eva, quien fue tomada del costado de Adán para pararse *con* el, ahora se requería que ella se sometiera a el.

Tenemos esta *cobertura* deletreado en I de Corintios 11:3, que dice que Dios es la cabeza de Cristo, que Cristo es la cabeza del hombre, y que el hombre es la cabeza de la mujer. En esta cadena de autoridad, cada uno es protegido *mientras se somete* a su cabeza. Solamente entonces están en buena relación con Dios, quien es el Protector sobre todos.

I de Corintios describe como una mujer es "cubierta" en adoración publica. De aquí vinieron las demandas que la mujer tenga pelo largo y que ponga un sombrero o velo cuando vaya a la Iglesia.

Larry Christensen, en su libro *La Familia Cristiana,* tiene otra interpretación. El sugiere que la palabra *angelos* en el versículo 10 puede referirse a los espíritus leales de Dios, o a los rebeldes seguidores de Satanás (como en I de Corintios 6:3).

Christensen piensa que, por el contexto, Pablo tiene esto mas tarde en su mente. Siendo así, una mujer que no esta protegida por la autoridad de su esposo esta abierta a influencias angélicas malignas. Por esta razón ella tiene que estar cubierta cuando adora. Su sumisión a la autoridad de su esposo la protege de las maquinaciones de Satanás.

Nuestra naturaleza rebelde y pecadora, como sea, resiste sumisión. Juntando esto con la presión de una sociedad que nos enseña que tenemos "derechos," y podemos ver como Satanás facilmente puede llegar a las mujeres. Quiere que nosotras seamos como el con completa rebeldía contra Dios. Pero nosotras, que fuimos hechas en la imagen de Dios, debemos de tomar la naturaleza de Jesús — que siempre estuvo totalmente sometido.

Así que tenemos que aprender a someternos a la autoridad no solo para ser protegida del enemigo, pero también para ser como Jesús.

Sumisión es el lugar de la mujer en el orden divino de Dios.

Para la mujer soltera, sumisión es una cosa del corazón, y Dios sabe si verdaderamente nuestro corazón desea someterse.

## La Función y el Papel de Satanás

*Cuadro 2b*

# COBERTURA

*Por lo tanto ella debía de estar sujeta a su autoridad y debía de tener una cobertura en su cabeza como una muestra o símbolo de su sumisión a su autoridad, y mostrar reverencia a los ángeles y no desagradarlos.*
I de Corintios 11:10 Ampliada

Engaño — I de Timoteo 2:13 y 14

Impureza Moral — Génesis 34:1 y 2

Derrumbamiento de la Familia

Relaciones — Génesis 27:5-13

Esterilidad — II de Samuel 6:20-23

Confusión — I de Corintios 14:34-35

Manipulación (Espíritu Dominante)
 — I de Reyes 21:4-7

Impedimento de la Posible Salvación del Esposo — I de Pedro 3:1

Mientras miramos las Escrituras, encontramos quien es Satanás verdaderamente, como funciona, y que papel juega en nuestras vidas. Descubrimos que el era originalmente, un ángel en la presencia de Dios. Pero Satanás fue lanzado fuera del cielo por su determinación de exaltarse el mismo y ser como Dios. Después de su caída, el trato de usurpar la autoridad que Dios le había dado a Adán y Eva cuando los creo para gobernar sobre la tierra. Satanás lo hizo causando que desobedecieran a Dios y, de este modo, perdió su posición. Como un resultado, Satanás asumió el gobierno de este mundo, en adición a su gobierno como el "Príncipe de la potestad del aire" (Efesios 2:2). Después Satanás uso seguidores que cayeron con el para gobernar sobre el hombre pecador.

Pero Dios derroto a Satanás mandando a Jesús, Su propio hijo, a la tierra a pagar el precio supremo por el pecado del hombre. De acuerdo a I de Juan 3:8, Jesús murió en la cruz, para destruir todas las obras del Diablo.

Cuando el hombre acepta el trabajo expiatorio de la sangre de Jesús, derramada para cubrir el pecado del hombre, El no solo es salvo para vida eterna, pero también es salvo del poder de Satanás. Así, la sumisión de Jesús a su Padre Celestial derroto a Satanás y también gano — para nosotros — la victoria sobre el.

Satanás todavía intenta engañarnos, acusarnos, y tentarnos. Somos probados por como respondemos. Mientras Satanás viene contra nosotros, respondemos de acuerdo cuanto conocemos la Palabra de Dios y la obedecemos concerniente al orden divino, lucha espiritual, y otros muchos aspectos que cubriremos en lecciones futuras.

La lucha entre Dios y Satanás se esta acelerando porque Satanás sabe que su tiempo es corto. Cuando Jesús venga como Rey de Reyes y Señor de Señores, Satanás será atado por un tiempo. Entonces, después una ultima oportunidad para engañar y alejar a los hombres de Dios, Satanás será lanzado al lago de fuego, donde el será atormentado dia y noche eternamente.

### Satanás — ¿Quien Es el y de Donde Vino?

**Isaias 14:12-14**  Como Lucero, el fue sacado del cielo porque _____
_____
_____

**Juan 8:44**  Desde el principio, el ha sido _____
_____
_____

**Mateo 10:28**  El poder de Satanás esta limitado a _____
_____
_____

**Apocalipsis 12:9**  En el mundo, Satanás es uno que _____
_____
_____

**Génesis 3:1 y 2** En el jardín, Satanás tomo la forma de _____

**II de Corintios 11:14** Satanás a veces se disfraza como _____

**Job 1:6-12; 2:1-7** Satanás es descrito como _____

**II de Corintios 4:4** Satanás es llamado _____

cegó el _____

la luz _____

**Marcos 4:15** Satanás trata de quitar _____

**Lucas 13:16** Satanás tiene la habilidad de _____

**II de Corintios 2:10 y 11** Satanás toma ventaja de nosotros si _____

**Isaias 54:16** Dios ha creado al destruidor (Satanás) para _____

**Lucas 4:1-13** Satanás tentó a Jesús por _____

Satanás Ha Sido Derrotado

**Génesis 3:15** La simiente de la mujer (Jesús) herira _____
_____
_____

**Colosenses 2:14 y 15** Con Satanás, Jesús _____
_____
_____

**Hebreos 2:14** Por medio de la muerte, Jesús destruyo _____
_____
_____

**I de Juan 3:8** El hijo de Dios apareció para _____
_____
_____

**Juan 16:11** "El príncipe de este mundo" (Satanás) ha _____
_____
_____

**Juan 16:33** Jesús ha vencido _____
Esto incluye _____
_____
_____

**Apocalipsis 20:1-10** El futuro y ultimo destino de Satanás es _____
_____
_____

Nuestra Victoria Sobre Satanás

**Apocalipsis 12:11** Vencemos a Satanás por medio de _____
_____
_____

**II de Corintios 10:3-6** Las armas poderosas de Dios para _____
_____
_____

**Lucas 10:19** Jesús les dio poder a sus discípulos para _____
_____

**Marcos 16:17** Una de las señales de los creyentes es _____

_____

_____

**Efesios 6:10-18** Nuestra armadura en la lucha espiritual consiste de _____

_____

_____

## Jesús y su Novia — Orden Divino

Efesios 5:22-33 La relación paralela entre un esposo y esposa con Jesús y su Novia, la Iglesia. Consideraremos esto en mayor detalle en la próxima lección. Por ahora, consideraremos la cobertura que es provista a través de la sumisión — especialmente como hemos visto en nuestra relación con Cristo.

I de Corintios 15:45 dice, *"Así también esta escrito, fue hecho el primer hombre Adán alma viviente; el postrer Adán, espíritu vivificante."* Si Jesús es el postrer "Adán," ¡entonces la Iglesia es la ultima "Eva!" Siendo así, mientras miramos a Eva, podemos mirar dentro de la relación que la Iglesia debe de tener con Jesús.

Watchman Nee, en su libro, *La Iglesia Gloriosa*, compara la Iglesia como un tipo de Eva.

Nee dice que todo lo que Dios deseaba en Adán fue cumplido en Cristo. Viendo a Eva como la esposa de Adán, tenemos un cuadro de la Iglesia como la Novia de Cristo. Siendo así, el propósito completo de Dios es en cierto modo perfeccionar a través de la Iglesia, de igual manera perfeccionar a través de Eva.

La primer mujer fue planeada desde antes de la fundación del mundo, También la segunda mujer. Sin embargo, mientras Eva aparece antes de la "caída," la Iglesia aparece después de la "caída."

Cuando Cristo murrio, Su costado fue traspasado y sangre y agua fluyó. La sangre significa redención; el agua significa vida. Por lo tanto, la Iglesia vino en existencia a través de la muerte de Cristo, igual como Eva fue tomada del costado de Adán mientras el dormía.

El propósito de Dios en crear la Iglesia es el de que ella sea la ayuda idónea de Cristo. El desea que la Iglesia gobierne con El, como El quiere que una Iglesia victoriosa acompañe a un Cristo victorioso. Por lo tanto, Dios hizo provisión para la Iglesia de ser vencedora en lucha espiritual, como Cristo venció las obras del Diablo.

**Efesios 5:22-33** Cristo ha demostrado su amor por la Iglesia por _____

_____

_____

La responsabilidad de la Iglesia es _____

_____

_____

**I de Corintios 6:15-17** Si estamos unidos con Cristo, somos _____
_____
_____

**I de Corintios 15:45-50** Comparación entre Adán y Cristo incluye _____
_____
_____

# RESUMEN

En el estudio de Eva, comenzamos a ver el orden divino para el hombre y la mujer que fue establecido por Dios siguiendo a la "caída" en el Jardín del Edén. Orden divino, que es efectivo a través de las Escrituras, provee una "cobertura" para cada uno. Esta estructura no solamente ayuda a definir nuestras relaciones terrenales, sino que muestra la de la Iglesia, como la novia de Cristo, y su relación con Jesús.

# EJEMPLO MODERNO

Cultos religiosos están esparcidos hoy. Dr. Walter Martin define un culto como "un grupo de gente reunida por una especifica interpretación de la Biblia por una persona o personas." Una encuesta de tales cultos revelo que muchos de los fundadores eran mujeres — mujeres que fueron engañadas porque estaban fuera del orden divino de Dios. Parece que este es el caso en la historia de Mary Baker Eddy, fundadora del movimiento Ciencia Cristiana.

La Iglesia de la Ciencia Cristiana (1) niega la doctrina de la Trinidad y de la Deidad de Jesucristo; (2) niega el origen del mal, Satanás, y "pecado"; (3) y por consiguiente la necesidad de la muerte de Jesús en la cruz; (4) afirma que no hay enfermedad y "muerte," aun niegan que ¡el "cuerpo" mismo existe!

Como Eva, Mary Baker Eddy de alguna manera, de algún modo fue tentada a ser "como Dios." En su libro, *El Reino de los Cultos,* Martin dice que en su "Periódico de la Ciencia Cristiana" de Abril de 1889 reporta que la señora Eddy proclamo que ¡ella era igual a Cristo como Su sucesora escogida!

Mary Baker Eddy nació en 1821, en un rancho en New Hampshire. Nacida en una familia de Congrecionalistas, Mary vino a estar profundamente interesada en religión. Como niña, siempre estaba enferma y no podía atender regularmente la escuela. Mary fue una lectora ávida, como sea, continuo sus estudios bajo su madre y hermano mayor.

Cuando Mary tenia 22 años, se caso con George Glover, un hombre de negocios vecino. Siete meses mas tarde, mientras Mary estaba embarazada, George murió de fiebre amarilla. Este trauma la redujo a una enfermedad emocional, muy débil y vacilante.

Diez años después, contra la advertencia de su padre, Mary se caso con Daniel Patterson, un dentista. Su matrimonio termino en divorcio.

Aunque ella había sido atacada con enfermedades por años, ella encontró ayuda temporal de un famoso curandero mental, Phineas Parkhurst Quimby. Años de estudio y meditación convencieron a Mary que el poder de la mente divina, o "Dios," podía vencer las enfermedades físicas. En 1875, ella publico la primer edición de "Salud y Ciencia." Mucho de este material fue plagiarisado de otros escritores, incluyendo Quimby.

Durante este tiempo, Mary se caso con uno de sus convertidos, Asa G. Eddy. En menos de cinco años, el murió de infarto. Por su reputación de ser una "sanadora," Mary trato de ocultar la causa actual de su muerte.

En 1892, cuando Mary fundo la Sociedad de Publicaciones de la Ciencia Cristiana, doce seguidores fieles establecieron la primera Iglesia de Cristo, Científica. Vino a ser la Iglesia madre de la Ciencia Cristiana.

Mary guardo firme control de su Iglesia, aun en sus años de retiro. Hasta su muerte, ella implico que tenia autoridad sobre el hombre.

Mientras consideramos la historia de su vida, encontramos que esta mujer fue rebelde a una serie de hombres. Ella fue desobediente a su padre. Ella estaba sin la autoridad consistente de un esposo. Ella tomo ventaja de sus maestros, y estableció su propia iglesia. Parece que Mary Baker Eddy vivió una vida sin sujeción, abierta a los engaños de Satanás. La consideramos a ella como una mujer "Sin Cobertura" fuera del orden divino.

## ¿QUE PIENSA USTED?

1. ¿Ve usted a su esposo como su "cabeza," la autoridad a quien usted debe de someterse? ___
_____
_____

2. ¿Por que usted deja o no deja que sea su "cabeza?" _____
_____
_____

3. ¿Cual es el resultado cuando usted asume la autoridad? ¿Que le resulta a su esposo? ¿Que la resulta a usted? _____
_____
_____

4. ¿Si es usted soltera, a quien mira como su cabeza? _____
_____
_____

5. ¿Como le ayuda a usted el concepto del orden divino para mejor relación con Jesús y la función de su cuerpo? _____
_____
_____

# EVALUACIÓN PROPIA

1. ¿De que manera usted implementa los principios aprendidos de Eva? _____
_____
_____

2. ¿En que manera esta usted fallando de ejecutar los principios aprendidos de Eva? _____
_____
_____

3. ¿Que necesita hacer usted para cambiar? _____
_____
_____

4. ¿Como lo hara? _____
_____
_____

*Lección 3*
# Sara y la Reina Vasti

*Un Ejemplo de Sumisión a la Autoridad*

*Las casadas estén sujetas a sus propios maridos, como al Señor.*
Efesios 5:22

## PREPARANDO EL ESCENARIO

Cuando la mujer viene al Orden Divino (como es descrito en I de Corintios 11:3), las preguntas de sumisión y autoridad se levantan inmediatamente.

La mayoría de nosotras aceptamos que Dios es la autoridad máxima, mientras vemos como Jesús se sometió a la voluntad de Dios. También podemos observar como Satanás, en su determinación de ser como Dios, vino a ser el epitome de la rebelión en contra la autoridad de Dios. Pero es mas difícil reconocer *nuestra propia rebelión*, y aprender como someternos a Dios y el uno al otro.

Las Escrituras nos dice mucho acerca de sumisión, en enseñanza e ilustración. En estas lecciones, miraremos a dos mujeres — Sara y la Reina Vasti. Sara se sometió a Abraham, aun cuando podía ser justificada por no hacerlo. Como resultado Dios la protegió. La Reina Vasti en el otro lado, se negó a hacer lo que su esposo le había mandado. Como resultado, ella fue destronada de su lugar en el reino. Usándolas a ellas como ejemplos, consideraremos la pregunta de someterse a la autoridad. Veremos a la posición esperada de la mujer, también veremos en las Escrituras esas raras ocasiones cuando desobediencia a la autoridad es permitida.

## EL ÉXITO DE SARA

(Basado en Génesis 11-25; Romanos 4:19-21; Hebreos 11:11; I de Pedro 3:6)

Primero nos encontramos con Sara mientras ella y Abraham están saliendo de Babilonia donde Dios los llamo. Ellos, estaban por fe, siguiendolo, aun "sin saber a donde iban."

Después de la muerte del padre de Abraham en Harán, Abraham tomo a su sobrino Lot, y fueron a la tierra de Canaan.

Porque ellos encontraron gran hambre allí, ellos continuaron a Egipto. Temiendo por su vida en este país extranjero, Abraham vendió a Sara al harén de Faraón. Pero, El Señor la protegió mandando grandes plagas sobre Faraón ¡hasta que la dejo ir! Años mas tarde, algo similar ocurrió con el Rey Abimelec. Otra vez Dios protege a Sara por su sumisión a su esposo.

Dios hizo un pacto con Abraham, declarando que el vendría a ser padre de una gran nación. Era difícil para el y Sara de comprender la realidad de que ellos tendrían "simiente," ya que Sara había pasado la edad de tener hijos. Así que, para "ayudar" a cumplir la Palabra de Dios, Sara le dio a Abraham su sierva, y el tuvo un hijo con ella. Mas tarde el y Sara tuvieron el hijo prometido, Isaac.

Nada se dice de Sara después de la niñez de Isaac. Solo sabemos que ella vivió 127 años y que fue sepultada en la cueva de Macpela junto con Abraham, Isaac y Rebeca, y Jacob y Lea.

Por la gran fe que ella demostró en compartir el llamado de su esposo y en recibir fortaleza para concebir en una edad avanzada, ella es una de las dos mujeres mencionadas en el "Salón de la Fe" en Hebreos 11. Pedro también recomienda a Sara por su sumisión y obediencia. El la usa como un ejemplo de una que obedeció a su marido, y aun le llamaba a el "señor."

## LECCIONES DE SARA

### La Sumisión de Jesús a Dios

¿Puede usted imaginarse las ramificaciones de Jesús estando en total sumisión a su Padre? Jesús *era* Dios, la parte de la Trinidad que se humillo a si mismo para vivir en carne humana. Jesús *era* antes de la fundación del mundo; El también participo en la creación del mundo. Si embargo, cuando el estaba en la tierra, el no hizo nada sin someterse a su Padre. Declarando "Pero no se haga mi voluntad, sino la tuya," Jesús estuvo totalmente sujeto — aun a Su propia muerte en la cruz.

Pensaríamos que sumisión a la autoridad, no era necesario para Jesús, Sin embargo, Hebreos 5:8 nos dice que El aprendió obediencia por lo que padeció. Sumisión es la manera a total obediencia a Dios, y mucho lo aprendemos a través del sufrimiento.

**Filipenses 2:5-11** Para ser obediente, Jesús _____

**Hebreos 5:7-9** Y aunque era _____
Jesús aprendió la obediencia por _____

**Hebreos 12:1-11** Jesús soporto la cruz para _____

**Juan 6:38** Jesús no vino para _____

sino _____

**Lucas 6:12** Jesús descubrió la voluntad de Dios a través de _____

**Lucas 4:4, 8 y 12** El recuerda a Satanás la voluntad de Dios por _____
_____
_____

**Lucas 22:39-46** Jesús se sometió a su Padre cuando e _____
_____
_____

## Nuestra Sumisión a la Autoridad

El trono de Dios esta establecido sobre la autoridad. Todas las cosas fueron creadas a través de ella. Todas las leyes del universo son sostenidas por ella. Dios es la máxima autoridad, aun sobre Satanás. Eventualmente, todo se someterá a Dios. Por lo tanto, es importante para nosotros aprender ahora a someternos a Su autoridad, y a aquellos a quien El ha delegado sobre nosotras.

La llave para un corazón verdaderamente sometido es encontrado en Efesios 5:22, donde dice que las esposas se sometan a sus maridos, *como al Señor*. Esta es una actitud del corazón, una necesidad de someterse, si vamos a tener la perspectiva correcta. Nos guardara de desobedecer a Dios, aun mientras nos da el significado de someternos al hombre *"como al Señor."*

## Cuatro Ideas Falsas de Sumisión

1. *Sumisión es "obediencia ciega."*

    Sumisión y obediencia no es la misma cosa. Sumisión es una actitud del corazón; obediencia es un acto de la voluntad. Uno pude tener un corazón sometido y no ser obediente, lo mismo como uno puede ser obediente y no tener un corazón sometido. Nuestra actitud puede ser una cosa y nuestras acciones otra.

2. *En someterse, usted viene a ser una alfombra al que esta en autoridad.*

    De acuerdo a Webster, la palabra "someter" significa: presentar a otros para consideración; rendirse al control de otro; ofrecerse como una opinión. Estas son direcciones activas — presentarse, rendirse, ofrecer. Si verdaderamente estamos sometidas, en el amor del Señor, compartiremos lo que sabemos y creemos, y luego aceptar la decisión del que esta en autoridad. Así, estamos protegidas (cobertura), aunque nuestra autoridad este equivocada. Si, en el otro lado, no sometemos lo que sabemos, sufriremos las consecuencias.

3. *Sumisión es fácil si usted tiene un esposo creyente.*

    Esta es una fantasía para cada mujer creyente que esta casada con un incrédulo. En verdad, quizás halla mas acuerdo, especialmente en asuntos espirituales, pero sumisión no es fácil. Sumisión es actualmente morir al yo, y nadie quiere morir. Mujeres cristianas luchan con sumisión también — aun mas — porque saben que se requiere de ellas.

4. *Hay una diferencia entre someterse a un esposo incrédulo, y a uno que es creyente.*

    La palabra no dice así, o implica, "Las casadas estén sujetas a sus propios maridos, como al

Señor" (Efesios 5:22). Lea I de Corintios 7:13-17 (especialmente en la versión ampliada) y usted notara que una esposa creyente nunca tiene la opción de abandonar a su marido, aun si el es incrédulo. I de Pedro 3:1 también nos dice que las esposas deben de someterse a sus maridos, aunque el marido no este consciente de la Palabra de Dios.

¿Donde descansa la autoridad? ¿Cuales son las consecuencias de rebelarse en contra? (Romanos 13:1-7) _____
_____
_____

¿Cual es la voluntad de Dios concerniente a sumisión? (I de Pedro 2:13-17) _____
_____
_____

## EL FRACASO DE LA REINA VASTI
(Basado en Ester 1; 2:1, y 17)

La Reina Vasti fue la esposa de Asuero, un rey de grandes riquezas y fama, y su reino de Persia incluía 127 provincias, desde la India hasta Etiopia.

En el tercer año de su reinado, el Rey Asuero hizo banquete por 180 dias. El invito a todos los nobles y príncipes de su reino para mostrar las riquezas y la majestad de su imperio. Durante la ultima semana de este evento, el dio otro banquete para los que le habían ayudado a ser un éxito. En el dia final de la fiesta, el Rey Asuero mando que trajeran a Vasti a la fiesta de el, para que todos los hombres pudieran admirar la belleza de ella. Ordinariamente, una de las concubinas podía ser llamada, mientras que era un rompimiento de costumbres para una reina aparecer donde abundaba el vino. Pero Asuero, estaba medio borracho, e hizo un decreto, y la orden no podía ser rota.

La Reina Vasti rehuso someterse a la demanda de su esposo. Ella estaba muy ocupada con su propia fiesta que estaba teniendo con las mujeres. Ella quizás estaba apenada de mostrarse ante muchos hombres borrachos. Ella quizás estaba imponiendo su voluntad porque estaba enojada con su marido por hacer tal petición. Cualquiera que halla sido su razón, ella fue quitada de su posición y su estado real fue dado a otra.

## LECCIONES DE LA REINA VASTI

### Cuando Desobediencia a la Autoridad es Permitida

Dios levanta autoridad, y la quita (Salmos 75:6 y 7). Toda autoridad viene de El (Juan 19:11). Es difícil de discernir cuando somos permitidos escrituralmente venir sobre nuestra autoridad, porque siempre estamos inclinados a justificar nuestra desobediencia. Nuestra "vieja naturaleza" quiere rebelarse. Por lo tanto, tengamos cuidado de nuestros sentimientos cuando venimos a hacer una decisión, de desobedecer nuestra autoridad. Sumisión demanda muerte a nuestra "vieja naturaleza," así que nunca es atractiva a nosotras.

Un primer ejemplo de desobediencia aceptable a autoridad paso cuando Pedro y algunos apóstoles escogieron desobedecer a los sacerdotes del templo, y continuaron enseñando y predicando en el nombre de Jesús (Hechos 4:13-20). Ellos escogieron, obedecer a Dios. Aun en el Antiguo Testamento, tenemos el ejemplo de algunas mujeres Hebreas que guardaron las vidas de sus hijos porque temieron a Dios mas que a los gobernadores Egipcios (Éxodo 1:15-21). Van a haber ocasiones cuando también nosotros, tendremos que escoger, si obedecemos a los hombres o a Dios.

Esto es especialmente verdadero en estos últimos dias. Se nos advierte en las Escrituras, muchos falsos maestros trataran de engañarnos enseñándonos doctrinas que no son de Dios. Aun algunos esposos están demandando cosas de sus esposas que son contrario a la Palabra de Dios, con el resultado de que las esposas son golpeadas.

La pregunta que tenemos que responder cuando consideramos desobediencia a autoridad es esta: *¿Se me esta pidiendo que haga algo, que claramente La Biblia muestra que esta contra la voluntad de Dios?*

Para descubrir la respuesta tenemos que:

1. Conocer todo el consejo de Dios, no solo un versículo fuera de contexto. De otra manera, podemos mal interpretar la verdad (Hechos 20:27-30); y
2. Ser guiadas por el Espíritu Santo, El es el Espíritu de Verdad y nos enseñara todas las cosas. (Juan 16:13).
3. Mire por fruto, especialmente en un ministerio. Dones y milagros son atractivos, pero la gente puede hacer obras maravillosas en el nombre de Jesús y seguir teniendo vidas llenas de iniquidad. Un árbol es conocido por sus frutos sean buenos o malos. (Mateo 7:21-23).
4. Este envuelta en una Iglesia que crea, donde corrección puede ser dada y recibida. Hermanos cristianos pueden tener conocimiento que nosotros no tenemos (Hebreos 10:25).
5. Pida una gran cantidad de sabiduría. Tenemos que tener un temor genuino del Señor, porque a El le rendiremos las cuentas finales. El conoce nuestros corazones hoy (Santiago 1:5).

## Rebelión a la Autoridad

Sumisión es lo contrario de rebelión. No sea que desobedezcamos autoridad en rebelión, vamos a mirar el resultado en las vidas de algunos que lo hicieron.

Adán y Eva (Génesis 3:1-6, 14-19) _____
_____
_____

Nadab y Abiu (Levítico 10:1 y 2) _____
_____
_____

Aaron y María (Números 12) _____
_____
_____

Core, Datan, y Abiram (Números 16) _____

_____

_____

Saul (I de Samuel 15:1-26) _____

_____

_____

## ¿Como Trabaja Sumisión Entre Creyentes?

Sumisión es de Dios; Rebelión es de Satanás. Hay un concurso entre estos dos por nuestra alma. ¿Seguiremos el modo de Jesús de sumisión y ser una gloriosa novia de Cristo, o nos rebelaremos, sabiendo que haciéndolo somos de la naturaleza y del reino de Satanás?

Ahora estamos haciendo la elección que determinara nuestro destino final por la manera como respondemos al orden divino de Dios y a la autoridad que ha delegado sobre nosotras. Esto es visto en cada área de la vida, pero mas apropiado, en la relación matrimonial y en el cuerpo de Cristo. Efesios 5:22-33 muestra que estas "parejas" tienen en común, y compara a Cristo y la Iglesia con un marido y su esposa.

*Cuadro 3a*

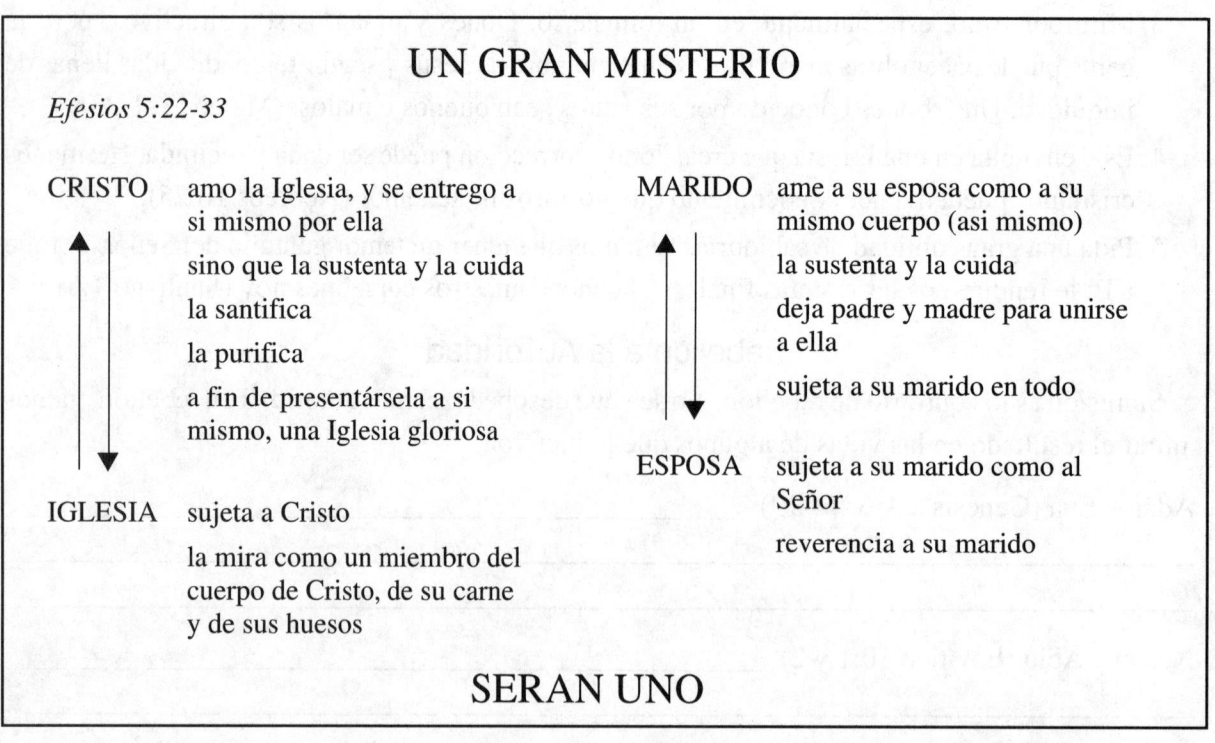

**I de Tesalonicenses 5:12 y 13** ¿Cual debe de ser nuestra actitud hacia aquellos que están "sobre de nosotros en el Señor?" _____

_____

_____

**Hebreos 13:17** ¿Que se requiere de esos que están en autoridad? _____
_____
_____

**I de Timoteo 5:17** ¿Como los ancianos deben de usar su autoridad? _____
_____
_____

**I de Corintios 14:33-35** ¿Cual es el lugar de la mujer en la Iglesia? _____
_____
_____

**Efesios 5:32** ¿Cual es el gran misterio concerniente a Cristo y la Iglesia? _____
_____
_____

**I de Corintios 12:28** ¿Quien es el que pone los distintos oficios en la Iglesia? _____
_____
_____

**I de Pedro 5:5** ¿A quien se debe de someter uno? _____
_____
_____

## RESUMEN

A través de confianza y obediencia, Jesús se sometió totalmente a su "cabeza," Dios Padre. La Palabra de Dios manda que las esposas se sometan a sus maridos (su "cabeza") — aun a los incrédulos de acuerdo a I de Pedro 3:1. Sumisión, que a veces es mal comprendida, es una actitud del corazón, usualmente demandando un abandono de sus derechos. Sara aprendió el secreto de esta clase de sumisión cuando lo hacia "como al Señor." La pregunta de la no sumisión se levanta mientras miramos la historia de la Reina Vasti. Siendo así, también consideramos los tiempos y condiciones cuando sea necesario "obedecer a Dios antes que a los hombres."

## EJEMPLO MODERNO

Por meses, una rabiosa interna batalla. Rebelión se levanto en cada gramo del ser de Bonnie, aun cuando el Señor le recordó, una vez mas, de la sumisión de Sara a Abraham — y que su actitud debe de estar de acuerdo con su obediencia.

Tres meses antes, ella y su esposo Michael se movieron de California "sin saber a donde iban," pero bajo la dirección de Michael, quien sintió que el Señor quería que vivieran en Colorado. Ellos sintieron que fue confirmado cuando Michael encontró un trabajo. Por tanto, antes que comenzara su trabajo, ellos hicieron un ultimo viaje a casa para los dias festivos para ver a la familia y amigos.

Ahora estaban retornando a California, y el corazón de Bonnie estaba lleno de temor, enojo, amargura, y rebelión, aun cuando ella estaba "sometida" externamente. Ella no quería abandonar el lugar que siempre había sido su casa.

Unos dias después Michael comenzó su nuevo trabajo y los muchachos estaban establecidos en su nueva escuela, Bonnie desarrollo una tos. En una semana, estaba tan grave, sentía dolor por todas sus costillas en cada resuello. Finalmente, ella fue a un doctor. El le informo que ella tenia un virus, y que la tos había roto algunos cartílagos en sus costillas. El le receto "codeina" para calmarle la tos y un antibiótico para el virus.

La reacción de Bonnie a la codeina fue inmediata, con vómitos dolorosos. Michael llamo al doctor, le quitamos la codeina, y continuamos con el antibiótico. Después de tres días, ella desarrollo una tesura en su cuello y coyunturas que sus niños tenían que ayudarle a levantarse de la silla. Luego se empezó a desarrollar palpitaciones irregulares en su corazón, sus manos y pies se hincharon, y sentía un gran malestar cuando respiraba.

Michael estaba preocupado y sugirió que se descontinuara la medicación, pero ella discutía y decía que la necesitaba para la tos, la cual no le había ayudado.

Finalmente, después de cuatro dias y noches de dolor e insomnio, y falta de respiración, la piel se le estaba pelando, y las palpitaciones irregulares en su corazón continuaban, Michael la llevo a otro doctor. El concluyo que Bonnie tenia un virus raro, y la instruyo que continuara con la medicación.

Cuando Michael la llevo a su casa, ella fue a su cama, y gritando al Señor diciéndole sáname o llévame contigo, porque no podía aguantar el dolor mas. Ella estaba en su ultima pastilla. Ella miro la botella en absoluta desesperación. Sus ojos le dolían tanto que no podía llorar.

Quebrantada al fin, ella se arrepintió y le pidió al Señor que la perdonara por su rebelión y amargura — especialmente hacia su esposo, a quien ella le gritaba con enojo cada oportunidad que tenia durante los últimos meses. Cuando ella termino, una gran paz vino sobre ella, y ella oyó la voz apacible de Dios que decía, "no tomes la ultima pastilla." Preguntándose si ella había oído correctamente, ella decidió que si, verdaderamente, era El Señor, le pidió al Señor que lo confirmara a través de Michael. Inmediatamente que pidió esto, Michael vino al cuarto y le demando, "¡Bonnie, no tomes esa pastilla!"

Ella tiro la pastilla en el inodoro y se fue a su cama. "De pronto entendí el significado de Efesios 5:22. Sumisión es una actitud del corazón. Aunque afuera me había sometido a mi marido, Yo continuaba en rebeldía adentro. Yo debía de someterme a mi marido *como al Señor — en mi corazón.*"

En 48 horas, Bonnie estaba completamente restaurada de salud. Pero fue una semana mas tarde que ella realizo como la falta de sumisión a su esposo le podía haber costado su vida. Ella encendió la televisión justo a tiempo para oír un reporte medico en un antibiótico en particular que ella había estado tomando. Se había determinado que alguna gente habían reaccionado severamente, aun al punto de la muerte de un derrame cerebral.

No necesitamos decir, Apocalipsis 3:19 (Ampliada) se hizo vivo, y fue dirigida a leer, "Esos a quienes yo (tiernamente) amo, Yo le digo sus faltas y convenzo y censuro y castigo...(eso es), Yo disciplino y los instruyo, así que se entusiasta y serio y quemándote con celo, y arrepiéntete.. cambia tu mente y actitud."

Bonnie sigue aprendiendo mucho acerca de una actitud de sumisión, aun cuando continua el Señor enseñándole que, en sometiéndose a Michael, ella se esta sometiendo a Jesús. El marido es la cabeza de la esposa, así como Cristo es la cabeza de la Iglesia. Y, como la Iglesia se somete a Cristo, así también las esposas se deben de sujetarse al marido en todo. Gloria a Dios por Su amor que disciplina para que aprendamos Sus caminos, que están mas altos que los nuestros.

## ¿QUE PIENSA USTED?

1. ¿Tiene usted un corazón sumiso a los que están sobre usted? _____

2. ¿Que pasa cuando usted se niega a sujetarse y hace lo que quiere? _____

3. ¿Como sumisión "como al Señor" hace sumisión al hombre mas facil? _____

4. ¿Alguna vez usted decidió obedecer a Dios antes que al hombre? ¿Cual fue el resultado? _____

5. ¿Aprendiendo sumisión, como nos ayuda en nuestra relación con Jesus? _____

## EVALUACIÓN PROPIA

1. ¿De que manera esta usted implementando los principios aprendidos de Sara y la Reina Vasti? _____

2. ¿En que modo esta usted fallando en implementar los principios aprendidos de ellas? _____

3. ¿Que necesita usted cambiar? _____

4. ¿Como lo hará usted? _____
_____
_____

*Lección 4*
# Agar

## *Un Ejemplo de Conflicto entre la Carne y el Espíritu*

*Digo, pues: Andad en el espíritu, y no satisfagáis los deseos de la carne. Porque el deseo de la carne es contra el Espíritu, y el del Espíritu es contra la carne; y estos se oponen entre si, para que no hagais lo que quisiereis.*

Galatas 5:16 y 17

## PREPARANDO EL ESCENARIO

Dios es una Trinidad — Padre, Hijo, y Espíritu Santo. Dios hizo al hombre a Su imagen — un ser trino, espíritu, alma y cuerpo. El intento hacer del hombre su morada, uniendo su Espíritu con el espíritu del hombre para poder tener comunión con el y gobernar la tierra. Porque el hombre peco, Dios no pudo hacer esto. Así que, El inicio un plan por el cual El enviaría un Salvador para expiar el pecado del hombre, así la relación con el hombre podía ser restaurada.

Cuando un hombre acepta a Jesús, El que compro nuestra redención con Su propia sangre, el es "nacido de nuevo" por El Espíritu que viene a morar en el. Sin esta unión con el Espíritu de Dios, el hombre solo puede funcionar en el poder de su propia voluntad. Las Escrituras se refieren a esto como la carne. Nace de nuestra naturaleza caída, el *viejo hombre.*

Aunque El Espíritu mora en nosotros cuando aceptamos a Jesús y Su trabajo expiatorio en la cruz, tenemos una batalla continua con nuestra naturaleza pecadora, nuestra carne, que quiere estar en control. La fuerza del *viejo hombre* no muere fácilmente, aunque Dios ha decretado que tiene que ser crucificada. Tenemos que dejar que Jesús viva Su vida en nosotros mientras aprendemos como someter nuestra carne a la voluntad y vida del Espíritu Santo.

En el llamamiento de la gente escogida (a quien Dios separara para El Mismo), El hizo un pacto con Abraham, declarando que la simiente de Abraham heredaría toda la tierra prometida. Porque la esposa de Abraham, Sara, había pasado de la edad de dar a luz, ella no podía comprender como daría a luz un heredero. En vez de permitir que Dios trajera a ella Su voluntad y Su manera, ella escogió la manera de su propia voluntad, la carne, y le dio a Abraham su sierva Agar, para que ella tuviera un hijo de el. Esto resulto en el nacimiento de Ismael, un descendiente en continuo conflicto con Isaac, el hijo prometido nació mas tarde a Abraham y Sara.

En Galatas 4:21-31, Pablo da un ejemplo de Sara y Agar como una alegoría — Vivir en el Espíritu contra vivir en esclavitud a la ley (o, en la carne). Tenemos el mismo conflicto en nuestras vidas. ¿Seremos como Sara, que tenia libertad de escoger la manera del Espíritu, o escogeremos como ella a "Agar" la manera de la carne.

## EL FRACASO DE AGAR

(Basado en Génesis 16 y 17; 21:9-21)

Agar era la sierva de Sara, usada para tener un hijo con Abraham y así cumplir la promesa hecha por Dios. Siendo así, en esta lección particular, Catalogamos a Agar como "fracaso," aunque ella personalmente, no hizo algo malo. Es mas, ella fue totalmente obediente a su señora, aun cuando fue maltratada por ella, y fue mostrada compasión por Dios.

Pero si consideramos que ella era un acto de la *carne en el lado de Sara*, vemos esto como un fracaso, en contraste con el deseo de Dios para que uno sea dirigido por El Espíritu.

Es difícil separar la historia de Agar con la de Sara. Las dos vidas están entretejidas con la de Abraham. Cuando Agar quedo embarazada de Abraham — por los arreglos de Sara — Sara se puso tan celosa que Agar tuvo que salirse de la casa. Agar huyo al desierto, donde fue encontrada por un ángel del Señor y le dijo que retornara a su señora y allí dar a luz un hijo que se llamaría Ismael.

Agar hizo como el ángel le mando, aunque la vida era miserable, aun después de nacer su hijo. Porque, faltaban 13 años mas antes que Dios cumpliera su Palabra a Abraham y Sara y les diera el hijo que nombrarían Isaac.

Tan pronto como Isaac fue destetado, Sara demando que Agar e Ismael se fueran. Ella no quería que Ismael fuera un heredero con su hijo Isaac. Entonces Abraham le dio a Agar algún pan y agua y la despidió.

Otra vez un ángel del Señor los encontró en el desierto, les dio mas agua y le recordó a Agar la promesa que le había dado antes, de que Ismael también seria padre de una gran nación — una nación que estaría en continuo conflicto con la gente de la promesa, los descendientes de Isaac. Siendo así, la sierva Agar, tiene que ser despedida. Su hijo no puede ser un heredero con el hijo de la mujer libre. Agar representa un acto de la carne de Sara, Dios intentaba cumplir su Palabra y Agar no estaba en el plan.

## LECCIONES DE AGAR

### La Trinidad

Aunque hay un solo Dios, El puede ser conocido en tres maneras: (1) Dios, el Padre; (2) Jesús, el Hijo; y (3) El Espíritu Santo. Dios como tres en uno es un concepto difícil para nuestras mentes entenderlo. (Agua es un ejemplo de algo que puede ser conocido en tres diferentes formas — liquida, hielo, o vapor — pero la formula es la misma.) Mas claramente vemos, los tres aspectos de la Trinidad en el bautismo de Jesús (Mateo 3:16 y 17). Mientras el Hijo era bautizado, el Padre hablo desde el cielo, y el Espíritu descendió sobre de El.

La Biblia revela a Dios como el único ser infinito y eterno, no tiene principio ni fin. El es Creador y sostiene todas las cosas, El Justo gobierna todo el universo. El es la fuente de la vida, y puede ser conocido por revelación. En el Antiguo Testamento, Dios se revela a Si mismo á través de sus profetas. En el Nuevo Testamento, El se revela a si mismo a través de su Hijo, Jesucristo. y, lo podemos ver a El en Su Palabra:

- Hebreos 11:6 nos dice que uno viene a Dios creyendo que El *es*.
- I de Tesalonicenses 1:9 dice que Dios esta vivo y es verdadero.
- I de Juan 4:8 dice que Dios es amor, Y también El es Luz (I de Juan 1:5), un fuego consumidor (Hebreos 12:29), un Espíritu (Juan 4:24), da vida (Juan 5:26), su entendimiento es infinito

(Salmo 147:5), es Todopoderoso (Apocalipsis 19:6), y llena el inmenso universo con su presencia (Salmo 139:7).

Conocemos a Dios como nuestro Padre Celestial cuando creemos en Jesús y venimos a ser herederos con Jesús (Juan 1:12 y 13). Jesús también lo conoce a El como Padre (Juan 6:37).

Cristianismo se diferencia de otras religiones, en que la vida que esta en el Hijo de Dios mora en el hombre. Así que, vemos al Hijo, el segundo aspecto de Dios. El es el Dios Hombre, Jesucristo, exaltado sobre toda criatura, sin embargo uno que se humillo a si mismo haciéndose hombre.

Jesús es Dios de acuerdo a Juan 20:28, Hebreos 1:8, Juan 17:5, y Juan 8:51-59. Jesús también fue un hombre, de acuerdo a Mateo 4:2, Juan 19:28, Juan 4:6, Juan 11:35, y Hebreos 4:15. Sus dos naturalezas, Dios y hombre, están unidas de tal manera que los dos vinieron a ser uno, teniendo una sola conciencia y voluntad.

La tercera persona de la Trinidad es El Espíritu Santo. Igual al Padre y al Hijo, El se muestra activamente empeñado en el trabajo de la creación con los otros dos. En el Antiguo Testamento, El venia sobre los hombres para darles poder para un servicio particular. En el Nuevo Testamento, después del Pentecostés, vemos El Espíritu Santo morando en el hombre, para nunca dejarlo, llenándolo y dándole poder. Como Dios, El esta presente en todo lugar (Salmo 139:7-10) y tiene todo poder (Lucas 1:35).

Cuando Pedro se confronto con Ananias (Hechos 5:3 y 4), Pedro revelo la Deidad del Espíritu Santo cuando le dijo a Ananias que no había mentido a hombre, sino a Dios. El Espíritu es revelado como co-igual, co-eternal, y co-existente con el Padre y el Hijo.

## El Hombre Es Trino — Espíritu, Alma y Cuerpo

El hombre es un ser trino hecho a la semejanza de Dios (Génesis 2:7 y I de Tesalonicenses 5:23). *El cuerpo* consiste de los cinco sentidos por el cual el hombre entra en contacto con lo que esta al rededor de el. *El alma* consiste de la mente del hombre (Intelecto), emociones, y voluntad. Reconocemos esto como su personalidad, la expresión de sus pensamientos y sentimientos. El *espíritu* del hombre consiste de su conciencia (Quien a menos que este marchita, le dice al hombre lo correcto o erróneo), y un sentido moral de lo que es bueno y malo.

Cuando Dios hizo al hombre, El deseaba hacer del hombre su morada. El Espíritu Santo se une con el espíritu del hombre y gobiernan el alma. Así, el hombre puede ser gobernado por el Espíritu de Dios.

Cuando el hombre "cayo," Dios no podía vivir mas en el hombre por su pecado. Pero a través de la muerte de Jesús, el hombre puede ser restaurado cuando acepta el trabajo de la sangre expiatoria por nuestros pecados. Antes de eso, el espíritu del hombre permanece dormido, y el es gobernado por su propia alma y carne. La liberación del espíritu viene a través del quebrantamiento y muerte del yo. Mientras el yo este en el trono, el Espíritu de Dios no puede gobernar.

El alma del hombre funciona independientemente de Dios, se fortalece mientras el hombre es gobernado por su mente, su voluntad, y sus emociones.

Algunos cristianos no entienden esto y tratan de vivir la buena vida, haciendo todo las cosas correctas y muchas buenas obras. Sin embargo Dios quiere nuestras vidas totalmente rendidas a El, para que pueda hacer Su trabajo a través de nosotros. Vemos este dilema claramente bosquejado en Romanos 6. Y entonces, tenemos conflictos entre los aspectos de nuestro ser trino.

## El Conflicto entre la Carne y el Espíritu

La Biblia usa varios términos para describir el yo del hombre que se opone al espíritu dentro del cual Dios desea morar. Este termino se refiere al alma y cuerpo del hombre. El hombre exterior perece.

*Cuardo 4a*

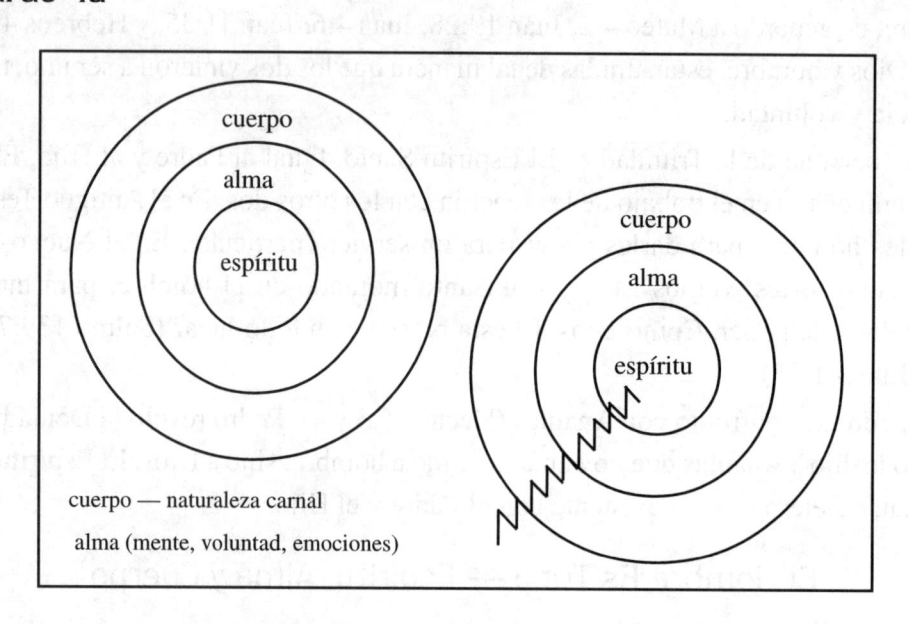

cuerpo
alma
espíritu

cuerpo
alma
espíritu

cuerpo — naturaleza carnal
alma (mente, voluntad, emociones)

### El Hombre Natural

**Efesios 2:1-3** El hombre natural es gobernado por _____

**I de Corintios 2:14** El hombre natural no recibe _____

Ellos son _____

**I de Corintios 1:18** Al hombres natural, las cosas de Dios le son _____

La Carne

**Galatas 5:16-21** Las obras de la carne son _____
_____
_____

**Juan 3:5 y 6** Lo que es nacido de la carne _____
_____
_____

y lo que es nacido del Espíritu es _____
_____
_____

**I de Corintios 15:50** _____
no pueden entrar en el reino de Dios.

**Efesios 6:12** Porque no tenemos lucha contra _____
_____
_____

sino _____
_____
_____

**Filipenses 3:3** No debemos tener confianza en _____
_____
_____

**II de Pedro 2:10-18** Viviendo en los deseos de la carne es descrito como _____
_____
_____

**I de Juan 2:16** Los deseos de la carne _____
_____
_____

no _____
_____
_____

### El Cristiano Carnal

Estos son bebes, despertados por el Espíritu, pero no sometidos al Señorío de Jesucristo. Ellos son creyentes en Jesús, pero son gobernados por la carne.

**I de Corintios 3:1-3** El Cristiano carnal _____
_____

**Hebreos 4:9-11** Cristianos carnales (mundanos) no pueden declarar victoria permanente porque
_____

**Romanos 7:13-25** El Cristiano carnal sabe la verdad, pero cae en una diaria contienda con ___
_____

y permite _____
_____

**Romanos 8:5-8** Siendo uno espiritual trae vida; siendo uno carnal trae _____
_____

y no _____
_____

## El Nuevo Hombre

**I de Corintios 3:16-25** Este hombre es una morada para _____
_____

**Efesios 3:16** _____
_____

fortalece nuestro hombre interior.

**Galatas 5:22-26** El fruto del Espíritu es _____
_____

**Romanos 8:1-17** Las promesas dadas a los que son guiados por el Espíritu de Dios incluye: ___
_____

Nuestro espíritu es dado por Dios para poder responderle a El, y gozarnos en Su presencia, y vivir ante El continuamente. Hebreos 4:12 dice que la Palabra de Dios es como una espada de dos filos, que divide el alma del espíritu. Mientras alineamos nuestras vidas con la Palabra de Dios, nuestra alma es separada del espíritu. Ya no damos prioridad a nuestros sentimientos y razonamientos; sino, nos sometemos a la Palabra de Dios

El Espíritu Santo también separa el alma del espíritu con su tratamiento con nosotros. Tan pronto como somos "salvos," el Espíritu Santo empieza a distribuir disciplina. Cuando nos ponemos incondicionalmente en las manos de Dios, el Espíritu Santo trabaja libremente en nosotros, "permitiendo" que vengan circunstancias en nuestras vidas para que seamos probados y tentados. Mientras aprendemos a someternos al Espíritu Santo como el maestro, aprendemos a diferenciar entre nuestros pensamientos y su guianza. Sabemos que lo que el dice siempre estará de acuerdo con la Palabra, así como no estará de acuerdo con nuestro razonamiento. Los caminos de Dios no son nuestro caminos, ni sus pensamientos nuestros pensamientos.

Así que, tenemos un continuo conflicto. La voluntad usara a "Agar," (la manera de nuestra voluntad y la carne) para traer nuestra voluntad, o ¿permitiremos que el Espíritu de Dios haga su voluntad en y a través de nosotros?

**Romanos 8:2-5** _____

_____

_____

Nos liberta de la ley del pecado y la muerte. _____

**Romanos 8:9** Ya no estamos en la carne, sino en el espíritu si_____

_____

_____

**Romanos 7:5 y 6** La carne trae_____

_____

_____

**Romanos 6:4-6** En bautismo _____

_____

_____

**Efesios 4:22-24** Tenemos que despojarnos de_____

_____

_____

y vestirnos _____

_____

_____

**Colosenses 3:8-10** Tenemos que despojarnos de _____
_____
_____

Y revestido del _____
_____
_____

**Colosenses 2:6-11** Se nos dice que _____
_____
_____

**II de Corintios 10:2-5** Aunque caminamos _____
_____
_____

no _____
_____
_____
_____

porque _____
_____
_____

**Mateo 26:41** El Espíritu esta_____
_____
_____

pero la carne es _____
_____
_____

**Romanos 7:13-25** La lucha entre las dos naturalezas es _____
_____
_____

## Preguntas que Considerar

¿Que fue crucificado con Cristo en Galatas 2:20? _____
_____
_____

¿Que quiere decir "consideraos muertos" en Romanos 6:11? _____
_____
_____

¿Que debemos de hacer diariamente, de acuerdo a I de Corintios 15:31? _____
_____
_____

¿Que significa tomar nuestra cruz, como se describe en Lucas 9:23 y 24? _____
_____
_____

¿Que no despreciara Dios, de acuerdo al Salmo 51:17? _____
_____
_____

## Quebrantamiento

Para funcionar en el *Espíritu, el yo* tiene que ser quebrantado. Como Roy Hession dice en su libro, *Camino al Calvario*, quebrantamiento ocurre cuando ese "yo duro y terco que se justifica a si mismo, quiere a su manera, defiende sus derechos, y busca su propia gloria, al fin inclina su cabeza a la voluntad de Dios, admite que esta mal, le da a Jesús su manera, rinde sus derechos y descarta su propia gloria...para que El Señor Jesús lo tenga todo y este en todo."

A veces, es el *yo* que trata de vivir la vida cristiana. Pero mientras el *yo* este en control, Dios puede hacer muy poco con cualquiera de nosotros. El no puede madurar el fruto del Espíritu hasta que permitamos a el que nos quiebre. El hace esto trayendo a nosotros opresión, y luego nos da a escoger. Podemos hacer nuestras cosas, como Sara lo hizo cuando dio Agar a Abraham, o podemos crecer en paciencia y permitir que Dios haga su voluntad en Su propio tiempo y a Su manera. Esto, rompe nuestra voluntad y produce fruto en nosotros. Nuestra vieja naturaleza del alma es quebrada, para que el Espíritu sea suelto.

Jesús, Dios mismo, se quebranto. El fue a la cruz, llevando el pecado del hombre sobre su propio cuerpo. Y el resultado, Dios lo levanto para gobernar a su mano derecha.

Juan 12:24 dice que una semilla tiene que caer en la tierra y morir y romperse antes que de fruto. En Lucas 20:17 y 18, después de que Jesús se refiere como la piedra angular que los edificadores rechazaron, El dice que ¡caemos sobre de El para misericordia, o El acera sobre de nosotros para juicio! Cualquiera de las dos maneras somos quebrantados. Pero es mejor cuando permitimos que El Espíritu Santo lo haga en nosotros, ¡que ser desmenuzados al polvo!

# RESUMEN

Aunque el Espíritu Santo mora en nosotros cuando aceptamos a Jesús y al trabajo expiatorio de Su sangre, siempre tenemos un continuo conflicto entre la carne, (nuestra vieja naturaleza), y el Espíritu (el nuevo hombre ahora dentro de nosotros). Aprendiendo como considerar nuestro *viejo hombre* muerto y dejar que Jesús viva en nosotros por el Espíritu es difícil y viene solamente a través de quebrantamiento.

Como Sara, a veces nos ponemos impacientes y usamos nuestros modos o maneras (Agar) para traer Sus promesas a nosotros, en vez de permitir que Dios cumpla Su Palabra a Su manera.

## EJEMPLO MODERNO

Cada uno de nosotros experimentamos conflictos en nuestras vidas, y a veces es difícil para discernir cual es de la carne y cual es del Espíritu. Así fue para Rut Bell Graham. En retrospectiva, parece que hizo la decisión correcta.

Ruth nació en la China de padres misioneros. Su padre era un cirujano experto y superintendente del Hospital General de Tsiangkiang. Ruth creció en una atmósfera misionera rodeada de Cristianos dedicados a servir en esta tierra extranjera. Nutrida en tal atmósfera, no era de sorprenderse que Ruth decidiera a la edad de 12 años, que ella seria una misionera solterona en Tibet.

Aunque sus padres querían que Ruth fuera a la Universidad, ella creia que todo lo que necesitaba en la vida era aprender el lenguaje del Tibet y la Biblia. Pero, sus padres dijeron no, y después de un año de graduada en Corea de la preparatoria, Ruth se matriculo en Wheaton College, en Illinois. Ni se imaginaba que cuando ella dejo su tierra a la edad de 17 años ¡no regresaria por medio siglo!

En la Universidad muchachos empezaron a tener citas con ella, pero ella siempre les decía que no planeaba casarse — nunca. Como Patricia Cornwell escribe, en el libro *Un tiempo para recordar*, "Siendo así, aunque su mundo estaba lleno de jóvenes, caballeros agradables, atentos. En pocas palabras lo que ella necesitaba era un hombre que fuera como ella: independiente, terco, y místico. Muy lejos, en el sur rural, tal persona si existía. "Conocemos a ese hombre y no es otro que Billy Graham.

Finalmente cuando Ruth y Billy se conocieron, ella todavía insistía en conseguir su meta de ser una misionera en Tibet. Mientras continuaban saliendo, el discutía que para el, el llamamiento mas elevado para una mujer era ser una esposa y madre. Pero, ella le recordó que ella era una excepción.

Finalmente, Billy le sugirió que pararan de verse mientras escudriñaban las Escrituras y oraban hasta que ella encontrara cual era el plan de Dios para ella. Probo que era una gran lucha renunciar a lo que ella tenia, por años, creer que era la voluntad de Dios para su vida. Su carne — su mente, emociones, voluntad — todos dicen que persiga su sueño de niña de ser una misionera en Tibet. Pero Dios, evidentemente, tiene otros planes, y finalmente ella se rinde a Su Espíritu.

Y así Ruth Bell viene a ser la esposa de Billy Graham, única diseñada para ser la compañera de su vida y madre de sus cinco hijos. Muy lejos de las montañas del Tibet, ella ha pasado la mayoría de su vida matrimonial en Carolina del Norte. Ruth, la que deseaba vivir una vida solitaria, vida discreta, en vez de eso es observada por millones en todo el mundo.

## ¿QUE PIENSA USTED?

1. ¿De que manera funciona usted, "en la carne," dejando que su carne gobierne? _____
_____
_____

2. ¿Como discierne usted la diferencia entre su "carne" y el "Espiritu"? _____
_____
_____

3. ¿Que debe usted de hacer diariamente, de acuerdo a I de Corintios 15:31? ¿Como se hace esto?
_____
_____

4. ¿Que le estorba a usted de ser guiada continuamente por el Espíritu de Dios? _____
_____
_____

## EVALUACIÓN PROPIA

1. ¿De que manera esta usted implementando los principios aprendidos de Agar? _____
_____
_____

2. ¿En que manera esta usted fallando en implementar los principios aprendidos de Agar? __
_____
_____

3. ¿Que necesita hacer para cambiar? _____
_____
_____

4. ¿Como lo hara? _____
_____

*Lección 5*
# La Esposa de Lot

## *Un Ejemplo de Santificación*

*Y el mismo Dios de paz os santifique por completo; y todo vuestro ser, espíritu, alma y cuerpo, sea guardado irreprensible para la venida de nuestro Señor Jesucristo.*

I de Tesalonicenses 5:23

## PREPARANDO EL ESCENARIO

El proceso de la santificación envuelve dejar nuestra vida mundana y ser gente santa, separada para Dios. La muerte de Cristo en la cruz provee esa santificación. Podemos ser hechos justos porque El llevo nuestros pecados sobre El como un sacrificio por nosotros.

Santificación es ambas, una sola experiencia, y a la misma vez un proceso constante, solo Dios, puede guardarnos sin caída y presentarnos sin mancha delante de Su gloria (Judas 24). En la oración de Jesús precedente a Su crucifixión, El pidió al Padre que santificara a Sus seguidores a través de la Palabra. Mientras alineamos nuestras vidas con la Palabra de Dios y permitimos que el Espíritu Santo more en nosotros y nos cambie, Dios ejecuta Su trabajo haciéndonos gente santa, una Iglesia gloriosa y una novia hermosa para Jesucristo.

Jesús, hablando con sus discípulos concerniente a los últimos dias, usa la esposa de Lot como un ejemplo de una que escogió mirar atrás a sus placeres mundanos, en vez de ser libre y gozarse de la vida que Dios ha preparado para ella. Como resultado, ella se convirtió en una estatua de sal sin uso.

Sin duda ella es un mensaje para aquellos que están viviendo en los últimos dias de los cuales Jesús estaba hablando. Si queremos ser la "sal de la tierra," llena de sabor y de uso para Dios, debemos de escoger no mirar atrás sobre experiencias pasadas y tradiciones. Mejor, tenemos que permitir que Dios nos separe para El. Esta es nuestra parte en el proceso para la santificación.

## EL FRACASO DE LA ESPOSA DE LOT

(Basado en Génesis 19:15-26; Lucas 17:28-33.)

Toda la información que tenemos concerniente a la esposa de Lot esta actualmente en un versículo corto de la Escritura. "Entonces la mujer de Lot miro atrás, a espaldas de el, y se volvió estatua de sal." Si embargo, de todas las mujeres escritas en la Palabra de Dios, ¡Jesús dice que nos recordemos de ella!

Para saber mas acerca de la esposa de Lot, primero tenemos que mirar la historia de Abraham. Lot vino con su tío Abraham fuera de Ur de los Caldeos. Primero el fue a Haran, donde Tare el abuelo de Lot, murrio. Después, Dios hizo su pacto con Abraham y su familia se movió, a la tierra prometida.

Mientras ellos estaban viajando al sur, hambre vino sobre la tierra, y Abraham y su familia se movieron a Egipto. Después de un tiempo, ellos retornaron a la tierra de Canaan, donde de acuerdo a Génesis 13:2, Abraham se hizo riquisimo en ganado, plata y en oro.

Lot, también tenia ovejas, vacas y tiendas, es mas, ellos tenían demasiado para poder seguir viviendo juntos. Así que Abraham decidió separarse. Le dio a Lot la primer opción en donde quería establecerse. Lot escogió la llanura del Jordán que toda ella era de riego, y dejo a Abraham que habito en tierra árida.

Mientras Lot viajaba hacia el este, el puso su tienda hacia Sodoma. Poco después, el estaba viviendo en Sodoma, donde "Mas los hombres de Sodoma eran malos y pecadores contra Jehová en gran manera" Génesis (13:13). Lot se hizo un ciudadano de Sodoma, se sentaba en las puertas de la ciudad en posición de autoridad, y era tratado con honor porque era familia del poderoso Abraham quien había libertado a la ciudad de invasión.

Aunque Lot era considerado un alma justa, el evidentemente cerro sus ojos a la maldad de la gente y se caso con una mujer de Sodoma. Ellos tuvieron dos hijas.

Sodoma era tal sumidero de pecado que Dios declaro que la destruiría. Pero por la intercesión de Abraham, Dios estuvo de acuerdo en salvar a Lot y a su familia.

Y dos ángeles fueron a sacar a Lot y a su familia fuera de la ciudad antes que el juicio de Dios cayera. Aunque la esposa de Lot y sus hijas no tenían ganas de salir, los ángeles las amonestaron para escapar a las montañas "sin mirar atrás." Otra vez Lot dudo. El quería ir a la pequeña ciudad de Zoar.

Mientras salían, azufre y fuego llovía del cielo y destruyo completamente a Sodoma. Caminando detrás de su esposo, la esposa de Lot miro atrás. Ella fue tomada por vapores sulfúricos y se solidifico con sal. Ella pereció mientras se paro, sepultada como una estatua.

¿Porque ella miro atrás? Quizás se recordó la vida de placer que estaba dejando y quería una ultima vez vislumbrar lo que ella estaba renunciando. Quizás ella tenia tanta culpabilidad y heridas que ella no podía empezar una nueva vida. Quizás estaba enojada con Dios por lo que estaba pasando.

Cualquiera que fuera la razón, Jesús nos dice "Acordaos de la mujer de Lot." Compartiendo con sus discípulos lo concerniente a los últimos dias (lo cual será muy parecido a Sodoma), Jesús quería que ellos supieran que Dios puede liberar gente de la maldad si obedecen y lo siguen a El.

## LECCIONES DE LA ESPOSA DE LOT
### ¿Porque Recordarse de la Esposa de Lot?

Nosotros que estamos viviendo en los últimos dias, estamos viviendo en una sociedad que se esta pareciendo mas y mas a Sodoma. Solo necesitamos mirar la inmoralidad, homosexualidad, pornografía, violencia, drogas, crimen, y divorcio para saber que el juicio de Dios sobre la sociedad se lo merece. Es solo su misericordia que ha mantenido su ira lejos.

Jesús quiere que aprendamos de la mujer de Lot. En vez de mirar atrás, El quiere que lo veamos a El, que escuchemos su voz, y que nos movamos como nos dirija con Su Espíritu. Será la única manera de sobrevivir en los dias que vienen. Somos Su novia; El quiere que estemos listos a reinar con El. El no quiere que nosotros miremos atrás a la vieja manera de nuestro mundo. El quiere gente obediente, libre de enredos mundanos, deseosos de confiar en El completamente. Como una novia en preparación, tenemos que estar libres de amores anteriores.

## Señales de los Últimos Días

Hay muchas señales de que estamos viviendo en los últimos dias. Veamos algunos:

Lucas 21:5-36 _____
_____
_____

I de Timoteo 4:1-3 _____
_____
_____

II de Timoteo 3:1-5 _____
_____
_____

## Santificación

En la ultima lección, miramos el conflicto entre la carne y el Espíritu. Vimos como arregla circunstancias en nuestras vidas para *quebrantarnos* — y nos permite que seamos conforme a su imagen — para ver si usamos nuestras fuerzas naturales para vencer los problemas o permitiremos que El Espíritu de Dios fluya a través de nosotros.

Dios es un Dios SANTO; El quiere gente SANTA. El hizo al hombre a Su imagen y El quiere sacar el *mundo* del hombre mientras el hombre cambia a Su naturaleza. LLamamos a este proceso *santificación*. Comienza y termina con la cruz. "Pero lejos este de mi gloriarme, sino en la cruz de nuestro Señor Jesucristo, por quien el mundo me es crucificado a mi, y yo al mundo" (Galatas 6:14).

La experiencia de la salvación es el principio del proceso de la santificación. Cuando uno *nace de nuevo*, el se arrepiente de su vida vieja y maneras, mientras el acepta el perdón que Dios provee a través del trabajo expiatorio de la sangre de Jesús. Cuando uno es nuevo creyente, uno entonces consagra su vida al Señor Jesucristo. La persona es *salvada* fuera del mundo, y también es *salvada* para vida eterna.

Cualquiera que verdaderamente es salvo reconocerá la continua necesidad de limpieza y separación. Santificación ocurre en la cruz, pero el proceso continua toda la vida mientras Dios trabaja cuando estamos separados. Aunque nuestra carne esta crucificada con Cristo, continuamente tenemos que considerarnos muertos. Aunque las obras de Satanás fueron destruidas, constantemente tenemos que recordarle esa realidad.

De acuerdo a la Escritura, la Trinidad esta envuelta en el proceso de la santificación:

DIOS PADRE tiene el poder de separarnos para la venida de nuestro Señor Jesucristo, "Y el mismo Dios de paz os santifique por completo; y todo vuestro ser, espíritu, alma y cuerpo, sea guardado irreprensible para la venida de nuestro Señor Jesucristo" (I de Tesalonicenses 5:23).

DIOS HIJO tiene el poder de separarnos para justicia como una Iglesia gloriosa. "Maridos amad a vuestras mujeres, así como Cristo amo a la Iglesia, y se entrego a si mismo por ella, para santificarla, habiéndola purificado en el lavamiento del agua por la Palabra, a fin de presentársela a si mismo, una Iglesia gloriosa, que no tuviese mancha ni arruga ni cosa semejante, sino que fuese santa y sin mancha" (Efesios 5:25-27).

DIOS ESPÍRITU SANTO tiene el poder de separarnos para salvación y servicio. "Pero nosotros debemos dar siempre gracias a Dios respecto a vosotros, hermanos amados por el Señor, de que Dios os haya escogido desde el principio para salvación, mediante la santificación por el Espíritu y la fe en la verdad" (II de Tesalonicenses 2:13).

LA PALABRA DE DIOS tiene también el poder de santificarnos, mientras nos separa del pecado. "Santifícalos en tu verdad; tu palabra es verdad...y por ellos yo me santifico a mi mismo, para que también ellos sean santificados en la verdad" (Juan 17:17 y 19).

## Nuestra Relación con el Mundo

En Romanos 1:17-32 podemos ver la continua caída espiral del hombre. ¿Como es el hombre mundano descrito? _____
_____
_____

**II de Pedro 2** Describe a los falsos maestros y profetas. ¿Como son descritos los hombres impíos y mundanos? _____
_____
_____

**I de Juan 2:15-17** No debemos de _____
_____
_____

**Levítico 20:26** Dios quiere que seamos _____
_____
_____

**I de Pedro 1:13-17** Somos hechos santos por _____
_____
_____

**I de Pedro 2:9-12** Dios nos mira y quiere que _____
_____
_____

**Filipenses 2:12-15** Debemos de _____
_____

**Filipenses 3:17-21** La diferencia entre la gente del mundo y la gente de Dios es _____
_____

**Colosenses 1:20-22** Reconciliación con Dios es posible por _____
_____

**Efesios 5:25-27** El propósito de la santificación es _____
_____

**I de Tesalonicenses 3:11-13** Dios _____
_____

**Apocalipsis 21:7 y 8** Los que no son hechos santos son _____
_____

**II de Timoteo 2:19-23** Santificación incluye _____
_____

**Tito 2:11-15** Debemos de vivir _____
_____

**Romanos 8:17 y 18** La esperanza de la gente santa es _____
_____

**II de Corintios 7:1** Como recipientes de la promesa, nosotros _____
_____

**Juan 17:17 y 18** Aunque somos santificados, debemos _____
_____

**Hechos 26:17 y 18** Somos santificados por _____
_____
_____

**I de Corintios 6:11** Somos _____
_____
_____

¿Cual es tu actitud, deseos, o metas hacia el mundo? _____
_____
_____

¿Cual es tu actitud con tu pasado? _____
_____
_____

## Siendo Libre del Pasado

Para ser libre del pasado, tenemos que tratar con los dos, las cosas buenas que siempre parecen ser mejor que lo que tenemos ahora, como el pecado y heridas que nos guarda en esclavitud.

Tenemos que poner nuestro pasado en la correcta perspectiva y aceptar que todo lo que ha pasado nos trajo donde estamos ahora. Agréguele a su lista otras cosas que no debemos hacer como; (1) recordarle a nuestros esposos de las "mejores" casas que teníamos antes, (2) Deteniéndonos de envolvernos en esta nueva iglesia pórque no es como la que íbamos antes, (3) descanse en su gloria de algo que usted termino en vez de comenzar un nuevo proyecto, (4) continuamos con una relación tan cercana con amigos del pasado que no tenemos tiempo de cultivar nuevas amistades.

No solo tenemos que reconocer una tendencia de vivir en las cosas buenas del pasado, pero tenemos que tratar con heridas, culpabilidad o rencor actual que nos mantiene lejos de lo que Dios tiene para nosotros hoy. Aunque inicialmente recibimos perdón por la limpieza de la sangre de Jesús al momento de nuestra salvación, encontramos una continua necesidad de esa limpieza para que seamos sanados.

A veces nos colgamos de las heridas pasadas porque culpamos a otras gentes y situaciones, cuando, verdaderamente, necesitamos mirar nuestra responsabilidad errónea y confesar eso como pecado. Mientras hacemos eso y nos sometemos al Espíritu Santo para instrucción y corrección, podemos experimentar verdadera restauración.

La sanidad de la mayoría de las heridas pasadas es el eje en el que uno actúa de su voluntad — para arrepentirse, para perdonarlo y dejar que Dios lo sane. Su poder esta disponible para nosotros; Tenemos que *desear* estar abierto para ello. Como ya hemos descubierto, no podemos depender de nuestros sentimientos, que son de la carne.

En Mateo 18:21-35, Jesús dice de un rey que perdono a un siervo una deuda grande. Ese mismo siervo después salió y demando que uno de sus consiervos le pagara todo lo que le debía, o lo pondría en la cárcel. Cuando el rey oyó lo que había pasado, el le recordó al primer siervo como lo había perdonado y le pregunto por que el no había tenido la misma misericordia. El rey entonces entrego al siervo a los verdugos hasta que el pagara todo lo que le debía.

Jesús concluyo la historia diciendo, "Así también mi Padre Celestial hará con vosotros si no perdonáis de todo corazón cada uno a su hermano sus ofensas." ¿Puede ser que ese nuestro rencor por la gente en el pasado sea la causa de heridas por las cuales hemos sido atormentados por años?

**II de Corintios 2:10 y 11** Si no perdonamos _____
_____
_____

**Isaias 43:25; Hebreos 8:12** Si perdonamos _____
_____
_____

**Isaias 26:13 y 14** A otros señores que han tenido dominio sobre de nosotros, Dios puede ____
_____
_____

No solo debemos de perdonar heridas pasadas, pero también tenemos que renunciar a nuestro pasado, y vivir nuevas vidas en Cristo. Esto es *considerar la carne muerta*. Jesús dice en Lucas 14:26, *"Si alguno viene a mi, y no aborrece a su padre, y madre, y mujer, e hijos, y hermanos, y hermanas, y aun también su propia vida, no puede ser mi discípulo."* Encontramos la misma idea expresada en Génesis 2:24, donde el hombre es amonestado a *dejar* su padre y madre para que así pudiera ser una carne con su esposa.

Podemos ver esto claramente en la historia de José, que tenia muchas razones para recordar su pasado. El no solamente podía haber guardado rencor hacia sus hermanos, que lo vendieron a el a Egipto, pero el también pudo haber sido herido en la tierra nueva con todas las experiencias que sufrió — el engaño de la esposa de Potifar que hizo que terminara en la prisión, los dos años del olvido del copero, que podía haber ganado su libertad, y el desanimo de preguntarse si Dios lo había olvidado también.

Pero, ¿cual fue la reacción de José cuando finalmente fue reunido con sus hermanos? El dijo, "...Ustedes pensaron mal contra mi; pero Dios lo cambio en bien." José los pudo perdonar y continuar, porque sabia que Dios estaba en control y el confío en El — sin importar lo que pasara.

# RESUMEN

Dios es Santo, y quiere gente santa. El hombre fue hecho a la imagen de Dios, pero "cayo" y permitió que el espíritu del dios de este mundo (Satanás) lo gobernara. Dios proveyó un camino para regresar a El a través de Jesucristo. El también nos quiere ajustar a su naturaleza, para que seamos una novia en forma para Su Hijo, Jesucristo. Este proceso de separar al hombre del mundo para El es llamado "Santificación." Jesús uso la mujer de Lot como ejemplo de una que miro atrás, y nos pidió que la recordáramos — mientras permitimos que Dios nos separe del mundo.

## EJEMPLO MODERNO

Evelyn Christenson, en su libro *Señor Cámbiame* dice como el Señor contesto su oración de que hiciera eso. Ella realizo que Dios no estaba tan interesado en su oración de cambiar su esposo, sus hijos, u otros, como en santificar su propia vida.

Una buena maestra de la Biblia y autora, quien también le gusta enseñar en su casa cuando puede. Pero su hija Jan de 18 años resintió esto. Una noche en la cena Jan le pidió a su madre que jamas hablara de sus "filosofías." Evelyn fue herida. Después de la cena ella fue a su cuarto a llorar. Ella levanto su Biblia y leyó I de Pedro 3:1 y 2 el cual instruye a una mujer a ser un buen ejemplo para su marido y ganárselo *sin palabras*. El Señor habló al corazón de Evelyn y ella decidió aplicar este principio Escritural para su relación con su hija.

No fue una tarea fácil. Evelyn tenia que morir a su vieja naturaleza muchas veces. Especialmente era muy difícil no dar consejos y comentarios cuando Jan se matriculo en la misma Universidad donde Evelyn y su esposo se conocieron.

Después de ocho meses de silencio en ciertos temas, Evelyn tuvo oportunidad de comer con Jan y su "amigo" en la misma Universidad. Ella estaba sorprendida de oír a Jan decirle a su amigo que "mi madre cree esto" o "mi madre piensa esto." Dios mismo trajo a la mente de Jan muchas cosas que Evelyn verdaderamente pensaba y creia. Al mismo tiempo, El estaba ajustando a Evelyn a Su propia naturaleza. A través de estas circunstancias, El estaba enseñando a Evelyn a confiar en El, a tener fe en Su Palabra, a tener paciencia hacia Jan, y desarrollar control propio y como siempre había sido la "maestra" — pocas de las cualidades de su carácter no madurarían si continuaba en sus viejos caminos. Mas tarde cuando recibió una tarjeta de cumpleaños de Jan, firmaba, "A mi madre que dice mucho en silencio," Evelyn estaba emocionada.

Algunos años mas tarde Dios confirmo el trabajo en ella. Un dia su hija Nancy le dijo cuanto la apreciaba por ser tan buen *ejemplo*. Evelyn fue cambiada de una mujer de muchas palabras a una que estaba aprendiendo a vivir "sin palabras," por el proceso santificador del Espíritu Santo mientras se sometía a la Palabra de Dios y oraba, "Señor cámbiame."

## ¿QUE PIENSA USTED?

1. ¿Como es que recordando a la esposa de Lot cambia su vida? _____

2. ¿Como esta separándolo Dios del poder de este mundo? ¿Que parte tiene usted en el proceso?

3. ¿Como es que leyendo y meditando en la Palabra de Dios lo santifica? _____

4. ¿Hay otras maneras en que usted esta siendo separado para ajustarse a la naturaleza de Dios (Como, perdiendo sus deseos por placeres mundanos que antes le agradaban)? _____
_____
_____

5. ¿Cual es (o debe de ser) su relación con el mundo? _____
_____
_____

6. ¿Esta usted libre de su pasado? si no, ¿Como puede serlo? _____
_____
_____

## EVALUACIÓN PROPIA

1. ¿En que manera esta usted implementando los principios aprendidos de la esposa de Lot?
_____
_____

2. ¿En que manera esta usted fallando en implementar los principios aprendidos de la esposa de Lot? _____
_____
_____

3. ¿Que necesita usted para cambiar? _____
_____
_____

4. ¿Como lo hara? _____
_____
_____

*Lección 6*
# Rebeca

## *Un Ejemplo de Idolatría*

*No tendrás dioses ajenos delante de mi.*
Éxodo 20:3

*Hijitos, guardaos de los idolos.*
I de Juan 5:21

## PREPARANDO EL ESCENARIO

La definición de idolatría, citado en "Horas de devoción en la Biblia" por J. R. Miller.

"Todo lo que guardamos en el corazón en el lugar que Dios debe de tener, es un idolo, ya sea una imagen de madera, de piedra, de oro, o puede ser dinero, deseo de fama, amor al placer, o algún pecado secreto que no queremos dejar. Si Dios verdaderamente no ocupa el lugar mas elevado en nuestros corazones, y controla todo, alguien mas lo hace, y ese alguien mas es un idolo."

Reconocemos las estatuas e imágenes adoradas, como idolos por los paganos. Observamos como alguna gente permiten que sus vidas se muevan al rededor de posesiones, programas de televisión, actividades de recreo, y llamamos a estos, idolos. Vemos gente casi adorando a un líder religioso, quedando heridas cuando el "cae." Pero nosotros a veces sin notarlo ponemos gente, aun miembros de nuestra familia, en pedestales y esperamos que ellos llenen nuestras necesidades y satisfagan nuestros deseos mas profundos.

Esto fue verdad para Rebeca. Ella puso a Jacob en una posición de idolatría. Ella continuamente lo favorecía sobre otros, incluyendo a su hermano gemelo Esau, su esposo Isaac, y aun sobre Dios.

Dios es un Dios celoso, de acuerdo a su Palabra (Éxodo 20:5). El nos ha dado Su todo, y El quiere que nosotros lo busquemos con *todo* nuestro corazón (Salmo 119:2), poner nuestra expectación en El — no en hombres o idolos (I de Juan 5:21)

## EL FRACASO DE REBECA

(Basado en Génesis 22:28; 49:31; Romanos 9:6-16)

Tiempo después de que Sara murió, Abraham instruyo un sirviente de ir al país de sus ancestros y traer una esposa para su hijo Isaac. El no quería que Isaac se casara con una muchacha de los Cananitas.

Le aseguro que Dios enviaría un ángel delante de el, el sirviente fue a Mesopotamia. El oro para que la muchacha correcta vendría al pozo donde el pararía, y ella respondería de cierta manera. Cuando todo esto sucedió, el no perdió tiempo en decirle porque había venido. Después de conocer a la familia y compartir su misión con ellos, el sirviente retorna a Canaan con ella.

Sucedió que Isaac estaba en el campo cuando la caravana llego trayendo a Rebeca.

Inmediatamente, el la invito a la tienda de su madre y "tomo a Rebeca por mujer, y la amo."

Rebeca era estéril, pero eventualmente, después de que Isaac oro al Señor por su mujer, ella quedo embarazada. Ella sintió una lucha en su vientre, ella aprendió del Señor que tendría gemelos, y que el mayor serviría al menor.

Con el nacimiento de Esau y Jacob, la familia se dividió, Rebeca mostró parcialidad hacia Jacob, mientras que Isaac favorecía a Esau. Eventualmente, Esau vendió su primogenitura a Jacob por un potaje de lentejas. Mas tarde Rebeca planeo que Jacob recibiera lo que debía de ser la bendición de Esau de su padre, Isaac. Al final Isaac es engañado, Esau estaba enojado, Rebeca estaba herida, y Jacob tuvo que huir por su vida. Rebeca, que había puesto a Jacob en un lugar de idolatría, nunca lo volvió a ver.

Siendo así, vemos que idolos no son solamente imágenes grabadas o cosas. Podemos poner gente en una posición de idolatría, también. Tratamos de cambiarlos a nuestra imagen en vez de la de Dios, aun cuando los miramos para que suplan nuestras necesidades. Cuando nos fallan, ambos somos heridos. Rebeca sabia esto.

## LECCIONES DE REBECA

### ¿Que es Idolatría?

Los primeros dos mandamientos de los diez que Dios le dio a Moisés trata claramente con idolatría. Éxodo 20:3-5 dice: "No tendrás dioses ajenos delante de mi. No te harás imagen, ni ninguna semejanza de lo que esta arriba en el cielo, ni abajo en la tierra, ni en las aguas debajo de la tierra. No te inclinaras a ellas, ni las honraras; porque yo soy Jehová tu Dios, fuerte, celoso, que visito la maldad de los padres sobre los hijos hasta la tercera y cuarta generación de los que me aborrecen..."

Cuando le preguntaron a Jesús cual era el mandamiento mas grande, El dijo, "El primer mandamiento de todos es: Oye, Israel; El Señor nuestro Dios, el Señor uno es. Y amaras al Señor tu Dios con todo tu corazón, y con toda tu alma, y con toda tu mente y con todas tus fuerzas." (Marcos 12:29 y 30) Dios quiere nuestra lealtad total.

Simplemente esta establecido, que, idolatría es cualquier amor, afección, o adoración que verdaderamente pertenece a Dios pero que se da a alguien o a algo. Esto pude incluir una persona, una posesión, un ministerio, una Iglesia, un trabajo, una enseñanza — cualquier cosa que demanda nuestra atención encima de Dios mismo. Dios tiene derecho exclusivo sobre nosotros, mientras aceptamos el pacto que El hizo a través del derramamiento de la sangre de Jesucristo.

Satanás siempre esta detrás de todo esto, queriendo la gloria que por derecho le pertenece a Dios. Su táctica principal es ofrecer al hombre substitutos, para que ese amor y esa afección, o confianza y lealtad sean dirigidas a personas y cosas menos a Dios, y por supuesto indirectamente a el mismo (a Satanás).

### Idolatría en la Biblia

Desde el principio, idolatría ha sido un problema entre Dios y el hombre. Fue la causa de la caída del hombre. Cuando Adán y Eva comieron del fruto prohibido, ellos sucumbieron a la tentación de ser "Como Dios," y tener el conocimiento del bien y del mal. Ellos pusieron su sabiduría encima de la de Dios.

Toda la historia de Israel es una crónica de Dios tratando de ganar la lealtad exclusiva de su gente escogida para El. En vez de eso, ellos seguian volviéndose a otros substitutos. Vez tras vez, ellos se volvían a otros dioses, a sus propios recursos, o a la ayuda de otras naciones. Y vez tras vez Dios, en su misericordia, trata de traerles a El a través de Su Palabra y de sus profetas.

Finalmente, el único recurso de Dios era moverlos de su tierra y forzarlos a someterse a sus enemigos. Mas tarde, el trae atrás un remanente que aprecia que había aprendido su lección.

Sin embargo, para el tiempo que Dios visito a Su gente (como Jesús) ¡los suyos no Le reconocieron! Se habían convertido en muy legalistas ahora ellos sospechaban de cualquiera, ¡que pretendía ser Dios y no lo aceptaban! Ahora se fueron al extremo opuesto. Ellos estaban tan envueltos en guardar la letra de la ley, que sus corazones estaban lejos de Dios. Ellos eran culpables de substituir *religión* por *Dios*. Religión, en si misma vino a ser su idolo.

Dios dio a Jesús como un sacrificio por el pecado para que el hombre pueda otra vez tener una relación con El; para que El pueda tener el primer lugar en el corazón del hombre.

El libro de I de Juan, es una descripción y exhortación del amor *ágape*, termina con un mandamiento simple. "Hijitos guardaos de los idolos." Juan sabia que la idolatría es la cosa que nos detiene de conocer y recibir el amor de Dios.

**Éxodo 34:10-14; Éxodo 20:3-5** El mandamiento de Dios para su gente era _____
_____
_____

**Levítico 26:1-13** Las bendiciones de la obediencia dependen de _____
_____
_____

que incluye _____
_____
_____

**Deuteronomio 7:25 y 26** Concierne a idolos y nuestra casa _____
_____
_____

**Deuteronomio 11:16** No debemos de adorar _____
_____
_____

**Romanos 1:8-23** Parte de la caída espiral del hombre malvado comienza con _____
_____
_____

**I de Corintios 5:11** No debemos de asociarnos con _____
_____
_____

**I de Corintios 10:14** Debemos de _____
_____
_____

**I de Corintios 10:19-21** No debemos de tener comunión con _____
_____
_____

No podemos participar de la mesa del Señor, y _____
_____
_____

**II de Corintios 6:15-17** Nosotros, que somos templo del Señor, no hay acuerdo con _____
_____
_____

Debemos de _____
_____
_____

**Filipenses 3:19** El dios de usted puede ser _____
_____
_____

**Colosenses 3:5 y 6** Idolatría (que es _____ ),
_____
_____

esa parte de nuestra vieja naturaleza debe de _____
_____
_____

**I de Tesalonicenses 1:9** Uno puede covertirse de los idolos a _____
_____
_____

**Ezequiel 14:1-8** De esos que tienen idolos, Dios quiere _____
_____
_____

## Como Dios Trata con los Idolatras

En una corta inspección de la Escritura, encontramos varios eventos importantes en los cuales Dios trata con idolatría. Aquí hay algunos:

(1) *El becerro de oro* (Éxodo 32:1-8) Al mismo tiempo que Dios le estaba dando los diez mandamientos a Moisés, los Israelitas le rogaron a Aaron por otros dioses. Aaron los complació y pidió a la gente que le dieran las joyas de oro que trajeron de Egipto. El derritió el oro y formo un becerro de oro, luego edifico un altar ante el y proclamo fiesta ante el Señor. Cuando el Señor los vio adorando este becerro de oro, El enojado, mando a Moisés que bajara de la montaña. Su ira era tan grande que quería consumir a su propio pueblo. Moisés intercedió en su favor, y en vez de destruirlos, el Señor mando una plaga entre ellos.

(2) *La Serpiente de Bronce* (Números 21:8 y 9; II de Reyes 18:1-4) Mientras los Israelitas estaban en el desierto, Dios le dijo a Moisés que hiciera una serpiente de bronce y lo pusiera en una asta. Si alguien era mordido por una serpiente, miraba a la serpiente y vivía. La serpiente de bronce era un "tipo" de Cristo. Trajo a Israel una forma de liberación. (Vea Juan 3:14) Aun, en vez de que los Israelitas se acercaran a Dios, su Libertador, a través de los años ellos permitieron este punto de contacto y se convirtió en un objeto de su devoción, Ezequias, reconoció que esto era un idolo objeto de adoración, destruyo la serpiente de bronce que Moisés había hecho junto con otras imágenes y símbolos.

(3) *Sirviendo a Baal en los tiempos de los jueces* (Jueces 6:25-32; 10:6-16; 17:1-13; 18:30 y 31) Baal no era el nombre de un dios, pero el nombre de una deidad que presidía en cualquier localidad. Porque la adoración a Baal era la misma cosa en Canaan, con el tiempo "Baal" vino a representar la idea de un dios. Los Baales eran los dioses de la tierra, adueñándose y controlando todo. El aumento de la cosecha, fruto, y ganado estaba bajo su control. Algunos estaban sobre ciudades especificas; otros eran adorados en los "lugares altos" en general. En los tiempos de los jueces, había altares de Baal en todas partes. Aun los sacerdotes se habían corrompido con la idolatría. Era el tiempo cuando no había rey en Israel, y todos hacían lo que estaba correcto en sus propios ojos.

(4) *Idolatría en los Tiempos de los Reyes* (I de Reyes 11:1-8; 12:28-32; 14:22-24; 18:20 — 40) Aunque a Salomon le fue dado gran sabiduría, eventualmente sus muchas esposas inclinaron su corazón a otros dioses. Sus hijos, Roboam y Jeroboam, continuaron tolerando y favoreciendo la idolatría. Por el tiempo de Acab y Jezabel, la adoración a Jehová estaba casi suplantada por la de Baal. La lucha entre el Baalismo y el Judaísmo vino a su clímax en el monte Carmelo cuando el profeta Elias se encuentra con los sacerdotes de Baal y degolló a 450 de ellos. El culto rápidamente se recupero, y prospero hasta que Jehu lo destrozo. Jezabel le dio nuevos momentos a la adoración a Baal. Cuando ella fue destrozada, el templo de Baal en Jerusalén fue destruido y el sumo sacerdote fue muerto ante el altar. Poco después, como sea, vino otro avivamiento de la adoración de Baal. Josias otra vez destruyo el templo de Baal y causo que la adoración publica de Baal cesara por un tiempo.

Los profetas de Israel, especialmente Jeremías, a veces denunciaba la adoración de Baal.

(5) *Idolatría en el esparcimiento de la gente de Dios* (II de Reyes 17:5-23; II de Reyes 23:24-27) Dios permitió que el rey de Asiria llevara cautivos a los Israelitas a su tierra porque habían

pecado contra El adorando otros dioses. Y aunque Josias trajo reforma a Juda, Dios también los removió de su tierra y permitió que ellos fueran llevados cautivos a Babilonia por su idolatría. Ezequiel 16 nos dice como se siente Dios acerca de su novia hermosa, Jerusalén, quien se hizo una "prostituta" mientras se daba a otros dioses.

(6) *Idolatría en los tiempos del Nuevo Testamento* (Mateo 6:24; Hechos 15:29; I de Corintios 8:1-13; Apocalipsis 9:20; 13:12-14) Hay unas pocas referencias de idolatría en el Nuevo Testamento, solo advertencias. La guerra de los Macabeos resulto en que los Judíos vinieran a ser fanáticamente opuestos a la idolatría del Antiguo Testamento. Ahora ellos no eran tentados a adorar imágenes de dioses, sino solo a Jehová. Jesús, como sea, les advierte de que, hacer las riquezas el centro de su vida es también idolatría. Los cristianos en los tiempos apostólicos, muchos de los que se convertían del paganismo, repetidamente eran advertidos en la epístolas que estuvieran en guardia contra la idolatría. También eran advertidos de ciertas practicas, tales como comer carnes que ya habían sido ofrecido a idolos. En Apocalipsis, el ultimo libro de la Biblia, Juan predice un tiempo de apostasia de idolatría en los últimos dias, cuando la bestia y su imagen serán favorecidos honores divinos.

## RESUMEN

Dios es un Dios celoso que desea que lo adoremos solo a El. Tenemos que buscarlo con *todo* nuestro corazón. Idolatría es cualquier amor, afección, o adoración que por derecho le pertenece a Dios, pero es dado a alguien mas o a algo. Esto puede incluir posesiones, un ministerio, un trabajo, una enseñanza — cualquier cosa que demanda nuestra atención y lealtad encima de Dios mismo. Dios denuncia la idolatría desde Génesis hasta Apocalipsis. Para Rebeca, idolatría vino en forma de su hijo.

## EJEMPLO MODERNO

Cathy y Rob, producto de la rebeldía de los 60s, se estaban "estableciendo" con una familia propia. Buscaban por la respuesta a sus vacíos internos, ellos decidieron aceptar una invitación de atender una Iglesia en el vecindario. Pronto eran participantes regulares al servicio de adoración los Domingos, donde oían el evangelio predicarse. La Palabra de Dios empezó a hacer raíces en sus corazones y Cathy acepto Jesús como su Salvador.

Pero mientras mas se envolvían, mas se daban cuenta de fricciones en la Iglesia. Ellos no comprendían que estaba sucediendo, solo que los llamados cristianos aparentemente se estaban peleando uno con el otro. Empezaron a buscar otra iglesia, y la encontraron a través de un periódico.

En su primera visita a la nueva iglesia, ¡ellos sabían que habían encontrado lo que estaban buscando! La gente era afectuosa y el pastor aparecia estar muy interesado en ellos. Alivio de una situación tensa a una hermandad afectuosa, se empezaron a envolver en todas las funciones de la nueva congregación.

Una bendición mas, Rob encontró a Jesús y comenzó a compartir la responsabilidad de Cathy. Ambos crecieron en sus relaciones con ellos y con el Señor. Le tenían mucho cariño al pastor y gozaron muchos tiempos juntos con el, mientras miraban a el para todas sus necesidades espirituales.

Algunos meses después, fueron a un dia de campo con la iglesia cuando notaron que el pastor estaba muy atento, particularmente con su secretaria. Pero ellos se encogieron de hombros, y pensaron que estaban hablando de negocios. En los siguientes meses, otras cositas perturbaron a Cathy y Rob, pero seguian justificando lo que pasaba. Ademas, ellos trataban de no juzgar — especialmente al pastor que les había enseñado a no hacerlo.

Entonces un dia, en una visita a la oficina de la iglesia, Cathy vio lo que hacia mucho, trataba de negar. El pastor y su secretaria estaban envueltos en una relación que era mas que de negocios. Con el corazón pesado, ella compartió con Rob lo que había observado esa tarde. Enojado, el no lo aceptaba. El simplemente no podía creer que el pastor que lo había guiado al Señor y bautizado pudiera estar teniendo una aventura amorosa.

Poco después, antes de que se descubriera, el pastor renuncio para casarse con su secretaria e irse a otro trabajo. Girando con el resto de la congregación, Cathy y Rob estaban demolidos. Ellos no sentían quedarse en la iglesia, pero también no sentían envolverse en otra.

Primero, culparon al liderato por permitir que cosas llegaran tan lejos. Luego, culparon al pastor por sucumbir a la tentación. Próximo, culparon a Dios por permitir que todo pasara. Todos fueron culpados. Ellos se sintieron justificados en ser víctimas inocentes de toda la situación.

No fue hasta después de mucho tiempo y enseñanza que realizaron que era su propio pecado. Ellos pusieron al pastor y a la iglesia en pedestales, permitiendo que suplieran a Dios. Sin una imagen grabada a la vista, ellos cayeron en la vieja trampa de la idolatría.

## ¿QUE PIENSA USTED?

1. ¿Que idolos tiene usted en su vida? (¿Quien ocupa mas su atención que su tiempo con el Señor?) _____
_____
_____

2. ¿Esta usted dispuesto a poner su casa, su trabajo, su familia, sus posesiones, todo en una prioridad menor que su relación con Dios? _____
_____
_____

3. ¿Como hace usted "idolos" de la gente? _____
_____
_____

4. ¿Tiene usted algo en su casa que representa otro dios? (tal como cosas del ocultismo, estatuas de Buda u otro dios) _____
_____
_____

# EVALUACIÓN PROPIA

1. ¿De que manera esta usted implementando los principios aprendidos de Rebeca? _____
   _____
   _____

2. ¿De que manera esta usted fallando en implementar los principios aprendidos de Rebeca?
   _____
   _____

3. ¿Que necesita hacer usted para cambiar? _____
   _____
   _____

4. ¿Como lo hara? _____
   _____
   _____

*Lección 7*
# Lea y Raquel

## *Un Ejemplo de Pactos*

*Pero este es el pacto que haré con la casa de Israel después de aquellos dias, dice Jehová: daré mi ley en su mente, y las escribiré en su corazón; y yo seré a ellos por Dios, y ellos me serán por pueblo.*

Jeremías 31:33

## PREPARANDO EL ESCENARIO

Jacob tenia dos esposas, Lea y Raquel. En sus historias paralelas podemos ver el contraste entre un pacto de relaciones y compromiso basado en sentimientos, deseos carnales. Mientras consideramos esto, nuestros propios ojos deben de ser abiertos a lo que quiere decir tener un pacto de relaciones con Dios o con otra persona.

Después de estar trabajando para el padre de Raquel siete años para poder casarse con Raquel, Jacob fue engañado con la hermana mayor, Lea, como su esposa. Jacob entonces tuvo que trabajar otros siete años por Raquel. Aunque Jacob fue fiel a las dos, obviamente prefería a Raquel.

Esto, por supuesto, dejaba a Lea como la esposa indeseada. Pero como ella puso su confianza en Dios y cumplió con sus votos matrimoniales, Dios la bendijo con seis hijos cuyos nombres figuran entre la mitad de las doce tribus de Israel. Fue permitido que ella entrara a la tierra prometida con Jacob y sepultada con el.

Raquel, en el otro lado, aparentemente relacionaba con su esposo, otros, y Dios, de acuerdo a sus sentimiento. Ella compitió con Lea, envidio la maternidad de Lea. Ella estaba enojada con Jacob porque no le dio hijos. Ella engaño a su padre cuando robo sus idolos. Lo ultimo nos guía a creer que ella no estaba totalmente dedicada a Dios. Aparecia que ella no tenia un verdadero pacto de relaciones con nadie.

Jeremías 31:32 dice que Dios es un marido para su gente. El desea tener un pacto de relación con nosotros. El quiere que respondamos con todo el corazón rendido, no sentimientos momentáneos que no se puden confiar. El contraste de relaciones se puede ver en Lea y Raquel. Lea cumplió su pacto con ambos, su esposo y Dios sin importar los sentimientos negativos que probablemente sentía — especialmente hacia su esposo que no la amaba. Raquel en el otro lado, permitió fluctuar su compromiso con ambos de acuerdo como se sentía.

## EL ÉXITO DE LEA

(Basado en Génesis 28-35)

Comparando la relación de Lea y Jacob con la de Raquel y Jacob, tenemos que repasar la historia que envuelve a las dos.

Después de que Jacob defraudo a su hermano Esau, con sus bendiciones y primogenitura, fue mandado a la tierra de su madre para encontrar una esposa. En el camino, Jacob tuvo un sueño en el cual vio ángeles que subían y descendían de una escalera que estaba apoyada en la tierra y su extremo tocaba el cielo. Encima de la escalera Jacob oyó la voz de Dios recordándole el pacto que había hecho con Abraham su abuelo y con Isaac su padre. Después, Dios habló a Jacob diciendo que este pacto se lo pasaba a el. Dios prometió que lo iba a bendecir y le iba a dar una tierra a el y a su descendencia. En retorno, Jacob hizo un voto al Señor, que si Dios fuere con el, El reconocería a Dios como su Dios.

Jacob viajo, hasta que llego a un lugar donde las ovejas estaban esperando que se les diera agua. Mientras preguntaba a los pastores acerca de su tío Laban, Raquel la hija de Laban llego con sus ovejas. Jacob penso que Raquel era hermosa y corrió y destapo el pozo para que sus ovejas bebieran agua, impulsivamente, el besó a Raquel. ¡Era amor a primera vista!

Raquel llevó a Jacob a casa para que conociera a su padre, Laban. Después de que se quedo en la casa y trabajo por un tiempo, Jacob pidió la mano de Raquel en matrimonio. Laban acordó que para tener a Raquel tenia que trabajar siete años.

Al fin llego el dia. Laban tuvo invitados para celebrar la feliz ocasión. Cuando vino la noche, el llevó a su hija a la tienda de Jacob, y se unieron como esposa y esposo. Pero la gran sorpresa vino a la mañana siguiente cuando Jacob descubrió que su esposa no era Raquel, pero la hermana mayor, no tan linda, Lea. La costumbre era que primero se daba la hija mayor en matrimonio, pero este no había sido el acuerdo con Laban. Jacob estaba furioso. No perdió el tiempo en encontrar a su suegro, quien acordó en darle a Raquel- por otros siete años de trabajo duro — después de que terminara la semana de luna de miel acostumbrada con Lea.

Agregándole a la situación continua, Lea empezó a dar hijos a Jacob, mientras Raquel permanecía estéril. Sin ser amada por su esposo, Lea puso su confianza en Dios. Con el nacimiento de cada hijo, su relación con Dios creció. Al primero lo nombro "Ruben" creyendo que Dios había notado su condición.

Ella se esperanzo de que por esto su esposo la amaría. Al nacimiento de Simeon, ella reconoció que Dios le había dado un segundo hijo por el amor que su esposo no le daba. Cuando Levi, su tercero nació, ella dijo "Ahora esta vez se unirá mi marido conmigo, porque le dado a luz tres hijos." No sucedió; ni aun después de tener a Juda tuvo el verdadero afecto de su esposo, que fue el cuarto hijo. Aun así ella guardo el pacto como esposa. Ella puso su confianza en Dios para que la ayudara a cumplir su pacto, declarando al nacer Juda, "¡Esta vez alabare a Jehová!"

Lea paro de tener hijos por un tiempo. Durante este tiempo Raquel le dio a Jacob dos hijos de su sierva. Mas tarde Lea le dio dos hijos mas y una hija. Ni una vez oímos que Jacob le diera el afecto que Lea deseaba. Aun así, ella es reconocida como la esposa del pacto de Jacob, sepultada junto a el en la cueva de Macpela junto con Abraham y Sara, e Isaac y Rebeca. Dios honro su corazón rendido y dedicado a El y a Jacob sin importar sus sentimientos.

## EL FRACASO DE RAQUEL

(Basado en Génesis 29-31; 35:16-19)

Como notamos en la historia anterior, Jacob conoció a Raquel primero. Y, se enamoro de ella inmediatamente, por su belleza. En un corto tiempo, hizo arreglos para casarse con ella.

Opuesto a Lea, Raquel volaba de un sentimiento a otro. Aunque las Escrituras no lo dice, podemos imaginarnos que ella estaba muy enojada cuando su padre dio a Lea a Jacob en la noche que ella y Jacob esperaban que fuera su noche de bodas.

Génesis 30:8 nos dice que desde esa hora, estaba en una feroz competencia con su hermana, especialmente cuando Lea empezó a tener hijos y ella no podía. Esto causo escenas de ira entre Raquel y Jacob. Ella le echaba la culpa a el por su esterilidad.

Finalmente, cuando Dios abrió su matriz y ella tuvo un hijo, ella no expreso gratitud. Su única observación fue que ahora Dios le puede dar otro hijo.

Envidiosa de su hermana, a veces se enojaba con Jacob, Raquel también le mintió a su padre. Cuando Jacob y su familia dejaron Padan-aram, ella guardo los idolos de su padre debajo de su silla, y mintió a Jacob diciendo que no los tenia. El acto de tomar los idolos ilustra que su corazón no estaba rendido a Dios.

Lo mas penoso de todo, es la muerte de Raquel durante el nacimiento de su segundo hijo, Benjamin; la esposa mas amada de Jacob no le fue permitido entrar a la tierra prometida.

Los sentimiento no pueden entrar en — las promesas de Dios que vienen por fe, y un pacto de relación con El.

# LECCIONES DE RAQUEL Y LEA

## Pacto

Simplemente diga, un pacto es un acuerdo entre dos partes. Dios es un hacedor de pactos. El desea un pacto de relación con su gente.

Como sea, en orden para que el hombre caído tenga esta clase de relación con Dios, Dios no solo se ata a si mismo a este pacto, pero también encuentra necesario ayudar al hombre a guardar su parte. Así, el pacto entre Dios y el hombre demanda que Dios nunca nos deje y abandone, aun cuando nos ayuda a mantenernos fiel a el. Dios nos acerca a el mismo, para rendirnos totalmente dependiendo de El, para que el nos llene y tengamos "unidad," como marido y esposa.

Dios ha hecho dos pactos mayores con el hombre — el antiguo y el nuevo. Ellos indican dos etapas en que Dios trata con el hombre y dos maneras en que el hombre ha podido responderle a Dios.

En el antiguo pacto, el hombre tuvo la oportunidad de mostrar que podía hacer obedeciendo muchas reglas y leyes. Ese pacto se acabo por la infidelidad y fracaso del hombre. El simplemente no pudo guardar la ley.

En el segundo, o Nuevo Pacto, Dios muestra que puede hacer El con el hombre, infiel y débil como hombre que es, cuando *el* haga todo el trabajo de guardar el pacto. Esto, por supuesto, depende de la voluntad del hombre de aceptar lo que Dios ofrece. (el sacrificio de Jesús por el pecado del hombre, así permite que Dios more en el hombre). Cuando el hombre entra en el pacto en los términos de Dios, Dios provee todo.

### Pacto a Través de la Escritura

**Génesis 9:1-17** La primer vez que se menciona un pacto es con Noé. Después Dios destruye toda vida en la tierra, excepto la de Noé y su familia que estaban en el arca, El prometio que jamas destruiría otra vez la tierra con aguas de diluvio. La señal de este pacto es el arco iris.

**Génesis 12:2 y 3; 15:18; 17:1-22** Aquí, Dios hace un pacto con Abraham, como El llama gente para El mismo. El promete hacer de Abraham y su simiente una gran nación. Es mas, Dios promete que El bendeciria a quienes bendijeran esta nación, y maldeciría a quienes maldijeren esta nación. La señal de este pacto fue la circuncisión. La respuesta de Abraham fue obedecer a Dios en fe.

**Génesis 26:3-5** El pacto fue renovado con Isaac, el hijo de Abraham.

**Génesis 28:13-22** El pacto fue renovado otra vez con Jacob el hijo de Isaac.

**Éxodo 19:5 y 6** En el monte Sinaí, Dios le dice a Moisés que, si la gente obedeciera su voz y guardaran Su pacto, ellos serian un especial tesoro para Dios. Ellos serian un real sacerdocio, una nación santa.

**Deuteronomio 7:9** Somos recordados de la fidelidad de Dios en guardar Su pacto. Con aquellos que le aman y guardan Sus mandamientos, El guardara su pacto por mil generaciones.

**Salmo 89:3, 4, 28 y 34** En este Salmo, David nos recuerda el pacto que Dios renueva a través de el. (Vea II de Samuel 7:8-16 como fue hecho esto.)

**Jeremías 31:31-34** Dios vio la necesidad de un nuevo pacto. Su gente no podía guardar el antiguo por lo de la ley. A través del profeta Jeremías, El hablo del nuevo pacto que haría. No seria como el primero, dependiendo de la obediencia externa del hombre. Esta vez, El escribiría la ley en el corazón del hombre.

**Ezequiel 16:59 y 60** Otra vez, a través del profeta Ezequiel, tenemos la promesa de que Dios recordaría el antiguo pacto, que había sido roto, y haría un nuevo, pacto eterno.

**I de Corintios 11:23-28** En la misma noche que Jesús fue traicionado, El instituyo la "cena del Señor" con sus discípulos. A esta hora, El revelo el nuevo pacto. El tomo la copa y dijo a sus discípulos que el nuevo pacto seria hecho a través de su sangre. Jesús le dijo a sus seguidores que recordaran Su cuerpo quebrantado y la sangre derramada mientras tomaban esta cena en memoria de El.

**Hebreos 8:6-13** Aquí se nos recuerda que Jesús es el Mediador de un mejor pacto, uno que estaba establecido sobre de mejores promesas. Con la venida del segundo pacto, el primero termino.

**Hebreos 9 y 10** Estos dos capítulos describen las diferencias entre el antiguo y el nuevo pacto. Nos dice de los fracasos del antiguo y los beneficios del nuevo. En resumen, el primer pacto incluía un tabernáculo físico donde la ley de los sacrificios de Dios se hacían. Jesús vino como un sumo sacerdote de un sistema mejor. El fue dentro del grande y perfecto tabernáculo en el cielo, donde una vez y por todas, El llevo sangre en el lugar Santísimo y roció la silla de la misericordia.

Esta vez no fue la sangre de machos cabríos ni de becerros que expiaran el pecado, pero Su propia sangre que el derramo en el calvario cuando compro nuestra salvación.

Siendo así, mientras aceptamos la expiación de la sangre derramada de Jesús. El viene a nuestro corazón, donde el nuevo pacto es escrito. Hebreos 10:16 dice, "Este es el pacto que haré con ellos después de aquellos días, dice el Señor: Pondré mis leyes en sus corazones, y en sus mentes las escribiré." Esto, entonces, es la diferencia entre el antiguo y el nuevo pacto, o como lo conocemos el Antiguo y el Nuevo Testamento.

### El Pacto del Matrimonio

En nuestro estudio de pactos, vemos que el hombre no puede guardar su parte del pacto sin la ayuda de Dios. Siendo así, un marido y esposa necesitan la ayuda de Dios para que verdaderamente cumplan un pacto entre ellos. El matrimonio que no incluye a Dios en su asociación no puede experimentar pacto en el sentido verdadero. Como resultado, muchos de estos matrimonios fallan.

La necesidad de la ayuda de Dios es evidente cuando notamos que una relación de esposa-marido demanda muerte a los deseos egoístas de parte de cada uno. Esto solo es posible cuando los derechos de uno son dados a Dios. Así que, en un verdadero pacto de relaciones, todos los derechos son dados a Dios. El da la habilidad de amar el sacrificio.

Uno entra al pacto del matrimonio haciendo "votos." En el Antiguo Testamento, estos votos eran considerados sagrados, obligatorio (Deuteronomio 23:23), Eclesiastes 5:4 y 5 dice, "Cuando a Dios haces promesa, no tardes en cumplirla; porque el no se complace en los insensatos, cumple lo que prometes. Mejor es que no prometas, y no que prometas y no cumplas." En el Nuevo Testamento, Jesús menciona votos solo para condenar su abuso. (Marcos 7:10-13).

A la vista de Dios, cuando se hacen votos matrimoniales, marido y esposa se hacen una carne. Y lo que Dios ha unido, no lo separe el hombre. Pablo reafirma esto en I de Corintios 7:39. El dice que los votos del matrimonio atan al marido y esposa y solo la muerte los puede separar.

### Fe Contra Sentimientos

La manera de gozarse de las promesas de un pacto de relaciones es reclamarlo por fe. Como gente de pacto, caminamos por fe en Dios, no por vista (lo que vemos o sentimos). Veamos algunas de las promesas en las Escrituras y ver como se obtienen.

**Efesios 2:8 y 9** Somos salvos por _____

_____

_____

no _____

_____

_____

**Juan 12:48** Somos juzgados por _____

_____

_____

sentimiento de no ser Digno.

**Mateo 5:44** Debemos de responder a otros en _____

_____

_____

no en _____

_____

_____

**I de Pedro 3:9** Somos llamados _____

_____

sin importar como nos sintamos.

**Proverbios 14:12** Caminos que parecen derechos _____

_____

**Isaias 55:8 y 9** Nuestros pensamientos y sentimientos son _____

_____

## RESUMEN

Uno de los temas que esta por toda la Escritura es la del *pacto*. Dios es un hacedor de pactos. El quiere que Su gente tenga un pacto de relación con El. El primer Pacto fue sustituido por un Nuevo Pacto, cuando Jesús fue sacrificado por nuestros pecados.

Matrimonio es un tipo de o pacto contrato. A través de esta pacto podemos aprender la entrega que Dios desea. Encontramos un ejemplo de esto en el matrimonio de Lea y Jacob, comparándolo al de Raquel y Jacob, que su matrimonio estaba fundado en sentimientos que sentían uno al otro.

## EJEMPLO MODERNO

David Roever era un joven enviado a Vietnam inmediatamente después de que se caso con su amor de la preparatoria. Mientras estaba en la guerra, una granada exploto en su mano, destrozando la mitad de su cara, también pedazos de su cuerpo.

Inmediatamente después que fue tratado en Asia, el voló para atrás a los Estados Unidos junto con otros hombres que habían sido seriamente heridos en el servicio. El fue el único de ese grupo que sobrevivió.

El da crédito de esto a su esposa, quien venció sus propios sentimientos e impacto y estuvo con el durante sus muchas operaciones y años de recuperación — incluyendo muchos injertos de piel, partes artificiales e implante de cabello. Aun ahora, su apariencia es un poco no usual.

En contraste, el dice de una esposa que, cuando ella vio a su marido mutilado, tiro sus anillos de matrimonio en la cama del hospital y se fue declarando que seria muy vergonzoso que la vieran con el otra vez.

Con el soporte y el animo de su amada esposa, David no solo se recupero fisicamente, pero ha sido usado grandemente por Dios para hablarle a miles de adolescentes concerniente a temas vitales — drogas, sexo, suicidio, temor, lealtad, dedicación. Embelesados, lo escuchan a el como un hombre de autoridad en estos temas. También se ríen con el mientras les dice historias humorísticas de el.

David a veces termina su programa tocando el piano, con el dedo gordo y otro dedo en una mano y con sus nudillos de la otra mano, mientras los jóvenes reflexionan en lo que el ha dicho. Sin lugar a dudas, muchos de ellos se maravillan de la dedicación de una esposa especial y el voto de su matrimonio que para ella era una dedicación por vida.

## ¿QUE PIENSA USTED?

1. ¿Se ve usted en un pacto de relación con Dios? si es así, ¿Como trabaja esto? _____
   _____
   _____

2. Si esta usted casada, ¿Mira usted su relación con su marido como la de un pacto? o, ¿Esta basado su matrimonio en los "sentimientos" que tienen el uno por el otro? _____
   _____
   _____

3. ¿Como entra uno en un pacto de relación con Dios? _____
   _____
   _____

4. ¿Como entra uno en un pacto de relación con su esposo? _____
   _____
   _____

## EVALUACIÓN PROPIA

1. ¿De que manera esta usted implementando los principios aprendidos de Lea y Raquel? ___
   _____
   _____

2. ¿De que manera esta usted fallando en implementar los principios aprendidos de ellas? __
   _____
   _____

3. ¿Que necesita uno para hacer cambios? _____
   _____
   _____

4. ¿Como lo hara? _____
   _____
   _____

*Lección 8*
# Dina, y la Esposa de Potifar

## *Un Ejemplo de Pecado — Arrepentimiento*

*Porque la paga del pecado es muerte, mas la dádiva de Dios es vida eterna en Cristo Jesús Señor nuestro.*

Romanos 6:23

## PREPARANDO EL ESCENARIO

Cuando Dios hizo al hombre en Su imagen y lo puso en el Jardín del Edén, El le advirtió que no comiera el fruto del árbol del bien y del mal, Diciendo que si lo comía, moriría. Cuando el hombre se sometió a la tentación de Satanás, el murió espiritualmente. Como resultado el ya no podía tener mas comunión con Dios. Con su nuevo conocimiento, el hombre intento cubrir su desnudez con hojas de higuera. Pero esto no cubrió el pecado. De acuerdo al plan de Dios, solo la sangre derramada expía el pecado (Hebreos 9:22b). Así, Dios mismo, proveyó pieles de animales que literalmente cubrieron el cuerpo de Adán y Eva y simbólicamente cubrieron su pecado (comprendiendo, por supuesto, que había sido derramada sangre).

A través del Antiguo Testamento, sacrificio de animales, con sus muchas reglas y regulaciones, son expiación por el pecado. Esto vino a ser un sistema muy complicado. Dios eventualmente envío a su propio Hijo Jesús, como el cordero perfecto para ser sacrificado una sola vez por todos los pecados. Cuando el hombre acepta el trabajo de la expiación, la sangre de Jesús lo limpia de sus pecados y es perdonado. Entonces el se convierte en un hijo de Dios y coheredero con Jesús.

A través de esta experiencia de la salvación, el hombre es perdonado de todos los pecados pasados y se le promete vida eterna con Dios. Como sea, mientras el hombre viva en este mundo, el tiene libertad continua de pecar. Estos pecados diarios continúan separándolo de Dios hasta que el se arrepiente de ellos y una vez mas reclama el poder restaurador de la sangre de Jesús.

El hombre tiene la tendencia de hacer al pecado, sin importancia. Carnalidad como es mostrada en la vida de Dina, o mintiendo, como se describe en la historia de la esposa de Potifar, comparándolo con brujería o asesinato parecen pecados pequeños. Pero en los ojos de Dios, pecado es pecado. Nos separa de Dios. El provee el regreso a través de Jesús. El quiere que aceptemos el trabajo de la cruz y arrepentimiento de nuestros pecados, para que El continúe perdonándonos y restaure nuestra comunión con El.

## EL FRACASO DE DINA

(Basado en Génesis 34)

Dina era la única hija de Jacob y Lea, Es mas, ella estaba consentida, siendo la única hermana de doce hermanos. Ademas ella fue curiosa de lo que estaba pasando con otras muchachas de su edad. Cualquiera que sea la razón, un dia, dejo las tiendas de su padre y se fue a la ciudad a pasear.

Mientras estaba allí, Siquem, hijo de Hamor el Heveo, príncipe del país, la vio. Y penso que Dina probablemente nunca intentaría envolverse con el, "y se acostó con ella y la deshonro."

Este pecado trajo pecado y vergüenza a Dina, pero, el príncipe joven ofreció reparación a su padre, como requería la ley Hebrea. Esto incluía matrimonio y pago. Siquem, muy enamorado de Dina demando a su padre que hiciera los arreglos.

Así, Hamor fue a Jacob y a sus hijos a discutir el tema de matrimonio entre Siquem y Dina. Jacob se enojo mucho, pero sus hijos estuvieron de acuerdo en que se casaran. Los hijos de Jacob propusieron que Dina se casara con Siquem con la condición de que todos los hombres en su ciudad se circuncidaran. El acuerdo fue hecho.

En el tercer dia después de la circuncisión, cuando el dolor era mas fuerte y les era difícil moverse, dos de los hijos de Jacob atacaron y mataron a todos los hombres de la ciudad, incluyendo a Siquem y su padre. Rescataron a Dina de la casa de Siquem y la retornaron a su casa. Luego los hijos de Jacob saquearon la ciudad porque su hermana había sido deshonrada allí. Tomaron los rebaños y vacas, y tomaron todo lo que había dentro de la ciudad y en el campo. También se llevaron todas las mujeres y niños.

Aunque Jacob no estaba feliz con lo que habían hecho sus hijos, esta tragedia le recordó de su voto a Dios. Ellos y su familia rindieron los dioses ajenos y se purificaron una vez mas. Por su crimen, Simeon y Levi recibieron una maldición en vez de una bendición de Jacob cuando murió. Después de la masacre no oímos mas de Dina.

## CONCUPISCENCIA

Aunque podemos nombrar otros pecados, como rebelión o fornicación, la *raíz* del problema de Dina parece que era concupiscencia. Su codicia por la aventura abrió las puertas a la concupiscencia sexual de Siquem hacia ella. Ella dejo la protección y disciplina de la casa de su padre por el mundo que aprecia atractivo.

La definición de concupiscencia es: deseo, intenso vehemente, ansia, codicia. Normalmente lo asociamos con deseos sexuales, pero, uno puede codiciar muchas cosas. Concupiscencia tiene sus raíces en que no hay satisfacción. Siempre desea algo que no tiene. Siempre quiere conseguir lo que quiere y usualmente atrae a esos con el mismo espíritu, como paso en esta historia.

Veamos lo que la Escritura dice acerca de concupiscencia y como tratar con ella.

**II de Pedro 1:4** La corrupción que esta en el mundo viene a través de _____

_____

_____

**I de Juan 2:15-17** No del Padre, sino del mundo _____

_____

_____

**Santiago 1:14 y 15** Concupiscencia, después que ha concebido _____

_____

_____

**Mateo 5:28** La codicia causa _____
_____
_____

**Efesios 4:22** Tenemos que despojarnos del viejo hombre, que esta viciado _____
_____
_____

Podemos tratar con la concupiscencia de las siguientes maneras:
Galatas 5:24 _____
_____
_____

Colosenses 3:5 _____
_____
_____

Tito 2:11 y 12 _____
_____
_____

II de Timoteo 2:22 _____
_____
_____

Galatas 5:16 _____
_____
_____

# EL FRACASO DE LA ESPOSA DE POTIFAR

(Basado en Génesis 39)

Cuando José llego a Egipto como un cautivo de los Ismaelitas comerciantes, el fue comprado por Potifar, capitán de la guarda del Faraón. El Señor bendijo a José en esta casa. Todo lo que hacia prosperaba. Pronto José fue encargado sobre de toda la casa en todo los negocios.

Un dia, cuando la esposa de Potifar estaba sola con el joven apuesto José, ella sugirió que durmiera con ella, José la rechazo. Pero ella continuo haciéndole sugestiones diariamente. Un dia cuando estaban en la casa solos, ella lo agarro y demando que durmiera con ella. El huyo. Mientras lo hacia dejo su ropa en manos de la mujer y el salió de la casa. Ella no podía aceptar este rechazo, ella empezó a gritar. Y otros hombres vinieron a ver lo que pasaba, ella gritaba histericamente, "José trato de deshonrarme, pero cuando grite, el corrió, y se le olvido su ropa." Cuando su esposo vino a la casa esa noche, le dijo la misma historia.

Cuando Potifar oyó la historia de su esposa, el puso a José en la cárcel y lo dejo allí por años.

## MINTIENDO

Podemos ver varios pecados en la historia de la esposa de Potifar y el incidente con José, pero consideraremos la mentira.

¿Que le paso a la esposa de Potifar como un resultado de su mentira? Podemos imaginarnos que paso muchas noches sin dormir, sabiendo que por su mentira José estaba en la cárcel.

O, si ella había mentido mucho, antes, ya su conciencia tenia callos y sentía poca culpabilidad. Yo no se si la esposa de Potifar veía la mentira como un pecado. Pero tenemos la Palabra de Dios que nos dice que mentira es abominación a Dios, y que un dia todos los mentirosos se encontraran en el lago de fuego.

Mucho de nosotros no realizamos que mentimos, no en grande, sino pequeñas mentiras "mentiras blancas," la manera como dejamos a la gente pensando que es verdad, cuando no es. La esposa de Potifar uso la ropa de José para implicar que el había intentado deshonrarla.

Ya sea que simplemente nos abstengamos de la verdad, o que mintamos totalmente, no estamos caminando en el camino de Dios de verdad y luz. Eventualmente nos podemos engañar nosotros mismos al punto que no reconocemos la verdad misma. Este es el resultado temeroso de mentir. Veamos que dice la Palabra de Dios concerniente a la mentira.

**Juan 8:44** La mentira se origina con _____

_____

**II de Tesalonicenses 2:10** El hombre puede perecer porque _____

_____

**Proverbios 6:16-19** Mentira es _____

_____

**I de Juan 2:4** Si uno dice que conoce a Dios pero _____

_____

el es un mentiroso.

**Proverbios 19:5** _____

_____

El que habla mentiras no _____

_____

**Proverbios 12:22** El Señor abomina _____

_____

_____

**Apocalipsis 21:8 y 27** El destino de los mentirosos es _____

_____

_____

## LECCIONES DE DINA Y LA ESPOSA DE POTIFAR
### Pecado

Estamos viviendo en un tiempo cuando pecado no significa mucho. Muchos que creen que el pecado es una realidad, continúan en el sin pensar en el castigo. Sin embargo, podemos ver los resultados de su realidad alrededor de nosotros.

En el otro lado, Dios muestra lo malo del pecado. El dice, *"El alma que pecare, esa morira."* (Ezequiel 18:20), y *"La paga del pecado es muerte"* (Romanos 6:23). No podemos escaparnos de la presencia del pecado en esta vida, pero puede ser vencida con el poder de Dios.

El origen del pecado es uno de los misterios de la Biblia. Es notado primero en el corazón de Satanás. El era un ser creado, perfecto, hasta que se hallo iniquidad en el. (Ezequiel 28:11-19). Satanás cayo de la perfección cuando el puso su voluntad sobre la de Dios. Esto es pecado.

Para algunos, pecado es una debilidad de la carne. Para otros, es la ausencia de lo bueno. La teoría mas nueva es que el pecado es una plaga que debe de ser tratada por la ciencia, porque el hombre es inherentemente bueno — solo enfermo. Dios declara lo que el pecado es.

**I de Juan** _____

_____

_____

**Romanos 3:23** _____

_____

_____

**Isaias 1:2-4** _____

_____

_____

**I de Juan 5:10** _____

_____

_____

**Isaias 53:6** _____
_____
_____

**I de Juan 5:17** _____
_____
_____

## La Sangre de Jesús

Sangre es una misteriosa y extraña substancia. La Biblia no nos dice los compuestos químicos de los glóbulos rojos y blancos, pero si nos dice que la vida de cada criatura viviente esta en la sangre (Levítico 17:11).

Cuando Dios hizo al hombre a su imagen, El soplo su propia vida espiritual dentro de el. Esa vida estaba detenida en la substancia que llamamos sangre. Cuando el hombre muere, vida abandona la sangre.

Antes que veamos como la sangre de Jesús expía el pecado, tenemos que comprender algunas cosas que son únicas acerca de la sangre. Estamos adeudados con el Dr. William Standish Reed de la Fundación Cristiana Medica de Tampa, Florida por darnos luz concerniente a la vida sin pecado de Jesucristo, ¡por la realidad de que toda Su sangre venia de Dios!

Lucas 1:31 Especificamente declara que la concepción de Jesús tomo lugar en el vientre de *María*. Por consiguiente, su concepción era sobrenatural. La concepción de los humanos normales no toma lugar en el vientre. Sino, la unión de la esperma masculina y el huevo femenino toma lugar en la trompa de la mujer. Ni la esperma ni el huevo tienen sangre en si mismos, solo la habilidad de crear sangre de la nueva vida mientras se forma. Es mas, la placenta con su forma mantiene la sangre de la madre que pase al feto.

Por consiguiente, ya que el cuerpo de Jesús fue maravillosamente formado en el vientre de María, Jesús era sin pecado; ni una sangre adamica entro a su ser. Por esto, Jesús, el unigénito hijo de Dios declara," ¡Yo soy la VIDA!"

¿Que dice la Escritura concerniente a la sangre de Jesús?

Colosenses 1:12-14 _____
_____
_____

Efesios 1:6 y 7 _____
_____
_____

Hechos 20:28 _____
_____
_____

I de Corintios 11:23-25 _____

_____

_____

Juan 19:341-34 _____

_____

_____

Romanos 3:23-25 _____

_____

_____

Romanos 5:6-11 _____

_____

_____

Hebreos 9:12-14 _____

_____

_____

Hebreos 10:10-19 _____

_____

_____

Hebreos 13:12 _____

_____

_____

I de Pedro 1:19-21 _____

_____

_____

## Salvación

Por un hombre, el pecado entro al mundo (Romanos 5:12). Y cuando Adán peco, su simiente se corrompió, El hombre es, por tanto, nacido en pecado (Salmo 51:5). Todos pecaron (Romanos 3:23) Y todos están condenados a morir (Juan 3:18 y Romanos 6:23). Sabemos que, a través de la sangre de Cristo, Dios ha hecho provisión, para la expiación de nuestro pecado. Pero, ¿Cual es nuestra parte de recibir liberación de la atadura del pecado y recibir el don de la vida eterna?

(1) **Tenemos que reconocer nuestro pecado y arrepentirnos.** Salvación no es automática. Uno tiene que *hacer* la Palabra de Dios para *conseguirlo* . Ya que el nos dice que *todos* hemos

pecado, sabemos que somos pecadores. Hechos 17:30 dice que Dios manda que toda la gente en todo lugar se arrepienta. Arrepentimiento significa sentir remordimiento. Tenemos que sentir mucha pena por nuestro pecado que estamos dispuestos a volvernos en una nueva dirección.

(2) **Necesitamos confesar nuestros pecados a Dios, y a veces, a otros.** I de Juan 1:9 *"Si confesamos nuestros pecados, El es fiel y justo para perdonar nuestros pecados, y limpiarnos de toda maldad."* Cuando tenemos el perdón de Dios, tenemos salvación. Hay tiempos en que necesitamos recibir perdón de otros también.

(3) **Tenemos que creer en el Señor Jesucristo.** El capitulo 16 de Hechos nos dice la historia de Pablo y de Silas en la cárcel. Después de un terremoto que abrió las puertas de las cárceles y todos quedaron libres, el carcelero temeroso pregunto "¿Señores que debo de hacer para ser salvo? La contestación fue, cree en el Señor Jesucristo. Uno tiene que tener fe para creer que Jesús hizo lo que la Biblia dice que hizo, o sus promesas no pueden ser reclamadas.

Mientras uno cree en Jesús, entonces uno desea confesar su fe a otros. (El carcelero de Filipos lo hizo y toda su casa fue salva.) Jesús dice en Mateo 10:32, *"A cualquiera, pues, que me confiese delante de los hombres, yo también le confesare delante de mi padre que esta en los cielos."*

(4) **Tenemos que ser bautizados.** Después de que el carcelero y su familia creyeron, ellos fueron bautizados, Significando que ellos ahora estaban muertos al pecado y resucitados para caminar en novedad de vida. Romanos 6:4 nos dice, *"Porque somos sepultados juntamente con el para muerte por el bautismo, a fin de que como Cristo resucito de los muertos por la gloria del Padre, así también nosotros andemos en vida nueva."*

Estos pasos incluye todo lo que implica nuestra parte como en Juan 3:16. *"Porque de tal manera amo Dios al mundo, que ha dado a su hijo unigénito, para que todo aquel que en el cree, no se pierda, mas tenga vida eterna."* Esta es nuestra salvación.

## RESUMEN

El hombre es un pecador. Es mas, *todos* han pecado y están destituidos de la gloria de Dios. Pecado separa al hombre, pero Dios proveyó un medio para regresar a Dios. La expiación de nuestros pecados por la sangre de Jesucristo. Dios quiere que nos arrepintamos y confesemos nuestro pecado, mientras aceptamos lo que Cristo hizo en la cruz. Cuando hacemos eso, El puede perdonarnos y restaurarnos a una correcta relación con El. Ni una de estas dos mujeres tenían "salvación," el estudio de Dina nos enseña de su concupiscencia. La esposa de Potifar muestra el pecado de mentira.

## EJEMPLO MODERNO

La autora de una serie popular de radio, "Desencadenar," Eugenia Price ha escrito cientos de historias de gente que fueron "salvas" bajo el ministerio de Misión Jardín del Pacifico en el barrio de los holgazanes de Chicago. Pero, es en su libro, *La carga es ligera*, que ella dice la historia de su propia conversión a Jesucristo.

Eugenia, nació de una familia cristiana de la clase media en Charleston, West Virginia. Ella iba a la iglesia cuando crecía, principalmente porque le insistía su madre quien dirigía el coro de la iglesia. Ella era una niña muy inteligente en la escuela, Eugenia admite que ella casi nunca escuchaba el sermón. El mundo era una gran atracción para ella, y ella comenzó a fumar a la edad de 14 años.

Eugenia fue al colegio donde tomo un curso de 'comparando religiones,' ella determino que ella era una atea. Ella perseguía una maestría en Ingles para que pudiera escribir, pero luego cambio a un curso predental para tener una carrera mas lucrativa como su padre que era un dentista. Es mas, ella fue la única mujer aceptada en la escuela dental del Noroeste de Chicago el año que ella entro. Ella fue estudiante de honores por tres años hasta que se aburrió. Luego ella entro a la Universidad de Chicago para estudiar filosofía y mas cursos para poder escribir.

Ella descubrió, para su sorpresa, que no tenia nada que decir como escritora. Así que escribió comerciales para compañías de cerveza y cigarrillos. Durante este tiempo, mientras continuaba fumando y bebiendo mucho, ella engordo mucho. A la edad de 33, era considerada exitosa de acuerdo al mundo, pero su corazón estaba extremadamente fundido.

En una vacación en la casa de sus padres, ella tuvo un sueño que ya había tenido antes varias veces. Porque una amiga desde su niñez se aparecía en su sueño ella decidió llamar y buscar a esa amiga. Aunque no se veían desde que eran adolescentes, Ellen también se encontraba de vacaciones en su pueblo, y Eugenia la invito para visitarse.

Pero Eugenia iba a tener una gran sorpresa. Ellen, quien también había sido muy mundana, ya no fumaba ni bebía. Es mas, ella ahora proclamaba tener a Jesús como el centro de su vida y decía que no le importaba nada de su vida anterior.

Eugenia tuvo dificultades en aceptar el testimonio de Ellen. Ella había decidido hacia mucho tiempo, que no existía el pecado, por consiguiente, no necesitaba un Salvador.

De todas maneras, la visita abrió puertas para que continuara la amistad con Ellen. Ellen invito a Eugenia a que la visitara en Nueva York. Eugenia lo hizo, aunque no se quedo en la casa de los Cristianos donde vivía Ellen. Sino que rento un cuarto de un hotel cercano. Fue en este cuarto que levanto una Biblia de los Gedeones y por primer vez, verdaderamente, leyó la Palabra de Dios. Finalmente, Ellen la persuadió para que fuera a oír al Dr. Samuel Shoemaker. Por primera vez en 18 años, Eugenia se encontró asi misma en la iglesia. El sermón "La gracia de Jesucristo," puso a Eugenia bajo una fuerte convicción, y empezó a caminar hacia el altar al final del servicio. Pero a mitad de camino, ella se volvió y corrió a su hotel y entro a la cantina.

Cuando Ellen la encontró, hablaron y hablaron. Finalmente, sintiendo que nada bueno salía de la conversación, Ellen se levanto para irse. Pero cuando vio que Eugenia estaba con pánico, la confronto una vez mas, con el Plan de Dios de salvación. Eugenia se sento en una silla grande por la ventana y lloro. Ellen no se movió, sino hasta después de un tiempo dejándola llorar, calmadamente le dijo a Eugenia que lo mas maravilloso que le podía pasar era que la vieja Eugenia muriera para que una nueva pudiera nacer.

En el largo silencio que siguió, Eugenia se reconoció como una pecadora y que ahora aceptaba la gracia del Señor Jesucristo. Sin ruido — ni una oración audible — pero desde ese momento en la vida de Eugenia Price no fue la misma. Ella fue trasladada del reino de obscuridad al reino del amado hijo de Dios, Jesús. De una pesadez de cuerpo y alma, el yugo se hizo fácil y ligera la carga.

## ¿QUE PIENSA USTED?

1. ¿Alguna vez usted se ha arrepentido y confesado sus pecados, aceptado el trabajo expiatorio de la sangre de Jesucristo, y recibido el perdón de Dios? ¿Se recuerda donde y cuando hizo esto? _____
   _____
   _____

2. Si nunca lo ha hecho (Y no ha nacido de nuevo de acuerdo a (Juan 3:16), ¿Desea hacer esto ahora? (Si lo desea comparta esto con alguien.) _____
   _____
   _____

3. Después de la experiencia de su salvación, ¿que hace con los pecados que continua cometiendo?
   _____
   _____

4. ¿Conoce el perdón de Dios? ¿Como? _____
   _____
   _____

## EVALUACIÓN PROPIA

1. ¿De que manera esta usted implementando los principios aprendidos de Dina y la esposa de Potifar? _____
   _____
   _____

2. ¿De que manera esta usted fallando en implementar los principios aprendidos de ellas? ___
   _____
   _____

3. ¿Que necesita usted para cambiar? _____
   _____
   _____

4. ¿Como lo hara? _____
   _____
   _____

*Lección 9*
# Jocabed, María y Sefora

## *Un Ejemplo de Responsabilidad Maternal — Alabanza — Circuncisión*

*Instruye al niño en su camino, y aun cuando fuere viejo no se apartara de el.*

Proverbios 22:6

*Así que, ofrezcamos siempre a Dios, por medio de el, sacrificio de alabanza, es decir, fruto de labios que confiesen su nombre.*

Hebreos 13:15

*En el también fuisteis circuncidados con circuncisión no hecha a mano, al echar de vosotros el cuerpo pecaminoso carnal, en la circuncisión de Cristo.*

Colosenses 2:11

## PREPARANDO EL ESCENARIO

Moisés es conocido como el gran libertador de los Hebreos. El los sacó de la esclavitud de Egipto, a través de un viaje por el desierto, a la vista de la tierra prometida. Mientras miramos su historia y escritos de Éxodo, Levítico, Números y Deuteronomio, podemos ver como Dios lo usa a el como líder. Fue a Moisés a quien Dios dio la ley. El permitió que el fuera un intercesor por la gente. También Dios dio a Moisés el plan para el Tabernáculo, las reglas y regulaciones de los sacrificios, para que los pasara a la gente. Dios arreglo que viviera los primeros 40 años en el palacio del Faraón, y los segundos 40 años atendiendo ovejas en el desierto, únicamente entrenándolo para esta tarea.

Tres mujeres hay en la vida de Moisés que tuvieron influencia sobre de el — su madre Jocabed; su hermana María; y su esposa Sefora. Mientras consideramos estas tres mujeres en la vida de Moisés, veremos tres diferentes temas. Con Jocabed, vemos la responsabilidad de los padres por sus hijos. Ella tomo la responsabilidad bajo circunstancias difíciles. Con María, consideraremos el tema de alabanza. Ella ayudo a Moises a enseñar a la gente los caminos de Dios, particularmente la necesidad de alabar a Dios. Con Sefora, veremos el tema de la circuncisión. Ella, que circuncido a su hijo con repugnancia, no muestra la necesidad de permitir que la circuncisión espiritual tome lugar en nuestros propios corazones.

## EL ÉXITO DE JOCABED

(Basado en Éxodo 1; 2:1-11; 6:20; Números 26:59 y Hebreos 11:23)

Jocabed es referida como una hija de Levi, quien se caso con un hombre de la casa de Levi. Se caso con su sobrino Amram, ella era su esposa y tía — una situación común en esos dias.

Tres hijos nacieron de Amram y Jocabed. Todos ellos fueron escogidos por el Señor para la tarea de dirigir su gente fuera de Egipto a la tierra prometida.

La mayor era María, dotada con dones musicales y poéticos quien dirigió a las mujeres en alabanza. El segundo hijo era Aaron, primer sumo sacerdote de Israel e interlocutor de Moisés. El mas joven de los tres era Moisés, uno de los líderes mas grande que el mundo ha conocido.

Jocabed es introducida en el primer capitulo de Éxodo madre Hebrea concerniente viviendo en Egipto. En ese tiempo la población Judía se había multiplicado grandemente. El Faraón tenia miedo de que los Judíos pasaran en numero a los Egipcios y tomaran la nación. Así, el declaro que todo varón recién nacido de los Judíos fuera echado en el Nilo. Que tan pesado estaría el corazón de Jocabed, porque estaba esperando el nacimiento de su tercer hijo. ¿Que pasaría si la partera le dijera que tuvo un varón?

Al fin, ella dio a luz un varón. Luego Jocabed vio que el niño era muy hermoso. Ella determino pelear por su vida. Ella lo guardo en un lugar secreto donde nadie lo podía oír o ver hasta que ya no lo pudo guardar mas. Luego hizo un canasto de juncos y lo calafateo con asfalto y brea y lo puso a la orilla del río. Ella le dijo a su hija María de 10 años que vigilara al niño.

Al tiempo usual, la hija del Faraón vino al río a bañarse. Ella y sus doncellas vieron el canasto con el pequeño Moisés dentro. La princesa tuvo compasión de el y determino encontrar una judía nodriza. La princesa decidió llamarle Moisés, que quiere decir "sacado del agua."

Tan pronto como María vio lo que estaba pasando, ella se acerco a la hija del Faraón y le pregunto si quería una nodriza. Y así, ¡Jocabed fue pagada por ser la nodriza privada!

Aunque no se nos dice, no parece ser que estaba viva para ver como sus hijos fueron usados por Dios. Aun así, podemos asumir que ella fue la principal influencia en su preparación para el gran trabajo que Dios había planeado.

## LECCIONES DE JOCABED
### La Responsabilidad de los Padres por los Hijos

Aunque Jocabed tuvo cierta influencia sobre su hijo mientras era pequeño, ella tenia que darlo para que creciera en una atmósfera pagana. Ella confío en Dios de que le enseñara el camino; El lo reservo a su nacimiento. Encontramos situaciones similares con Ana y Samuel. Después de recibirlo como una respuesta a su oración, ella lo dio a Eli para que creciera (y Eli había hecho un trabajo terrible en crecer a sus propios hijos). También nosotros, como padres, nos preguntamos que influencia tiene la sociedad sobre nuestros hijos. Nuestra responsabilidad es enseñarles tan bien como podamos mientras viven con nosotros, luego encomiéndeselos al Señor para su entrenamiento. Isaias 54:13 es un buen versículo para reclamar. *"Y todos tus hijos serán enseñados por Jehová; y se multiplicara la paz de tus hijos."* Sus caminos no son nuestros caminos. Dios sabe exactamente lo que nuestros hijos necesitan. El puede hacer mejor trabajo de acercarlos a El, que nosotros.

Enseñarle a los hijos la fe de los padres era una de las obligaciones principales de los padres Judíos. Fue Moisés quien después recibió la ley de Dios, que mandaba a los padres *"Y las repetirás a tus hijos, y hablaras de ellas estando en tu casa, y andando por el camino, y al acostarte, y cuando te levantes. Y las ataras como una señal en tu mano, y estarán como frontales entre tus ojos; y las escribirás en los postes de tu casa, y en tus puertas"* (Deuteronomio 6:7-9).

Aunque Dios tiene su manera de enseñar a nuestros hijos cuando los dedicamos a El, El también nos da instrucción y disciplina como entrenarlos en su Palabra.

# EL ÉXITO DE MARÍA

(Basado en Éxodo 2:7-10; 15:20 y 21; Números 20:1; y 26:59)

María era la mayor de Amram y Jocabed, y hermana mayor de Aaron y Moisés. Nunca leemos que ella tuvo un esposo, aunque vivió bien cuando era adulta.

Ya hemos visto, en la historia de Jocabed, el papel que jugo en conseguir para Moisés a su propia madre como nodriza después de que la hija de Faraón lo encontró en el río.

Aunque María fracaso en otro tiempo en su vida (cuando ella y Aaron se rebelaron contra la autoridad de Moisés), esta lección considerara su papel como una líder de alabanza entre el pueblo de Dios.

María es llamada una profetisa y es identificada como la hermana de Aaron (una profetisa es una que Dios levanta e inspira con su Espíritu para proclamar la voluntad y el propósito de Dios.)

Primero vemos a María en acción en el Mar Rojo, proclamando y cantando acerca del poder y fidelidad de Dios. Dios ha causado que el mar se retirase y se volvió seco y permitió que lo Israelitas pasaran en seco mientras los Egipcios los perseguían y morían ahogados cuando las aguas regresaron y los cubrieron. Cuando los Israelitas estaban seguros en el otro lado, María dirigió a la gente de Dios en un tiempo para El.

María sabia que Dios era digno de alabanza. Ella había experimentado Sus obras sobrenaturales entre Su pueblo antes y después de dejar Egipto. El los protegió durante las plagas terribles. El los libró del ejercito de Faraón volviendo las aguas del Mar Rojo para que no pudieran escapar. El suplió todas sus necesidades físicas, incluyendo comida, mientras atravesaban el desierto. Como una profetisa, ella conocía el deseo de Dios de comunicarse con su pueblo. En gratitud y agradecimiento, María animaba a la gente a responderle al Señor, no solo por su misericordia y bendiciones, pero solo por conocerle como Dios. Ella tomo un pandero en su mano y canto y danzo ante el Señor, adorándole en alabanza. En canto, ella menciona sus actos poderosos, y las mujeres se le unieron ministrando gozosas al Señor.

# LECCIONES DE MARÍA

## Alabanza

Salmo 100:2 y 4 nos amonesta a *"Servid a Jehová con alegría; venid ante su presencia con regocijo...entrad por sus puertas con acción de gracias, por sus atrios con alabanza."* Entramos en verdadera adoración, primero, dándole gracias a Dios por lo que ha hecho. Luego podemos alabarle por lo que El es.

Si miramos la siguiente escritura, notaremos que la alabanza es siempre *activa*. No podemos pensar en alabanza, como oración o pensar de las cosas que estamos agradecidos.

Alabanza demanda nuestro sacrificio.. Hebreos 13:15 nos dice *"Así que ofrezcamos siempre a Dios, por medio de el, sacrificio de alabanza, es decir, fruto de labios que confiesen su nombre."* Tenemos que dar de nuestros labios, nuestro tiempo, nuestra energía. Dios se goza en nuestra alabanza. El la demanda. Y siempre somos bendecidos como resultado.

Como María, podemos danzar, cantar, y tocar instrumentos musicales ante el Señor. Salmo 150 enumera algunos: como el pandero, instrumentos de cuerda, flautas, y címbalos.

Salmo 47 nos recuerda; ¡*cantar* alabanzas también! *"Cantad a Dios, cantad; cantad a nuestro rey, cantad; porque Dios es el rey de toda la tierra; cantad con inteligencia."* Hay varias Escrituras concerniente a la danza en alabanza también. Salmo 149:3 dice, *"Alaben su nombre con danza..."* Por supuesto, sabemos que tiene que ser un acto de verdadera alabanza y no un acto de la carne.

Dios esta restaurando la alabanza en la iglesia en estos últimos dias. Es una parte de la adoración que ha veces es rechazada. El hombre frecuentemente a venido a ser un espectador y a veces lo encuentra mas confortable participar pasivamente en los servicios de adoración. Dios quiere que comencemos a alabarle ahora, ya que eso vamos a hacer en la eternidad. A través de todo el libro de Apocalipsis, encontramos ancianos, seres vivientes, y otros alabando al Señor. Es mas, Juan dice que una voz salió del trono mandando, *"Alabad a nuestro Dios todos sus siervos, y los que le teméis, así pequeños como grandes"* (Apocalipsis 19:5).

## EL FRACASO DE SEFORA
(Basado en Éxodo 2:21 y 22; 4:24-26; 18:1-6)

Moisés conoció a Sefora cuando huyo a Madian después de matar al Egipcio. Ella y sus hermanas estaban en un pozo y Moisés las ayudo de que unos pastores no las disturbaran. Cuando regresaron a casa y le dijeron a su padre lo que ocurrió, el dejo que Moisés se quedara en casa y trabajara en Madian. Ese fue Jetro, el sacerdote de Madian, y le dio a Moisés su hija mayor, Sefora en matrimonio. Moisés y Sefora tuvieron dos hijos, Gerson y Eliezer.

Sefora era una Madianita descendiente de Abraham y Cetura, la esposa que Abraham tuvo después que murió Sara, siendo así, no eran gente del pacto. Ella no tenia los mismos valores espirituales como Moisés. Para tener paz, Moisés, se comprometía con su esposa incrédula y no circuncido a su hijo.

El Señor intervino y, como una señal de desagrado divino, Moisés fue azotado con una placa mortal. Con conciencia herida, Sefora se rindió y circuncido al niño, mientras Moisés estaba tirado en el piso. Ella corto el prepucio y lo tiro ante Moisés diciendo, "A la verdad tu me eres un esposo de sangre."

Cuando la salud de Moisés fue restaurada, relaciones entre el y Sefora estaban en tensión. El se fue solo a Egipto. Sefora y los dos niños regresaron a casa a Madian. No oímos mas de ella hasta que Moisés ya esta dirigiendo a los Israelitas en el desierto. Ella y los niños acompañaron a Jetro para ver a Moisés. Moisés les dio la bienvenida, pero no sabemos si se quedaron. Éxodo 18:27 menciona que solo Jetro regreso. Nunca oímos de Sefora otra vez.

Siendo así, el único conocimiento bíblico que tenemos acerca de la relación entre Moisés y Sefora es sobre la circuncisión.

## LECCIONES DE SEFORA
### Circuncisión

Circuncisión es el acto físico de cortar la carne del prepucio del varón. Es un rito del pacto que Dios hizo con Abraham (Génesis 17:10-14).

Circuncisión quizás fue practicada entre otros pueblos, la Biblia describe claramente instituido por Dios como Judío y como una señal del pacto entre el y Su gente.

Circuncisión es *siempre* relacionado con el cumplimiento del propósito y promesa de Dios. Era un recordatorio del pacto. Era también un acto de preparación para lo que Dios quiere hacer en la relación del pacto. Veamos algunos ejemplos específicos.

**Éxodo 12:44** Solo los circuncidados podian _____
_____
_____

**Josué 5:3** Antes que los Israelitas participaran de la pascua en Gilgal antes de entrar a la tierra prometida, Josué _____
_____
_____

**Lucas 2:21** Como todo niño Judío de ocho dias de nacido, Jesús _____
_____
_____

**Hechos 15:1-19** Una de las mayores controversias en la Iglesia primitiva era con el tema de la circuncisión. El resultado del concilio de Jerusalén fue _____
_____
_____

**Galatas 6:15** Pablo reitera esta conclusión significativa aquí, cuando dice _____
_____
_____

La ley era una tarea maestra para traer al hombre a Cristo para que el pudiera ser justificado por fe. En Romanos 2:28 y 29, Pablo dice, *"Pues no es Judío el que lo es exteriormente, ni es la circuncisión la que se hace exteriormente en la carne; sino que es Judío el que lo es en lo interior, y la circuncisión es la del corazón, en espíritu, no en letra; la alabanza del cual no viene de los hombres, sino de Dios."* Dios, en su gran sabiduría y creatividad, tiene una manera de usar cosas literales físicas como un tipo de verdades espirituales. Circuncisión, aunque es un acto de la carne, tiene también significado espiritual a través de la Escritura. Es una aplicación espiritual al tema que vamos.

Claramente, primero fue a Moisés a quien Dios le dio la comprensión de la circuncisión espiritual. En Deuteronomio 10:16, Moisés dice *"Circuncidad, pues, el prepucio de vuestro corazón, y no endurezcáis mas vuestra cerviz."* Moisés, quien había estado repugnante a la circuncisión física de su propio hijo, sabia que el hombre podía tener una barrera hacia Dios en su corazón. Es nuestra carne, nuestra vieja naturaleza, mantiene nuestros corazones duros y no disponibles para Dios.

Moisés también sabia que nuestros labios necesitaban ser "circuncidados" para poder hablar la Palabra de Dios y no la nuestra.

**Éxodo 6:30** Moisés decía que no podía hablar al Faraón porque _____
_____
_____

**Deuteronomio 30:6** Dios circuncidara el corazón para _____
_____
_____

**Jeremías 6:10** Jeremías dice que el oído _____
_____
_____

**Ezequiel 44:9** Para adorar a Dios en verdad, uno tiene que _____
_____
_____

¿Como, entonces, obtenemos la circuncisión del corazón, oídos, y labios?

Circuncisión espiritual, es parte del proceso de la santificación (separación a Dios), es ambos, un acto en un tiempo, y un proceso continuo. No solo nos volvemos a Dios, sino que también nos alejamos del pecado.

Diariamente tenemos que considerar nuestra carne crucificada. Justo como la ordenanza de la circuncisión física necesita derramar sangre, también a través de la sangre de Jesús nuestra carne es cortada.

Mientras somos nuevas criaturas en Cristo, queremos seguir la Palabra de Dios. Aunque el "hombre viejo" es simbólicamente sepultado en el bautismo de agua, necesitamos continuar considerarlo muerto en nuestro conflicto entre la carne y el espíritu. Dios quiere pueblo santo. El quiere que el prepucio de nuestros corazones sea circuncidado, para que pueda reinar en nosotros. I de Corintios 15:50 nos recuerda que carne y sangre no pueden entrar en el reino de Dios.

Dios llama a Moisés a ser líder de su gente y esperaba que el fuera un ejemplo. El trata con Moisés concerniente a la falta de circuncisión de su hijo. Aunque Sefora se sometió externamente, viendo lo que pasaba, ella se enoja con Dios mientras ella ridiculiza a su esposo. Es por eso, como resultado, su corazón estaba duro y no podía tener una buena relación con Dios o con su esposo.

Coincida lo siguiente para completar los Proverbios que conciernen la relación que deben tener padres e hijos.

## Cuadro 9a

**Proverbios 10:1**
El hijo sabio alegra al padre, y dará alegría a tu alma.

**Proverbios 23:13**
No rehuses corregir al muchacho; mas el que lo ama, desde temprano lo corrige.

**Proverbios 20:11**
Aun el muchacho es conocido por sus hechos, mas el muchacho consentido avergonzara a su madre.

**Hebreos 12:11**
Es verdad que ninguna disciplina al presente parece ser de gozo, sino de tristeza; pero el hijo necio es tristeza de su madre.

**Proverbios 29:17**
Corrige a tu hijo, y te dará descanso, mas la necia con sus manos la derriba

**Proverbios 22:6**
Instruye al niño en su camino, y amargura a la que lo dio a luz.

**Proverbios 13:24**
El que detiene el castigo, a su hijo aborrece; y aun cuando fuere viejo no se apartara de el.

**Proverbios 17:25**
El hijo necio es pesadumbre de su padre, mas no se apresure tu alma para destruirlo.

**Proverbios 22:15**
La necedad esta ligada en el corazón del muchacho; mas la vara de la corrección la alejera de el.

**Proverbios 19:18**
Castiga a tu hijo en tanto que hay esperanza; pero después da fruto apacible de justicia a los que en ella han sido ejercitados.

**Proverbios 14:1**
La mujer sabia edifica su casa; si su conducta fuere limpia y recta.

**Proverbios 29:15**
La vara y la corrección dan sabiduría; porque si lo castigas con vara, no morira.

## RESUMEN

En esta lección, vimos a las tres mujeres en la vida de Moisés. Su madre Jocabed; su hermana María; y su esposa Sefora, cada una provee una breve enseñanza en diferente área. Como notamos la madre que Jocabed debe de ser, consideramos la responsabilidad de los padres en crecer a sus hijos en el temor del Señor. De María, vemos la alabanza y el lugar en la vida del creyente. Con Sefora, tratamos de comprender que significa escrituralmente "circuncisión del corazón."

## EJEMPLO MODERNO

Quizás una de las madres mas influyente en historia moderna es Susana Wesley, una madre que personalmente enseño a sus 19 hijos. Uno de ellos escribió mas de 6,000 himnos que el hombre moderno puede usar en alabar a Dios.

Susana estaba casada con Samuel Wesley, un párroco de una parroquia en Inglaterra. Un autor y también, un mayordomo pobre quien tuvo que pasar muchos periodos en la prisión por no pagar sus deudas. Como resultado, mucho del cuidado de la familia descanso sobre Susana, una mujer enérgica con ideales elevados.

Ella se negó a comprometer sus ideas. Ella no solo enseño a sus hijos educación básica, pero también valores espirituales. Ella insistió, como ejemplo, que cada uno aprendiera el alfabeto en un cierto tiempo. Ella demandaba cortesía, disciplina propia, y estudio riguroso. Sus hijos probaron ser logros excepcionales. Se dice que ella pasaba tiempo especial con cada uno de ellos semanal — todo esto en una época cuando no había las conveniencias de las casas modernas.

Estos 19 hijos tuvieron tan gran influencia en el mundo que se les acreditan lo siguiente directa o indirectamente — la Iglesia Metodista, la YMCA, el Ejercito de Salvación, horfanatorios, y muchos himnos bien conocidos. Sus hijos, Juan y Carlos, son acaso los mas famosos de sus hijos.

Juntos, trabajaron para avivamiento en la Iglesia en Inglaterra, y en el proceso, fundaron un movimiento que resulto en la Iglesia Metodista. Juan escribió varios libros en cierto temas, como gramática, historia, y biografías. Aunque un hermano mayor, Samuel, también escribió un numero de himnos bien conocidos, Carlos Wesley es el autor de mas de 6,000 himnos, entre los cuales estan, "Quisiera yo con lenguas mil," "Es la vida de mi alma," y "Gloria a Dios en las alturas."

En estos dias, cuando las escuelas en las casas están de moda, los padres pueden mirar el ejemplo de Susana Wesley.

## ¿QUE PIENSA USTED?

1. ¿Esta usted criando a sus hijos en el temor del Señor de acuerdo a su Palabra? ¿Como se hace esto? ¿Donde puedo comenzar? _____
_____
_____

2. ¿Que hace usted acerca de las influencias sobre sus hijos, que usted sabe que están en contra de los principios de Dios y su Palabra? _____
_____

3. ¿Que es envolverse en alabanza? ¿Participa usted en tiempos de alabanza al Señor regularmente? _____
_____
_____

4. ¿Ha permitido usted que su corazón sea circuncidado? _____
_____
_____

5. ¿Que impide que un corazón sea endurecido?_____
_____
_____

## EVALUACIÓN PROPIA

1. ¿De que manera esta usted implementando los principios aprendidos de Jocabed, María y Sefora?_____
_____
_____

2. ¿De que manera esta usted fallando en implementar los principios aprendido de ellas? ___
_____
_____

3. ¿Que necesita usted para cambiar? _____
_____
_____

4. ¿Como lo hara? _____
_____
_____

Lección 10
# Tamar y Rahab

## Un Ejemplo de Misericordia y Gracia

*Acerquémonos, pues, confiadamente al trono de la Gracia, para alcanzar misericordia y hallar gracia para el oportuno socorro.*

Hebreos 4:16

## PREPARANDO EL ESCENARIO

¿Quien puede comprender la misericordia eterna y la gracia maravillosa de Dios? No podemos, en nuestra injusticia como trapos de inmundicia, venir a la presencia de un Dios, santo, justo, excepto por la misericordia y gracia que solo viene a través de Jesucristo.

La justicia de Tamar vino a través de la ley del matrimonio levítico, que declaraba, si el marido de una mujer moría, su hermano seria su marido (Deuteronomio 25:5). Porque este mandamiento no fue guardado, Dios en Su misericordia proveyó para ella.

Rahab creyó en el Dios de los espías Israelitas que ayudo a escapar. En el proceso, Dios otorgo su gracia sobre de ella y su familia, y los salvo. Sus obras fueron el resultado de su fe que Dios en su misericordia, le dio aunque no era Israelita.

Esta dos mujeres representan pecadoras que cometieron pecados sexuales y requerían sentencia de muerte. Sin embargo, las dos están incluidas en la genealogía de Jesús (Quien viene a ser nuestra justicia cuando creemos en El). Siendo así, ambas pueden ser llamadas exitosas por lo que Dios hizo. Sin la misericordia y la gracia de Dios a través de Jesucristo, juntos con Tamar y Rahab estuviéramos perdidos para siempre.

## EL ÉXITO DE TAMAR

(Basado en Génesis 38:6-30; Ruth 4:12; Mateo 1:3)

Tamar era una mujer Cananea quien se caso con un hijo de Juda (el cuarto hijo de Jacob y Lea). Primero se caso con Er el hijo mayor de Juda y Sua (también una Cananea). No sabemos lo que hizo Er para desagradar a Dios, y Dios le quito la vida. Tamar no se quedo viuda por largo tiempo. De acuerdo a la ley matrimonial Levítica, ella fue dado al próximo hijo, Onan, para que ella pudiera levantar simiente para su marido muerto. Pero Onan intencionalmente fallo en cumplir su responsabilidad, y Dios le quito la vida también. El tercer hijo de Juda, Sela, debía de ser el próximo marido de Tamar pero era muy joven. Juda sugirió que Tamar regresara a la casa de su padre hasta que Sela creciera.

Años mas tarde, Sua la mujer de Juda murrio, cuando Juda se recupero de su dolor, el fue a visitar a un amigo. Tamar oyó de su visita y ella sabia y había visto que Sela ya había crecido y que Juda no tenia intención de darcelo, y decidió engañar a su suegro para así salvar a su familia de extinción.

Tamar se vistió como una ramera y se sentó a la entrada de Timnat, donde pudiera ser vista.

Y la vio Juda y la tuvo por ramera, no sabiendo que era su nuera, le hizo una oferta, de llegarse a ella una vez, el le daría a ella de su ganado un cabrito. Hasta que el se lo mandara el dejaría su sello, su cordón, y su báculo como una prenda.

Tamar estuvo de acuerdo. Juda durmió con ella y ella concibió.

Un tiempo después, Juda envío el cabrito con un amigo para recuperar sus prendas, pero su amigo nunca pudo encontrar la ramera, y retorno a Juda con las manos vacías.

Tres meses después Juda oyó que su nuera, Tamar estaba embarazada. El asumió que era el resultado de prostitución. El se enojo tanto que demando que la sacaran y la quemaran, no realizando, por supuesto, ¡que el era el hombre responsable de su condición!

Cuando los hombres vinieron a sacarla, Tamar envío un mensaje a Juda. Junto con el sello, el cordón y el báculo. "El dueño de estas prendas es el padre de mi hijo. Las reconoces? Nada hay que decir, Juda estaba profundamente de mal humor. El admitió que el, le había negado su tercer hijo en matrimonio y dijo que Tamar actualmente era mas justa que el.

Cuando le llego el tiempo a Tamar, dio a luz gemelos Fares y Zara, en un parto de puente. Pero fue a través de Fares (el "segundo gemelo" que salió primero), que Tamar fue antepasada de Jesús. Solo sucedió por la misericordia y gracia de Dios. Su éxito dependió totalmente en Dios.

## EL ÉXITO DE RAHAB

(Basado en Josué 2; 6:17-25; Mateo 1:5; Hebreos 11:31; Santiago 2:25)

Poco después de que Josué vino a ser el líder de los Hebreos, el envío dos hombres a Jericó como espías. Terminaron en la casa de Rahab, una ramera muy conocida en la ciudad. Fue de estos viajeros que ella oyó del Éxodo y el milagro del Mar Rojo. Cuando buscaron cobertura, ella lo proveyó. Ella realizo que el Dios de ellos era "Dios arriba en los cielos y abajo en la tierra."

Entonces ella planeo guardarlos, y su escape.

Primero, Rahab tomo a los hombres arriba en el techo de su casa y les dijo que se cubrieran completamente con los manojos de lino que ella había tendido para secarse. Después, cuando sus perseguidores golpearon a su puerta, ella hablo con ellos y le dijo que si habían estado en su casa, pero que ya se habían ido. Aun permitió que revisaran su casa, pero nada encontraron.

En retorno por ayudar a los espías en su escape, Rahab recibió la promesa de que, cuando Josué y el ejercito regresaran, ella y su familia se salvarían. Los espías le aseguraron a ella que la tratarían con misericordia y verdad. Rahab dejo que bajaran por un cordón de grana y espero su liberación.

La caída actual de Jericó vino de una manera no usual. Dios le dijo a Josué que ordenara a la gente a marchar alrededor de la ciudad una vez al dia por seis dias. Después, en el séptimo dia, ellos marcharían siete veces sin decir una palabra. Al final de la séptima vez, ellos tocarían el cuerno de carnero fuertemente. Esta seria la señal para que la gente dieran un grito de victoria. Cuando lo hicieron, los muros enteros de la ciudad cayeron plano. Ellos la quemaron y la destruyeron.

Josué, fiel a su palabra, salvo a Rahab y a toda su familia. Los Israelitas los tomaron para que vivieran con ellos.

Rahab es mencionada tres veces en el Nuevo Testamento. En Mateo 1:5, Encontramos que ella es una de los antepasados de Jesús. Hebreos 11:31 la recomienda por su fe. Santiago 2:25 la reconoce como una justificada por sus obras.

# LECCIONES DE TAMAR Y RAHAB
## La Gracia y Misericordia de Dios

*Gracia y Misericordia.* Estas palabras levantan conceptos que el hombre no comprende totalmente, porque la comprensión humana no puede captar la naturaleza de Dios. ¡Porque Dios es misericordia, y misericordia expresada es Su gracia!

La palabra Hebrea principal para *misericordia es chesed.* En el Antiguo Testamento, la palabra *chesed* es traducida con tres sinónimos: misericordia, bondad, y favor. Esta palabra describe un fuerte y personal deseo de hacer el bien que es, en si mismo, bondad.

La palabra Griega para el mismo concepto es traducido *gracia.*

Así, *gracia* predomina en su uso en el Nuevo Testamento. *Gracia* es definida usualmente como *favor inmerecido,* especialmente el favor otorgado sobre los pecadores a través de Jesucristo. En otras palabras, *gracia es misericordia cumplida.*

Quizás esto puede ser visto mas claro en Hebreos 4:16 "Acerquémonos, pues, confiadamente al trono de la gracia, para alcanzar misericordia y hallar gracia para el oportuno socorro."

Misericordia puede ser descrita como:

Jeremías 33:11 _____
_____
_____

Salmo 25:6 _____
_____
_____

I de Pedro 1:3 _____
_____
_____

Lamentaciones 3:22 y 23 _____
_____
_____

Salmo 103:8 _____
_____
_____

Salmo 103:17 _____
_____
_____

Salmo 94:18 _____
_____
_____

Miqueas 7:18 _____
_____
_____

Romanos 9:15-21 _____
_____
_____

Salmo 108:4 _____
_____
_____

Concerniente a misericordia, Dios manda:

Zacarias 7:9 _____
_____
_____

Miqueas 6:8 _____
_____
_____

Oseas 12:6 _____
_____
_____

Colosenses 3:12 _____
_____
_____

Proverbios 3:3 _____
_____
_____

Lucas 6:36 _____
_____
_____

Mateo 9:13 _____
_____
_____

Judas 21 _____
_____
_____

¿Que aprendimos acerca de gracia de las Escrituras?

Romanos 6:14 _____
_____
_____

Romanos 11:5 y 6 _____
_____
_____

Galatas 2:21 _____
_____
_____

Tito 3:5 _____
_____
_____

Romanos 5:20 _____
_____
_____

Efesios 2:8 y 9 _____
_____
_____

En la luz de la gracia de Dios, ¿Cual debe de ser nuestra actitud hacia Dios, nosotros, y otros?

I de Pedro 3:16-18 _____
_____
_____

II de Timoteo 2:1 y 2 _____
_____
_____

Colosenses 4:6 _____
_____
_____

II de Corintios 9:8 y 14 _____
_____
_____

Apocalipsis 22:21 _____
_____
_____

Como ve la evidencia de la misericordia y gracia de Dios en las vidas de:

Noé (Génesis 6:5-8) _____
_____
_____

Abraham (Romanos 4:1-21) _____
_____
_____

José (Génesis 50:15-21) _____
_____
_____

Moisés (Éxodo 2:1-10) _____
_____
_____

David (II de Samuel 11; 12:13; I de Cronicas 21:7-13; I de Samuel 13:14) _____
_____
_____

Pedro (Lucas 22:54-62; Juan 21:15-19; Hechos 2:14-40) _____
_____
_____

## Gracia Barata

Un termino usado para distinguir entre verdadera gracia y la que el hombre toma livianamente es gracia *barata*. Quiere decir esencialmente, que uno acepta el trabajo expiatorio de la sangre de Jesús en la cruz, pero sigue viviendo como siempre, de este modo hace *barato* el precio que Jesús pago por el pecado.

Lucas 14:26 nos dice, "Si alguno viene a mi, y no aborrece a...y aun también su propia vida, no puede ser mi discípulo." Uno no puede solo decir que cree en Jesús; tiene que hacer la Palabra y odiar el pecado para dejarlo. Así, tenemos que hacer, como se nos exhorta en Colosenses 3:1-10, y hacer morir los malos deseos escondidos en nosotros y no tener nada que ver con pecados sexuales, impureza, pasiones desordenadas. No debemos de adorar las cosas buenas de la vida.

Tenemos que dejar ira, odio, maldiciones, porque estamos viviendo una nueva vida, creciendo constantemente a la estatura de Cristo, que crea esta nueva vida dentro de nosotros.

¿Que dice Dios de lo siguiente? ¿Lo odia demasiado para hacer algo, a menos que tome la gracia de Dios barata?

Enojo — Mateo 5:22; Salmo 37:8; Efesios 4:26

Juzgar — Mateo 7:1 y 2; Romanos 2:1

Orgullo — I de Pedro 5:5; Proverbios 16:5 y 18; Lucas 16:15

Deseo de atención — Mateo 23:5-11

Incredulidad — Ap. 21:8; Mateo 17:20; Hebreos 3:12, 4:6

Desobediencia — I de Samuel 15:22; Juan 14:23

Rebeldía contra la autoridad — I de Pedro 5:5; Ro. 13:1 y 2

Envidia — I de Pedro 2:1; Santiago 3:16; I de Corintios 3:3

Amor al dinero — I de Timoteo 6:6, 9 y 10

Hipocresia — Mateo 23:28; Mateo 24:51; I de Pedro 2:1

Impaciente — I de Tesalonicenses 5:14

Tibio — Apocalipsis 3:16

Ingratitud — Romanos 1:21-24; I de Tesalonicenses 5:18

Amargura — II de Timoteo 3:1-5; Mateo 18:34 y 35; Hebreos 12:14 y 15

Gente que agrada a los hombres — Galatas 1:10; Santiago 1:8; Mateo 10:28

Burladores — II de Pedro 3:3; Salmo 1:1

Lastima por uno mismo — Hebreos 12:10-14

Palabras ociosas — Efesios 5:6; Santiago 3:8; Mateo 12:36 y 37

Afán — Mateo 6:32; Filipenses 4:6

## Pecado Sexual

Ya que fue en el área del pecado sexual que la misericordia de Dios se extendió a Tamar y a Rahab, veamos brevemente las Escrituras que conciernen a esto.

En nuestro dia, esta creciendo la dificultad de distinguir entre hombre y mujer — en su apariencia externa y en el papel que asumen. Mas y mas, estamos viviendo en una sociedad unisex con mujeres que demandan derechos iguales y hombres que renuncian a su autoridad y responsabilidad. Aun el hogar cristiano, con sus valores tradicionales, esta bajo un gran ataque de Satanás.

De acuerdo a Galatas 3:28 *"Ya no hay Judío ni Griego; no hay esclavo ni libre; no hay varón ni mujer; porque todos vosotros sois uno en Cristo Jesús."* Así, en un sentido espiritual, cuando nacemos de nuevo, no renacemos masculino o femenino. Nuestros espíritus, que no son sexuales en naturaleza, son reavivados con el espíritu de Dios.

Esto esta mas confirmado en Marcos 12:18-25, donde Jesús nos recuerda que no hay matrimonio en el cielo.

Pero cuando Dios creo la tierra, nos hizo masculino y femenino. El bendijo la primer pareja y les dijo fructificad y multiplicaos; El hizo provisión para esto. Dios deletreo la diferencia entre el hombre y su "ayuda idónea," que se tenia que sujetar a el mientras el trabajaba duro para vivir. Ella tendría dolores de parto, en los ojos de Dios eran una carne.

La Biblia continua diciendo mucho de la relación entre los sexos. Veamos ahora algunas relaciones que El declara que es pecado:

**Incesto** *Ningún varón se llegue a parienta próxima alguna, para descubrir su desnudez. Yo Jehová* (Levítico 18:6).

**Homosexualidad** *No te echaras con varón como con mujer; es abominación* (Levítico 18:22). *Por esto Dios los entrego a pasiones vergonzosas; pues aun sus mujeres cambiaron el uso natural por el que es contra naturaleza, y de igual modo también los hombres, dejando el uso natural de la mujer, se encendieron en su lascivia unos con otros, cometiendo hechos vergonzosos hombres con hombres, y recibiendo en si mismos la retribución debida a su extravío* (Romanos 1:26 y 27).

**Prostitución** *No traerás la paga de una ramera ni el precio de un perro a la casa de Jehová tu Dios por ningún voto; porque abominación es a Jehová tu Dios tanto lo uno como lo otro* (Deuteronomio 23:18).

**Fornicación** *Huid de la fornicación. Cualquier otro pecado que el hombre cometa, esta fuera del cuerpo; mas el que fornica, contra su propio cuerpo peca* (I de Corintios 6:18).

**Adulterio** *Si fuere sorprendido alguno acostado con una mujer casada con marido, ambos morirán, el hombre que se acostó con la mujer, y la mujer también; así quitaras el mal de Israel* (Deuteronomio 22:22). *Oísteis que fue dicho: No cometerás adulterio. Pero yo os digo que cualquiera que mira a una mujer para codiciarla, ya adultero con ella en su corazón* (Mateo 5:27 y 28).

**Vestido** *No vestirá la mujer traje de hombre, ni el hombre vestirá ropa de mujer; porque abominación es a Jehová tu Dios cualquiera que esto hace* (Deuteronomio 22:5). *Asimismo que las mujeres se atavíen de ropa decorosa, con pudor y modestia; no con peinado ostentoso, ni oro, ni perlas, ni vestidos costosos, sino con buenas obras, como corresponde a mujeres que profesan piedad* (I de Timoteo 2:9 y 10).

## RESUMEN

No hay manera, de que como pecadores, vengamos a la presencia de un Dios, santo, justo. Sin embargo porque Dios nos ama, El nos provee una manera de justicia por su misericordia y gracia. La ultima demostración del amor y misericordia de Dios para nosotros, estaba en el sacrificio de Su hijo Jesucristo. Su muerte por nuestros pecados es la gracia de Dios.

Dos mujeres, Tamar y Rahab, representan pecadoras en el estiércol de la vida. Ellas cometieron pecados sexuales que, en la ley de Dios, demandaba muerte. Sin embargo, ambas, a través de la misericordia de Dios, vinieron a ser parte del linaje de Jesús. Sin la misericordia y la gracia de Dios a través de Jesucristo, estaríamos juntos con Tamar y Rahab perdidos para siempre.

# EJEMPLO MODERNO

Cookie Rodriguez nació en Puerto Rico en un barrio pobre de un pueblo pequeño. Su madre solo tenia 13 años. Su padre tenia 17 años y se había suicidado antes de su nacimiento. Siendo así, ella creció con su abuela materna, quien la llevo a Nueva York cuando tenia 12 años.

Cuando se les acabo el dinero, la vida vino a ser mas difícil. Pronto Cookie se encontró envuelta en gangas. Pequeña, pero valiente, ella peleo por su propia existencia. Ella se envolvió en drogas, alcohol y sexo ilícito. A los 15 años era considerada incorregible y paso tiempo en reformatorios, cárceles y hospitales del estado.

Mientras tomaba drogas quedo embarazada.

Como continuaba su necesidad por drogas, Cookie se envolvió mucho en robo y prostitución. Las calles de Nueva York eran su casa.

Durante sus muchos encierros, gente trato de ayudar a Cookie, pero ella se volvió muy dura. Finalmente, un amigo la llevo a desafío juvenil, un ministerio en las calles fundado por David Wilkerson. Después de un tiempo allí, ella fue llevada a un servicio de jóvenes en Pittsburg donde David Wilkerson era el predicador. Mientras estaba sentada en la multitud, Cookie miraba otros jóvenes ir al frente para aceptar a Jesús y mirar a El por su sanidad y liberación. Repentinamente, todo su vida estaba delante de sus ojos — toda la pobreza, sus heridas, su miseria. Entonces sintió una presencia amorosa envolviéndola. Lagrimas caían sobre sus mejillas. Dios, en su sublime gracia, estaba alcanzando para salvar a una pequeña y ruda "desdichada" como Cookie.

En su misericordia eterna El la uso a ella para fundar un ministerio que tocaría muchas otras muchachas como ella. Cookie Rodriguez después fundo el ministerio "Nueva Vida para muchachas."

# ¿QUE PIENSA USTED?

1. ¿Reconoce la misericordia de Dios hacia usted? (Piense en algo especifico) _____
   _____
   _____

2. ¿En que manera toma usted la gracia de Dios livianamente? ¿Que puede usted hacer para parar esto? _____
   _____
   _____

3. ¿Ha participado usted en algún pecado sexual, que Dios condena? si lo ha hecho, ¿Como ha tratado con esto? _____
   _____
   _____

## EVALUACIÓN PROPIA

1. ¿De que manera esta usted implementando los principios aprendidos de Tamar y Rahab? _____
_____

2. ¿De que modo esta usted fallando en implementar los principios aprendidos de ellas? ____
_____
_____

3. ¿Que necesita hacer para cambiar? _____
_____
_____

4. ¿Como lo hara? _____
_____
_____

*Lección 11*
# Debora

## *Un Ejemplo del Espíritu Santo*

*Mas el Consolador, el Espíritu Santo, a quien el Padre enviara en mi nombre, el os enseñara todas las cosas, y os recordara todo lo que yo os he dicho.*

Juan 14:26

## PREPARANDO EL ESCENARIO

Debora fue una de los primeros jueces de Israel y era una profetisa de la nación. Una mujer valiente, ella con su capitán Barac, dirigió al pueblo de Dios en guerra contra Sisara y su poderoso ejercito. Mientras ella profetizaba antes de la batalla, su nación fue liberada del enemigo y Sisara cayo en manos de otra mujer quien lo mato. Debora tenia conocimiento y sabiduría sobrenaturales, y pudo profetizar la forma que el enemigo de Israel iba a ser derrotado.

A través del Antiguo Testamento, el Espíritu Santo, como parte de la Trinidad, dio dones específicos a gente para situaciones especificas.

En el Nuevo Testamento descubrimos Su naturaleza y propósito de viva en forma mas completa. Después de la muerte de Jesús, resurrección, y ascensión, el Espíritu Santo fue enviado a dar poder a los creyentes como testigos de Dios, y es nuestro maestro, consolador y guía.

Ahora mientras Jesús intercede por su Iglesia, el Espíritu Santo esta dotándola con dones para que haga el trabajo que Jesús le dejo hasta el tiempo que se una con Jesús para las bodas del cordero. El Espíritu Santo también tiene el trabajo de preparar la Iglesia como esposa para Jesús. El Espiritan Santo y sus dones están disponibles para todos los que han recibido la llenura y poder de Dios, y que se someten a su guianza.

En esta lección, veremos a Debora, una mujer que le fue dado sabiduría y conocimiento sobrenatural para que pudiera profetizar. También veremos a quien da estos dones — el Espíritu Santo — Su naturaleza y trabajo, sus dones espirituales, y como podemos recibirlos.

## EL ÉXITO DE DEBORA

(Basado en Jueces 4 y 5; Hebreos 11:32-34)

No sabemos nada del pasado de Debora excepto que era esposa de Lapidot. Su casa estaba en el monte de Efrain. La palmera debajo de la cual ella gobernaba tenia que ser un monumento, palmeras era raro en Palestina en ese tiempo.

Debora era la cuarta Juez de Israel. Ella fue levantada por Dios para liberar su pueblo de la esclavitud que su idolatría había traído en el tiempo que todos trataban de hacer lo justo, en sus propios ojos.

Su prominencia como gobernante es extraordinaria. Ella fue la única mujer en tener esta posición. Todo Israel estaba bajo su jurisdicción. Ella hacia justicia debajo de una palmera. Después de la victoria sobre el enemigo, ella gobernó en paz la tierra por 40 años.

Debora es una de varias mujeres mencionadas en la Escritura que se le dio el don de profecía para poder discernir la mente y propósito de Dios y luego pasarlo a otros.

Debora hizo mas que profetizar. Ella despertó a su nación de su letargo y desesperación. Dia tras dia, ella emocionaba a aquellos que se reunían a escuchar sus palabras de sabiduría divina. Por cierto les dijo de su liberación del enemigo — si solo se levantaran y pelearan.

Un dia, Debora mando por Barac, capitán de los soldados. Ella le dijo que Dios le había mostrado que el debía de dirigir sus soldados contra Sisara, un gran hombre de guerra, que tenia a Israel aterrorizado por 20 años. Barac titubeo, pero finalmente decidió hacerlo si Debora iba con el.

La diferencia era grande contra Debora y Barac. Ellos solo tenían 10,000 hombres para pelear y Sisara 100,000 y 900 carros herrados. Pero Debora sabia que Dios estaba de su lado.

Dios puso pánico en el enemigo. El ejercito de Sisara murieron a filo de espada. Todos sus hombre perecieron. Solo Sisara escapo. Pero después lo mato una mujer (como dijo Debora que pasaría). Jael, esposa de un aliado, lo metió en su casa cuando estaba en la puerta de su casa buscando refugio. Ella lo reconoció y le metió una estaca por las sienes mientras dormía. Así Dios venció al enemigo, y Debora gano fama como una gran guerrera.

El ultimo vislumbre que tenemos de Debora es como "una madre en Israel" (Jueces 5:7). Debora hasta donde sabemos, nunca tuvo hijos, vino a ser como una madre a todo Israel. Ella cuidaba al pueblo de Dios mientras confiaba en Dios y recibía sus dones a través del Espíritu Santo.

## LECCIONES DE DEBORA

### El Espíritu Santo

En una lección anterior, descubrimos que El Espíritu Santo es la tercera persona de la Deidad (la Trinidad, el Padre, El Hijo. y el Espíritu Santo). En esta lección iremos mas profundo sobre quien es el Espíritu Santo, cual es su función, y como puede ser parte de nuestras vidas.

Porque estamos viviendo en los últimos dias, el Espíritu Santo parece tener un lugar mas prominente que nunca. Será así. De acuerdo al profeta Joel, y Pedro lo cito en el dia de Pentecostés, *"Y después de esto derramare mi Espíritu sobre toda carne."* (Joel 2:28; Hechos 2:17).

**Títulos y Adjetivos Dados al Espíritu Santo**

Génesis 1:2 _____

_____

_____

Génesis 6:3 _____

_____

_____

Isaias 6:1 _____

_____

_____

Mateo 10:20 _____
_____
_____

Juan 14:16 y 26 _____
_____
_____

Juan 14:17 _____
_____
_____

Hechos 5:3 y 4 _____
_____
_____

Romanos 1:4 _____
_____
_____

Romanos 8:2 _____
_____
_____

Galatas 4:6 _____
_____
_____

Hebreos 9:14 _____
_____
_____

Apocalipsis 19:10 _____
_____
_____

Mateo 28:19 _____
_____
_____

**Atributos del Espíritu Santo**

**Salmo 139:7-12** El Espíritu Santo es _____
_____
_____

**Lucas 1:35** El Espíritu Santo es _____
_____
_____

**I de Corintios 2:11** El Espíritu Santo _____
_____
_____

**I de Corintios 12:4** El mismo Espíritu da _____
_____
_____

**II de Corintio 13:14** Conocemos a Dios por su _____
_____
_____

Jesús _____
_____
_____

Y el Espíritu Santo _____
_____
_____

**Romanos 14:17** En el Espíritu Santo hay _____
_____
_____

**Galatas 5:22 y 23** El fruto del Espíritu es _____
_____
_____

**Funciones del Espíritu Santo**
**Juan 3:1-8** ¿Cual es el trabajo del Espíritu santo cuando uno es nacido de nuevo?_____
_____
_____

**Hechos 2:4** ¿Que hizo el Espíritu en el dia del Pentecostés cuando la gente fue llena con el Espíritu Santo? _____
_____

**Juan 14:16** Dios nos da el Espíritu Santo como _____
_____

**Juan 14:17** El Espíritu Santo de _____
_____

porque _____
_____
_____

porque _____
_____
_____

**Juan 14:26** _____
_____
_____

enviara el Espíritu Santo en el nombre _____
_____
_____

y os _____
_____
_____

**Juan 16:7** Una de las condiciones para que el Consolador venga, era _____
_____

**Juan 16:8-11** Cuando el Espíritu Santo venga, El _____
_____
_____

**Juan 16:13** Hay dos cosa que hace el Espíritu de Verdad cuando viene ¿Cuales son? _____
_____
_____

**Hechos 9:31** La iglesia puede experimentar el Espíritu Santo en _____
_____
_____

**Romanos 8:16** El Espíritu Santo _____
_____
_____

Confirmándonos que _____
_____
_____

**Romanos 8:26** ¿Que dos cosas puede hacer el Espíritu Santo de acuerdo a este versiculo? ___
_____
_____

¿Como es hecho el segundo? _____
_____
_____

**Romanos 8:27** Hay dos cosas que hace el Espíritu Santo de acuerdo a este versículo ¿Cuales son?
_____
_____

**Romanos 15:16** Uno de los trabajos del Espíritu Santo es _____
_____
_____

**I de Corintios 2:10** Este versículo dice que el Espíritu Santo hace dos cosas ¿Cuales son? ___
_____
_____

**I de Corintios 12:3** Solo por el Espíritu Santo puede _____
_____
_____

**I de Corintios 12:7-13** Los dones que da el Espíritu Santo al hombre incluye _____
_____
_____

**II de Tesalonicenses 2:13** Otra vez, se nos dice que uno de los trabajos del Espíritu Santo es _
_____
_____

**Hebreos 10:15-17** El Espíritu Santo es un _____
_____
_____

añade _____

**I de Juan 4:1-4** ¿Como puede uno reconocer el Espíritu de Dios del espíritu del Anticristo? _____

**I de Juan 2:20 y 27** La unción del Espíritu os _____

## El Espíritu Santo en el Antiguo Testamento

En Génesis, estaba activo ocupado en la creación, junto con el Padre y el Hijo. En el Antiguo Testamento, vino sobre del hombre para darle poder para servicio; cuando eran desobedientes, el los dejaba. El era "derramado" y disponible para cada hombre, solo después de la ascensión de Jesús al cielo. Miremos algunas maneras del Espíritu Santo como trabajaba durante el tiempo del Antiguo Testamento.

**Génesis 1:2** En creación, El Espíritu de Dios _____

**Éxodo 31:1-6** Dios lleno a Bezaleel con su Espíritu para que _____

**I de Crónicas 28:12** David recibe el plano para el templo de _____

**Salmo 51:10 y 11** David sabia que necesitaba ser limpio de su pecado y le pidió a Dios que _____

**II de Pedro 1:21** Los profetas del Antiguo Testamento hablaron mientras eran _____

**Isaias 61:1-3** Isaias reconoce que el Espíritu de Dios estaba sobre de el porque _____

**Joel 2:28** Joel dice del Espíritu _____
_____
_____

**Miqueas 3:8** Miqueas fue lleno del _____
_____
_____

**Zacarias 4:6** Zacarias oyó al Señor decirle que el no podía hacer cosas por si mismo, sino solo por su
_____
_____

### El Espíritu Santo en la Vida de Jesús
**Lucas 1:35** Jesús fue concebido en el vientre de María por _____
_____
_____

**Lucas 3:22** Cuando Juan el Bautista bautizo a Jesús, vemos a la Trinidad junta. Mientras *Jesús* es bautizado, *una voz del cielo* (El Padre) dice que estaba complacido en Jesús, Cuando esto fue hablado, una paloma descendió sobre Jesús, simbolizando _____
_____
_____

**Lucas 3:16 y 17** Aunque Juan el Bautista bautizo a Jesús en agua, el reconoció que Jesús bautizaría a otros con_____
_____
_____

**Lucas 4:14** Después de su tentación en el desierto, Jesús retorno a Galilea en el _____
_____
_____

y _____
_____
_____

**Juan 3:34** Dios no dio el Espíritu a Jesús _____
_____
_____

Por consiguiente, al que Dios envía puede hablar las Palabras de Dios.

**El Dia de Pentecostés**

Para saber lo que en el dia del Pentecostés, tenemos que ir al libro de Hechos. Pero antes de hacerlo, veamos que es Pentecostés, todo lo concerniente.

Le fue mandado a los Israelitas presentarse tres veces al año ante Dios en el templo de Jerusalén. La ocasión era la *Pascua.*

Celebrando la liberación de Egipto y era simbolizado comiendo panes sin levadura y ofreciendo el cordero de la Pascua; *Pentecostés*, o la Fiesta de las Semanas, tipificado por la ofrenda de dos panes de trigo nuevo; y *la Fiesta de los Tabernáculos,* simbolizado por las cabañas, conmemorando el viaje de Israel a través del desierto y su entrada a la tierra prometida.

La palabra *Pentecostés* es griego, que quiere decir *cincuenta.*

Fue designado porque era observado en el dia 50 después de la Pascua. Levítico 23:15-17 nos da instrucciones de como observar esta fiesta en los tiempos del Antiguo Testamento.

Por siglos, Israel era un pueblo agricultor, dependiendo del producto de la tierra para su sostén. Pentecostés era la fiesta de la cosecha de los primeros frutos del trigo, un festival de acción de gracias durante el cual Israel expresaba su dependencia en Dios por la cosecha y el pan de cada dia.

Pentecostés era un dia de fiesta popular, caía cuando comenzaba el verano, cuando el cielo era azul y el clima caliente. Fluían Judíos de todas partes de la nación a Jerusalén para estar ante su Dios. Visitantes venían de lejos para esta ocasión especial.

En un tiempo, cuando los Judíos estaban dispersos entre las naciones, Pentecostés perdió su importancia primordial como festival de cosecha y era conocida como la "Fiesta de cuando se dio la Ley." Rabies antiguos, con cálculos cuidadosos, vinieron a la conclusión que Dios dio la ley a Moisés en el dia del Pentecostés.

Mil quinientos años pasaron después de que Dios mando a su pueblo a través de Moisés, que observaran la Fiesta de las semanas. Mucho paso en ese tiempo. Profetas vinieron y se fueron, todos profetizando la venida de un Salvador para redimir a Israel de su pecado. Al fin El vino, fue crucificado, y resucito. Poquito antes de ascender al cielo, el mando a sus discípulos que esperaran en Jerusalén hasta que recibieran el Espíritu Santo. Esperaron 49 días después de su resurrección, como los Judíos esperaban 49 dias de la Pascua al Pentecostés.

Al final de este tiempo, el Espíritu Santo fue derramado sobre los que estaban en el Aposento Alto. Todos los discípulos empezaron a predicar con un nuevo poder. Tres mil Judíos y Gentiles prosélitos aceptaron a Cristo cuando Pedro predico y la Iglesia nació.

De esto vemos el significado de los dos panes de pan con levadura. La Iglesia de Cristo, en la cual Judíos y Gentiles son miembros, no están sin pecado. Contiene levadura, el símbolo Bíblico de pecado, que nos recuerda de no buscar perfección en la Iglesia, sino en el hijo Perfecto de Dios, quien es sin pecado.

Los 3,000 creyentes fueron los primeros frutos espirituales de la Iglesia de Jesucristo, una Iglesia compuesta de creyentes Judíos y Gentiles, y comprada con la sangre del Cordero.

En el dia del Pentecostés, los apóstoles siendo llenos del Espíritu Santo, hablaron en otras lenguas, testificando a otros de Jesucristo.

Ese dia, la Iglesia recibió poder para evangelizar el mundo. Era un fenómeno espiritual saliendo adelante en éxtasis gozoso y el poder obrador milagroso, resultando en convicción de pecado, arrepentimiento hacia Dios, y fe en Jesucristo como Señor.

**Hechos 1:8** Jesús dijo que cuando el Espíritu Santo viniera _____
_____
_____

**Hechos 2:1-8** La evidencia del derramamiento del Espíritu Santo en el dia del Pentecostés, fue
_____
_____

**Hechos 2:14-40** Como resultado, Pedro _____
_____
_____

y _____
_____
_____

**Hechos 2:38 y 39** El don del Espíritu Santo es recibido cuando _____
_____
_____

### Los Dones del Espíritu Santo

Hay Cuatro Listas de los Dones en las Escrituras.

**I de Corintios 12:7-11** Un grupo es conocido como el de los dones "Manifestados." El versículo 7 dice que a cada persona le es dado la manifestación del Espíritu Santo.

**Efesios 4:11 y 12** Los dones del "ministerio" permite que la Iglesia funcione para la edificación del cuerpo de Cristo.

**Romanos 12:5-13** Estos dones representan los dado de acuerdo a la gracia que Dios nos dio para que nos amemos y sirvamos uno al otro.

**I de Corintios 12:27 y 28** Dios dio estos dones para que orden sea establecido en la Iglesia.

El primer grupo incluye especificamente los dones dados por el Espíritu para manifestaciones del Espíritu. Ellos son especificamente para dar poder al cuerpo de Cristo para hacer el trabajo de Dios en este mundo — especialmente en ganarse a otros para El, ya que la pelea espiritual es también luchar contra el enemigo de Dios, Satanás. El Espíritu da fe, sanidad, milagros, profecía, discernimiento de espíritus, lenguas, interpretación de lenguas. Todos estos dones fueron esencialmente un ministerio mientras la Iglesia comenzaba a funcionar en el dia de Pentecostés. En estos últimos dias de la Iglesia, también son usados.

### ¿Como podemos recibir el Espíritu Santo y sus dones?

Si la Palabra de Dios es verdad hoy, como lo fue para la gente en dias de los discípulos, entonces podemos recibir el Espíritu Santo como ellos lo recibieron.

**Hechos 2:37 y 38** dice que al final de su predicación ungida, Pedro exhorto a la gente a _____
_____
_____

Esta experiencia es llamada salvación. Uno tiene que ser salvo para poder recibir el Espíritu Santo y sus dones. Por consiguiente, el tiene que ser sincero en desear este don. Hechos 8 da la historia de Simon, un mago, que quería los dones del Espíritu Santo. Aun el vino y creyó en Jesús y fue bautizado. Pero cuando descubrieron que el quería comprar el Espíritu Santo por los milagros que podía el hacer, se le negó porque su corazón no estaba recto delante de Dios. El Espíritu Santo no beneficiaria tal hombre amargado.

**Hechos 8:14-17** Esos en Samaria que habían recibido la Palabra recibieron el Espíritu Santo cuando _____
_____
_____

**Hechos 10:44-48** Cuando Pedro predico a los Gentiles _____
_____
_____

Ellos ni siquiera habían sido bautizados, pero ellos sabían que el Espíritu Santo se les había dado porque _____
_____
_____

**Hechos 19:1-6** Cuando Pablo fue a Efeso, el pregunto a los discípulos allí si habían recibido el Espíritu Santo cuando creyeron. ellos le dijeron _____
_____
_____

el les pregunto ¿en que pues, fuisteis bautizados? ellos dijeron _____
_____
_____

Dijo Pablo _____
_____
_____

Después que fueron bautizados, Pablo _____
_____
_____

Y habiéndole impuesto Pablo _____
_____
_____

**Lucas 11:5-13** El Espíritu Santo es dado cuando _____
_____
_____

**I de Corintios 13:8-10** Hasta que venga el perfecto (Jesús), podemos esperar _____
_____
_____

**I de Corintios 14:26-40** Se espera que el creyente tenga la llenura del Espíritu Santo porque algunas de las exhortaciones concerniente a la adoración son _____
_____
_____

# RESUMEN

Debora era una de varias personas en el Antiguo Testamento que aparentemente estaba investida por Dios con la unción del Espíritu Santo para cierta tarea. Como una juez de Israel, a ella le fue dado especial conocimiento y sabiduría para derrotar al enemigo. En el dia de Pentecostés, Dios derramo el Espíritu Santo, llenando gente con poder y dándoles dones espirituales. El Consolador y Espíritu de Verdad que Jesús les prometio ha venido a hacer su trabajo y se quedara hasta que Jesús regrese.

# EJEMPLO MODERNO

En uno de sus muchos viajes a Rusia, John y Doris Haladay se pararon junto a su ventana en el cuarto de su hotel en el piso 18 en Moscú, viendo una fila de edificios de apartamentos. Sus espíritus fueron levantados cuando vieron la cúpula colorida en forma de cebolla de un templo de ladrillos.

Se agarraron las manos y oraron por los millones en ese país comunista y ateo. Súbitamente, el Espíritu Santo hablo a Doris,

"Ve rápidamente a esas iglesias con torres. ¡Ve ahora!" Ella le dijo a John como se sentía. La compulsión era muy fuerte para resistir.

Se vistieron, comieron un desayuno rapidamente, y llenaron sus bolsas con Biblias y otros materiales que Dios había permitido que trajeran al país. (Juan era cabeza de Alcance Global.)

Estaba frío mientras caminaban a través de callejones estancadas de agua podrida. Recipientes rebosando de basura alineados en el camino. La pequeña iglesia, que se veía bien clara desde su cuarto, estaba ahora guardada en la masa de edificios, cocheras, cercas, y callejones.

Le preguntaron a varias personas por dirección para la iglesia, pero aparecia que nadie sabia. Finalmente, un hombre joven en un restaurante apunto en la dirección que habían pensado debía de ser. En unos cuantos minutos llegaron en una esquina de una iglesia vieja en un cementerio. Mientras pasaban un montón de bloques de cemento asentados disparejos, ellos fueron asustados mientras los saludaban en Ruso. Ellos pararon y vieron a un anciano. Mientras John se acercaba, el anciano hacia señas a Doris que se acercara. En Ruso, el hombre le contó a John que Dios le mostró en una visión la noche anterior, que tenia que venir en el dia mirara la cruz y esperara. El vino a este lugar, porque era el único sitio donde se podía ver la cruz de la iglesia.

"Después," el continuo, vi la cruz que su esposa estaba llevando en su cuello y pense que quizás esa era la cruz que tenia que buscar. Nadie usa cruces en publico aquí. Ustedes tienen que ser cristianos — y la respuesta a mi visión. Ustedes tiene que tener la Palabra de Dios, la cual necesitamos desesperadamente. ¿No es verdad?

Emocionado John le dijo a Doris lo que el hombre había dicho, y todos se abrazaron y lloraron. Ellos le aseguraron que tenían Biblias en Ruso. Profundamente conmovido, les dijo donde un grupo de creyentes se reunirían esa noche. John y Doris se reunieron con ellos, compartiendo las Biblias y escuchando los testimonios de como Dios había trabajado entre ellos aunque no tenían toda la Biblia desde la revolución del comunismo.

El Espíritu Santo no solo guío a John y Doris a través de palabra de sabiduría y conocimiento, pero le dio una visión a un anciano también.

## ¿QUE PIENSA USTED?

1. ¿Conoce usted las tres personas de la Trinidad? _____
   _____
   _____

   ¿En que son diferentes? _____
   _____
   _____

   ¿En que se parecen? _____
   _____
   _____

2. ¿Cuando conoció a Jesús? ¿Y al Espíritu Santo? _____
   _____
   _____

3. ¿Como ha observado usted que trabaje El Espíritu Santo en su propia vida y en la de otros?
   _____
   _____

4. ¿Usted ha recibido o funcionado en alguno de los dones del Espíritu Santo? _____
   _____
   _____

# EVALUACIÓN PROPIA

1. ¿De que manera esta usted implementando los principios aprendidos de Debora? _____
   _____
   _____

2. ¿En que forma esta usted fallando en implementar los principios aprendidos de Debora? _
   _____
   _____

3. ¿Que necesita hacer para cambiar? _____
   _____
   _____

4. ¿Como lo hara? _____
   _____
   _____

# Lección 12
# Dalila y Abigail

## Un Ejemplo de Lucha Espiritual

*Porque las armas de nuestra milicia no son carnales, sino poderosas en Dios para la destrucción de fortalezas, derribando argumentos y toda altivez que se levanta contra el conocimiento de Dios, y llevando cautivo todo pensamiento a la obediencia a Cristo.*

II de Corintios 10:4 y 5

## PREPARANDO EL ESCENARIO

Estamos envueltos en una batalla espiritual aunque lo reconozcamos o no. Satanás, el "dios de este mundo," trata de cegar nuestro ojos a su existencia, también nos guarda de conocer la salvación y liberación que podemos tener en el Señor Jesucristo.

Cuando *nacemos de nuevo,* y trasladado de la potestad de las tinieblas al reino de su amado hijo, tenemos disponible el ser investido del poder del Espíritu Santo para hacer batalla contra Satanás y su huestes. Con la autoridad que viene de Jesús (quien destruyo todas las obras del diablo), podemos tener victoria sobre Satanás. Jesús ahora esta intercediendo por nosotros, pero tenemos que estar firmes, vestidos con la armadura de Dios, resistiendo a Satanás mientras ataca nuestro cuerpo, nuestras familias, nuestros amigos, nuestras iglesias, y nuestra sociedad.

Se nos dieron armas especificas para luchar contra principados, potestades, gobernadores de las tinieblas de este siglo y huestes de maldad en las regiones celestes. A Satanás en el otro lado, le gusta meternos en batallas de la carne uno contra el otro.

Mientras vemos la historia de Sanson y Dalila, vemos como Dalila, como un tipo de Satanás, canso a Sanson hasta que le dijo donde venia su fuerza, así trabaja Satanás.

En Abigail encontramos una pacificadora, una que usaba todo lo que estaba a su disposición para traer paz y evitar guerra.

## EL ÉXITO FALSO DE DALILA

(Basado en Jueces 16:4-21)

Sanson se enamoro de una mujer llamada Dalila. Los Filisteos querían capturar a Sanson, y ellos sobornaron a Dalila para que averiguara que hacia tan fuerte a Sanson. Ellos querían saber como vencer a Sanson y ponerlo en cadenas.

Dalila empezó a fastidiar. Primero, ella le rogaba a Sanson que le dijera porque era tan fuerte. El le dijo que se debilitaría si lo ataran con siete mimbres verdes que aun no estén enjutos. Mientras el dormía, ella lo amarro. Cuando ella grito, ¡Sanson los Filisteos contra ti! el se levanto inmediatamente y rompió los mimbres.

Dalila lo acuso de engañarla. Ella le pregunto otra vez, que lo hacia fuerte. Esta vez, le dijo que lo ataren con cuerdas nuevas.

Y cuando estaba dormido otra vez, ella lo amarro con cuerdas nuevas. Pero una vez mas, las rompió cuando se despertó.

Dalila insistió. Quejándose que el se burlo de ella, y ella le rogó mas. Esta vez el le dijo a ella si tejieres siete guedejas de mi cabeza con tela y la asegurares con la estaca. Y ella lo hizo y se desespero cuando el se despertó fuerte y rompió todo.

Ahora Dalila lo acusa de que no la ama. Lo siguió fastidiando por varios dias, hasta que al fin, Sanson no podía aguantar mas y le dijo su secreto — su fuerza estaba en su cabello largo.

La próxima vez que se fue a dormir, mando cortarle el cabello y Sanson se debilito. Y entonces fue capturado por los Filisteos, quienes le sacaron los ojos, pensando que un Sanson ciego era mas seguro que un Sanson que ve.

La insistencia y fastidio de Dalila para con Sanson cansaron a Sanson hasta que se lo dio. Este es un cuadro del éxito de Satanás como nos insiste en tentarnos, cansándonos hasta que nos damos a el.

## EL SUCESO DE ABIGAIL
(Basado en I de Samuel 25:1-42; II de Samuel 3:3)

David y sus soldados estaban en el desierto de Paran donde vivía un hombre rico llamado Nabal. Cuando David oyó que Nabal estaba esquilando sus ovejas, el mando a diez hombres a pedirle una contribución — algo no común.

Pero, Nabal se enojo por la petición y se los dijo. Cuando los soldados le dijeron a David de la respuesta de Nabal, *el* se enojo y quería matar a Nabal y sus hombres con 400 hombres.

Mientras tanto, uno de los hombres de Nabal oyó lo que pasaba y fue a Abigail la esposa de Nabal. El sirviente le dijo a Abigail que los hombres de David siempre protegieron a los hombres y ovejas de Nabal.

Sin decirle a su esposo, Abigail a prisa junto doscientos panes, dos cueros de vino, cinco ovejas guisadas, cinco medidas de grano tostado, cien racimos de uvas pasas, y doscientos panes de higos secos y lo cargo en asnos. Arreglo todo para encontrar a David antes que se llegara a su propiedad.

Cuando Abigail vio a David y sus hombres, se bajo del asno y se postro ante el. Ella se echo la culpa por el mal carácter de su esposo. Ella también se enfrento a David, diciéndole que tomando venganza en Nabal no seria apropiado. Hablando con ella David realizo que el costo de su acción seria, asesinar a Nabal; David se fue sin hacer nada.

Abigail retorno a casa donde encontró a Nabal en medio de una fiesta. Viendo que estaba muy borracho, no le dijo donde fue hasta el dia siguiente. El sufrió un derrame cerebral y murió diez dias después.

Cuando David oyó que Nabal había muerto, el alabo a Dios por el castigo de Nabal, y porque Abigail impidió que David hiciera un pecado terrible. Abigail destrozo una batalla sin usar armas militares. Ella en vez de armarse con armas de destrucción, ella dio regalos al enemigo de su esposo, al mismo tiempo confronto al enemigo con las consecuencias del pecado que intentaba cometer. Abigail fue victoriosa con armas informales. Dios después la recompensó permitiéndole que fuera la esposa del rey David.

# LECCIONES DE DALILA Y ABIGAIL
## Tácticas de Satanás

Dalila insistía y fastidiaba hasta que canso a Sanson y lo enfado y se rindio a ella. Esta es una de las tácticas de Satanás contra nosotros. Tiene otras por supuesto. Veamos algunas de las maneras que trata de derrotar a los cristianos. Jesús exhorta a sus seguidores a ser "prudentes como serpientes" — cuando menos ser sabios como Satanás, quien una vez fue identificado como serpiente.

Satanás cuando menos tiene tres modelos principales de ataque. Si uno no tiene éxito, el trata otro. Las tres maneras que viene en contra de nosotros son como: (1) un tentador (2) un engañador (3) un acusador.

La primer vez que vino al ser humano, vino como un tentador. En la forma de una serpiente, y tentó a Eva preguntándole que le aprecia lo que Dios había dicho. Satanás también tentó a Jesús en el desierto. Pablo reconoce el papel de Satanás. El dice en I de Tesalonicenses 3:5, *"Por lo cual también yo, no pudiendo soportar mas, envíe para informarme de vuestra fe, no sea que os hubiese tentado el tentador, y que nuestro trabajo resultase en vano."*

Muchos son heridos por el adversario cuando viene como el engañador. Esta es una táctica mas sutil que tentación. Pablo se refiere a esto en II de Corintios 11:14 y 15, cuando dijo, *"Y no es maravilla, porque el mismo Satanás se disfraza como ángel de luz, así que, no es extraño si también sus ministros se disfrazan como ministros de justicia; cuyo fin será conforme a sus obras.*

Pablo enseño que falsos pastores parecerán como verdaderos. Así que Satanás, el mismo puede disfrazarce como un verdadero ángel de Dios. Aunque una persona puede vencer al tentador con la Palabra de Dios (como hizo Jesús), el necesita todas las armas que Dios nos ha dado para detectar el engaño.

La tercera y la forma mas fuerte de ataque, es como *acusador*.

Como Dalila, que permitió que el trabajara a través de ella. Satanás acusa al creyente ante Dios. Y acusa a Dios ante el creyente. Acusa a un Cristiano con otro, y el Cristiano se acusa a si mismo, pronto el Cristiano es vencido por condenación, culpabilidad, desanimo, e incredulidad, y Satanás tiene a esa persona donde quiere. Porque el ladrón solo viene, para robar, matar y destruir.

Mientras consideramos estas tácticas de Satanás, tenemos que realizar que Isaias 54:16 dice *"Y yo he creado al destruido para destruir."* Dios a veces permite a Satanás tentar, engañar, y acusar, para probarnos — como hizo con Job. El determina si obedecemos Su Palabra y peleamos la batalla espiritual con las armas con que nos ha provisto. Cuando estamos bien relacionados con Jesús y estamos investidos del poder del Espíritu Santo, tenemos victoria sobre Satanás, sin importar como viene en contra de nosotros.

## Lucha Espiritual

En Efesios 5, tenemos la principal escritura que describe la relación que la Iglesia debe de tener con Jesús como novia. Este gran misterio es comparado con la relación entre un marido y una esposa.

En Efesios 6, se nos da el mandamiento de *"Fortaleceos en el Señor, y en el poder de su fuerza,"* cuando nos ponemos toda la armadura de Dios. Aunque las obras de Satanás han sido destruidas, el sigue andando como un león rugiente, buscando a quien devorar — particularmente a la Iglesia, por su relación con Jesús.

La Iglesia esta envuelta en una lucha espiritual mientras Satanás trata de engañarla haciéndole pensar que la victoria no esta ganada. Dios ha provisto protección y armas. Depende de la Iglesia que las usen.

### Campos de Batalla

*Físico* — No todas las enfermedades son ataques de Satanás, pero algunas son. No hay duda de que le gustaría tener invalido el "templo del Espíritu Santo."

*Moral* — Satanás nos tentara para que rompamos la ley moral y luego nos embauca justificando nuestras acciones. Así desobedecemos Su Palabra y no vemos que necesitamos arrepentirnos.

*Creencias* — Somos advertidos de " espíritus engañadores y doctrina de demonios," y somos amonestados de probar los espíritus y cuidarnos de falsos profetas.

*Niños* — cuando no están bajo la cobertura de padres creyentes, los niños son vulnerables particularmente a los ataques de Satanás.

*Lugares y cosas* — Por la asociación con brujería, edificios y artefactos se sabe que ostentan actividad sobrenatural demoniaca. (como "casas encantadas", amuletos, etc.)

### Nuestra Protección

Ya vimos (en lecciones anteriores) como la sangre de Jesús es nuestra protección. Cuando tenemos una relación apropiada con El, nos ponemos toda la armadura de Dios que es, esencialmente, ¡Jesús mismo! Efesios 6:10-18 describe esta armadura en detalle.

*Cinto de la Verdad* — Jesús, como Verdad, nos guarda de engaños y falsas acusaciones.

*Chaleco de Justicia* — Solo la justicia de Dios, que tenemos a través de Jesús, puede protegernos. Nuestras justicias son como trapo de inmundicia y nos hace vulnerable a Satanás.

*Sandalias del Evangelio de Paz* — Tenemos que estar preparados para hacer el evangelio conocido.

*Escudo de la Fe* — Necesitamos constantemente, una actitud sin titubeo de fe para guardarnos de los dardos de incredulidad que el enemigo manda para desacreditar lo que Jesús a hecho en nosotros.

*El Casco de la Salvación* — Nuestra protección a través de Jesús es el precio que pago por nuestros pecados. Porque somos salvos Satanás no debe de tener nada en nosotros, en nuestras mentes especialmente que es donde las dudas comienzan. Todas las obras de Satanás fueron destruidas en la cruz.

*La Espada del Espíritu* — Esta es la única arma ofensiva. Es la Palabra de Dios. Cuando estamos bien vestidos, nos paramos; ¡la batalla es del Señor! Como quiera hay otras armas mencionadas en las Escrituras que nos ayudaran a pararnos en la victoria que es nuestra a través de Jesús. Veamos algunas.

### Armas de Milicia Espiritual

Efesios 6:12 nos dice que la razón de ponernos toda la armadura es *"Porque no tenemos lucha contra sangre y carne, sino contra principados, contra potestades, contra los gobernadores de las tinieblas de este siglo, contra huestes espirituales de maldad en las regiones celestes."* En otras palabras, hay una guerra violenta en los cielos que no se ve.

Los cielos representan tres distintas áreas. Pablo habla de ser arrebatado al tercer cielo (II de

Corintios 12:2). Si hay un tercero, tiene que haber un primero y un segundo. Podemos considerar el primer cielo como la atmósfera alrededor de la tierra. El segundo cielo esta encima del primero. Es la esfera en donde Satanás el príncipe de la potestad del aire (Efesios 2:2) donde tiene su dominio. El tercer cielo es el domicilio de Dios.

Efesios 2:6 dice, *"Y juntamente con el nos resucito, y asimismo nos hizo sentar en los lugares celestiales con Cristo Jesús."* Siendo así nosotros, como creyentes, estamos sentados con Cristo en su trono. El segundo cielo esta bajo nuestra autoridad. Ha venido a ser nuestro escabel porque tenemos la misma autoridad sobre el diablo que Cristo tiene. Se nos ha dado poder sobre principados y potestades satánicas en los cielos también. Reclamamos la victoria que Jesucristo gano para nosotros y le recordamos a Satanás y a sus huestes lo que Jesús ya hizo. Algún dia Satanás será lanzado al lago de fuego (Apocalipsis 20:10). Hasta ese dia el continua fastidiando a los Cristianos. Los creyentes tienen que recordarles ¡quien es el, y quienes somos nosotros!

II de Corintios 10:3-5 nos recuerda: *"Es verdad que yo soy un ser humano ordinario y débil, pero yo no uso planes y métodos humanos para ganar mis batallas. Uso las poderosas armas de Dios, no esas hechas por el hombre, para destruir las fortalezas del diablo. Estas armas pueden derrumbar cada argumento y altives contra Dios y cada pared que se edifica para guardar al hombre de encontrar a El. Con estas armas yo puedo capturar rebeldes y traerlos atrás a Dios, y cambiarlos en hombres que el deseo de sus corazones es obedecer a Cristo."* (La Biblia Viviente).

*La Espada del Espíritu,* que es la Palabra de Dios (Efesios 6:17; Hebreos 4:12; Lucas 4:4-8 y 12) Encontramos en Hebreos 4:12, que la Palabra de Dios es como una espada. Es lo que divide el alma del espíritu. Discierne los propósitos y los pensamientos del corazón. No hay nada como la Palabra de Dios, proclamada en el poder del Espíritu, obliga al enemigo a abrirse y revelarle quien es el. Sabemos que Jesús uso esta arma para derrotar a Satanás en el desierto. El simplemente cito la Palabra de Dios para cada tentación que Satanás ofreció.

*La sangre del Cordero y La Palabra de nuestro Testimonio* (Apocalipsis 12:11). Mientras declaramos el trabajo de la sangre de Cristo sobre nuestro pecado, Satanás es recordado que todas sus obras han sido destruidas por la sangre derramada de Jesús. También podemos reclamar el testimonio de Isaias 54:17, que ninguna arma forjada contra nosotros prosperara, mientras testificamos lo que Jesús ha hecho en nuestras vidas.

*Alabe al Señor* (II de Crónicas 20:22). Josafat, el Rey de Juda, tuvo miedo cuando tenia que dirigir a la gente a la batalla contra su enemigo. Y el llamo a ayuno. El Señor hablo y dijo, *"No temáis ni os amedrentéis delante de esta multitud tan grande, porque no es vuestra la guerra, sino de Dios."* Después Dios le dijo que nombrara cantantes que fueran ante el ejercito, cantando "Glorificad a Jehová, porque su misericordia es para siempre." Cuando comenzaron a cantar y a alabar , el *Señor* puso emboscadas contra los hijos de Amon y Moab, y los del monte Seir, que venían contra Juda; y fueron destruidos. Salmo 22:3 nos dice que Dios habita entre las alabanzas de Israel (Su gente). Cuando alabamos al Señor, el derrota al enemigo. La batalla es de Dios.

*Orando en el espíritu* (Efesios 6:18) Cuando consideramos toda la armadura de Dios, a veces lo dejamos de ultimo. Versículo 18 dice que debemos de orar siempre en el espíritu, Romanos 8:26 y 27 dice que el espíritu nos ayuda a como debemos de orar, para que oremos de acuerdo a la voluntad de Dios. Si oramos de acuerdo a la voluntad de Dios, Satanás será descubierto.

*Dones espirituales* (I de Corintios 12:8 y 9). Los dones del Espíritu Santo, particularmente palabra de conocimiento, palabra de sabiduría, y el don de fe, nos ayudan a detectar a Satanás y sus maquinaciones y saber que otras armas usar.

*El nombre de Jesús* (Hechos 5:40 y 41; Marcos 16:17 y 18; Filipenses 2:9-11; Juan 16:24; Mateo 18:20). La autoridad en el nombre sobre todo nombre — Jesús — ha sido delegado a la iglesia para llevar la voluntad de Dios. Porque toda rodilla se doblara a su nombre, y es una arma poderosa contra el enemigo.

*Ayuno* (Isaias 58:6). Ayuno es una arma Bíblica para lucha espiritual. Fue usada muchas veces en la Escritura. (Estudiaremos mas a fondo mas adelante) Isaias 58:6 nos dice que el ayuno escogido va a: *"Desatar las ligaduras de impiedad, soltar las cargas de opresión, y dejar ir libre a los quebrantados, y que rompáis todo yugo."* Aunque somos humanos no entendemos como trabaja el ayuno, Dios de alguna manera lo usa para Su propósito de vencer a Satanás.

*Atando y desatando* (Mateo 16:18 y 19 Ampliada) Jesús le dijo a Pedro que sobre El mismo — la roca — El edificaría la Iglesia. Le dio a Pedro la autoridad del reino (la autoridad que abre su poder). Luego Jesús le dice a Pedro, *"Te daré las llaves del reino de los cielos, y lo que ates...lo que es declarado impropio y fuera de la ley...en la tierra ya ha sido atado en los cielos; y todo lo que desates en la tierra...que se declara en la ley...ya ha sido desatado en el cielo"*. En otras palabras, mientras (la Iglesia) toma la autoridad que nos ha sido dada, podemos recordarle a Satanás lo que ha sido atado y desatado en el cielo. El y sus obras han sido atadas; el Espíritu Santo y sus obras han sido desatadas.

*Resistid firmes en la fe* (I de Pedro 5:8 y 9). Aquí se nos dice que cuando Satanás te molesta tenemos que resistirle. Tenemos que velar por el y tomar acción contra el.

*Acercaos a Dios* (Santiago 4:7 y 8). No solo resistimos a Satanás, sino que nos acercamos a Dios para tener una buena relación con El. De otra manera, resistiendo será en nuestra propia fuerza y fracasaremos.

*Permaneced en Cristo y orad* (Juan 15:7; Romanos 8:26 y 27). Cuando permanecemos en Cristo (Tener una relación continua con El), y nos sometemos al Espíritu Santo quien nos ayuda a orar, podemos hacer mejor batalla espiritual contra Satanás.

## RESUMEN

Aunque no es probable que ni Dalila ni Abigail se vieron a si mismas envueltas en lucha espiritual, vemos, en sus historias, principios que pueden ayudarnos en nuestras batallas contra nuestro enemigo, Satanás y sus huestes. No solo aprendemos de las tácticas de Satanás, sino también de las armas que Dios ha puesto a nuestra disposición para tener victoria contra el enemigo cuando hacemos lucha espiritual.

## EJEMPLO MODERNO

A las 4:43 p. m., del 2 de Mayo de 1983, un terremoto devastador de 6.7, golpeo la pequeña ciudad de Coalinga, California. Mientras aplastaba la sección del centro, la tierra se rompió por millas alrededor. Los residentes, y otras gentes en pueblos cercanos, fueron atacados con miedo cuando realizaron lo que estaba pasando. La mayoría trataron de llegar a sus casas, pero encontraron las calles bloqueadas con ruinas. Ansiedad vino a ellos mientras se preguntaban ¿como estará mi familia? Sin embargo, cuando todo estaba calmado, las noticias reportaron un "milagro" — *ni una sola persona se perdió,* aunque tiendas y otros negocios estaban funcionando normalmente ese dia.

Los reportes empezaron a surgir por lo de la catástrofe, uno podía ver la mano de Dios en protección como un resultado de lucha espiritual hecha por sus hijos.

Como por un año, todo el que entraba a Coalinga había visto, en los limites de la ciudad, un letrero grande en letras obscuras "Jesús es Señor en Coalinga." Muy pocos sabian que la idea original había venido de un Cristiano que vivía cerca, en Fresno y había pasado la idea a los cristianos en Coalinga. Varias iglesias levantaron fondos para rentar el letrero para que la declaración de Jesús como Señor fuera visto por todos — incluyendo Satanás.

En adición, cuando menos dos mujeres sintieron la carga por su pueblo y caminaban las calles de la ciudad de noche, orando por cada casa que pasaban.

Cuando el terremoto azoto, la mayoría de las casas se libraron de daño mayor. El edificio de una iglesia escapo con daños menores, aunque las tiendas alrededor del centros estaban totalmente destruidas.

Jesús fue Señor sobre Coalinga durante el terrible terremoto que habían pronosticado. El pueblo de Dios, apurados por el Espíritu Santo, ya se habían parado contra Satanás y declarado que Jesús es victorioso.

## ¿QUE PIENSA USTED?

1. ¿Sabe usted quien es su real enemigo y alguna de las formas como opera? _____
   _____
   _____

2. ¿Gana sus batallas espirituales, o cede a sus batallas carnales? _____
   _____
   _____

3. ¿Sabe lo que son las armas espirituales? ¿Sabe como usarlas? _____
   _____
   _____

4. ¿Hay alguna arma nueva que usted necesita aprender a usar? _____
   _____
   _____

5. ¿Que resultados ha visto como una consecuencia de lucha espiritual? _____
   _____
   _____

# EVALUACIÓN PROPIA

1. ¿De que manera esta usted implementando los principios aprendidos de Dalila y Abigail?
   _____
   _____

2. ¿De que manera esta usted fallando en implementar los principios aprendidos de ellas? __
   _____
   _____

3. ¿Que necesita hacer para cambiar? _____
   _____
   _____

4. ¿Como lo hara? _____
   _____
   _____

*Lección 13*
# Noemi y Rut

## *Un Ejemplo de Israel y la Iglesia*

*Que los gentiles son coherederos y miembros del mismo cuerpo, y copartícipes de la promesa en Cristo Jesús por medio del evangelio.*

Efesios 3:6

## PREPARANDO EL ESCENARIO

La historia de Noemi y Rut es una analogia de Israel y la Iglesia. Mientras notamos la restauración de Noemi, siguiendo su perdida y estancia en un país extranjero, vemos que ella pinta la condición de Israel, el pueblo escogido de Dios. Mientras Rut hace la decisión de dejar a su familia natural y seguir al pueblo y al Dios de Noemi, vemos que ella representa al gentil injertado, la Iglesia, y novia de su Pariente-Redentor.

Cuando Noemi perdió a su esposo e hijos, ella decidió regresar a su propia tierra y gente. El Señor había tratado con ella amargamente, y aunque regreso vacía, ella fue restaurada. Aunque era el vástago de Rut y Booz, Noemi vino a ser parte del linaje del Mesías.

Noemi era la que se debía casar con Booz, pero porque ya no podía dar a luz hijos, ella permitió que Rut tomara su lugar y se casara con el Pariente-Redentor de acuerdo a la ley. De la misma manera, Israel le dio lugar a la Iglesia (Judío o Gentil que aceptara la redención provista por Jesús). Ahora son pueblo del Nuevo Pacto, la novia de Jesucristo.

Podemos ser restaurados como individuos, y como nación. La decisión mas importante para hacer es la de seguir a Dios y aceptar la oferta de Jesús, que pago el precio de nuestra salvación.

## EL FRACASO INICIAL Y EL ÉXITO FINAL DE NOEMI

(Basado en el libro de Rut)

Durante el gobierno de los Jueces, Israel sufrió gran hambre, Elimelec, un residente de Belén, decidió irse de Juda con su esposa Noemi, y sus dos hijos. Se movieron a Moab, donde había mas comida. Para Noemi la ida fue un gran sacrificio. Ella amaba a su gente y estaba bien atada a las tradiciones de su raza. Dios quiere cuidar a su pueblo aun en tiempo de hambre (Salmo 33:18 y 19), pero Elimelec escogió moverse a otro país.

Noemi probablemente se lamento mas de una vez, porque todo les salió mal en la tierra pagana. Sus dos hijos se casaron con mujeres Moabitas, que era contra la ley de los Judíos. Después Elimelec murrio, su muerte fue seguida por la de sus hijos. Noemi se quedo sola con sus nueras paganas en una tierra de idolatría.

Ella decidió dejar Moab y regresar a su tierra natal. Ella intentaba vivir sola, pero sus dos nueras se fueron con ellas. Noemi que no tenia forma de sostener tres, hablo con sus nueras de que regresaran a sus familias. Una, Orfa, decidió hacer eso. La otra, Rut, hizo una dedicación de seguir a Noemi y su Dios. De este modo, Noemi y Rut llegaron a Belén juntas.

Noemi tuvo recuerdos de su niñez, juventud, y de su vida de recién casada. Cuando llego toda la ciudad se conmovió. La gente le preguntaba si era verdaderamente Noemi, porque los años la cambiaron mucho. Ella regreso a su tierra "vacía" y en pobreza.

Rut sabia que Noemi estaba muy vieja para trabajar y que dependía de ella para encontrar algo para comer, y salió a buscar trabajo como una espigadora. En el campo, Rut conoció a Booz, un pariente de Noemi. Poco después, ella trabajaba para el. Eventualmente se casaron. Cuando Rut y Booz fueron padres, Noemi volvió a ser feliz. Ella se convirtio en la niñera de Obed, sunieto. La familia que había perecido estaba ahora restaurada.

## EL ÉXITO DE RUT
(Basado en el libro de Rut y Mateo 1:5)

El primer vislumbre que tenemos de Rut es como una viuda joven, que su marido, Mahlon, había muerto. Ella no aprecia tener pena; ni la amargura le agarro el corazón como a su suegra Noemi.

Una madre y dos nueras estaban ahora atadas en pena común, porque todos los esposos habían muerto. Se consolaban una a otra, aunque Noemi era una mujer del pacto de Dios, mientras Rut y Orfa eran paganas. Cuando Noemi decidió regresar a su país y pueblo, ella le rogó a sus nueras que se quedaran en su tierra. Orfa lo hizo, pero Rut le dijo a Noemi, *"No me ruegues que te deje, y me aparte de ti; porque a dondequiera que tu fueres, iré yo, y dondequiera que vivieres, viviré. Tu pueblo será mi pueblo, y tu Dios mi Dios."* Así, ella acompaño a Noemi en su regreso a Belén.

Bajo la ley Judía, Rut podía espigar en cualquier campo (seguir a los segadores y recoger lo que caía). Dios planeo que conociera a Booz, un hacendado piadoso familia de Noemi.

Booz fue bondadoso y amigable con sus segadores. Cuando descubrió a Rut trabajando en su campo, le dijo a los segadores que dejaran caer mas manojos para su beneficio. El también arreglo que ella comiera en su mesa.

Rut estaba agradecida por su bondad y se lo dijo a Noemi. Cuando Noemi oyó de Booz, ella recordó que el era un Pariente, Redentor de su esposo muerto. Ella conocía la ley Levítica que decía que si un esposo moría sin heredero, el cuñado de la viuda estaba obligado a casarse con ella para que su hijo llevara el nombre de la familia. Ya que Rut no tenia cuñados, el pariente mas cercano seria llamado a ser su "redentor."

Noemi animo a Rut a encontrar donde dormía Booz esa noche y que se acostara a sus pies. Rut hizo lo que Noemi le sugirió. Booz encontró a Rut cuando se despertó y la escucho cuando le contó de su aprieto. Ya que había un pariente mas cercano que el, Booz fue primero a consultar con el. Pero, el pariente no podía cumplir su deber. Los ancianos le dieron a Booz permiso para comprar la herencia de Rut y casarse con ella.

Dios bendijo su unión con un hijo llamado Obed. Obed fue el padre de Isai, e Isai, fue el padre de David. De este modo, en el linaje de Jesús, encontramos a Rut, la gentil idolatra que renuncio a su país y a sus dioses y se unió a Noemi.

### El Propósito de Dios en Israel

Cuando Dios escogió a Abraham fue porque quería formar una gente que a través de ellos Su luz resplandeciera. Ellos serian sus vasos para llevar la salvación de Dios a todas las naciones de la tierra.

La tentación del pueblo Judío fue hacer este llamado un fin en si mismo. Ellos no reconocieron ni recibieron al Mesías cuando vino. Salvación vino solamente a una minoría de gente Judía. Pero su rechazo de Jesús hizo posible que la salvación viniera a los gentiles.

Romanos 4:11 y 12 y Galatas 3:7 y 29 nos dice que Abraham es el padre de todos los creyentes, Judio o Gentil. Podemos ver esto deletreado en Efesios 2:11-18 donde aprendemos que a través de la sangre de Jesús, ambos Judíos y Gentiles tienen acceso por un Espíritu al Padre. Jesús derrumbo la pared entre los "incircuncisos" y los "circuncidados." Efesios 3:6 dice, "Que los gentiles son coherederos y miembros del mismo cuerpo y copartícipes de la promesa en Cristo Jesús por medio del evangelio." Galatas 3:28 nos recuerda que, "Ya no hay Judío ni Griego; esclavo ni libre; no hay varón ni mujer; porque todos vosotros sois uno en Cristo Jesús."

En Romanos 11, Pablo habla de como los Gentiles se convirtieron en pueblo de Dios siendo injertados, como las ramas están injertadas en un árbol. El también dice que, si los Judíos dejan su incredulidad y regresan a Dios, Dios los injertara para atrás al árbol. Los Judíos vienen a ser parte de la Iglesia de la misma manera que los Gentiles — a través de creer en Jesús como el Mesías.

En los tiempos del Nuevo Testamento, cuando un Judío se convertía en seguidor de Jesús, el seguia con sus ritos Judíos y cultura. Hoy, sin embargo, un Judío que se convierte en discípulo de Jesús se identifica como Cristiano. Actualmente, el ha aceptado el llamamiento original de Dios y simplemente es conocido como un Judío que ha aceptado su Mesías.

La Iglesia no sustituye a Israel en el plan de Dios. Los Judíos acepten o no a Jesús como su Mesías, siguen siendo gente escogida. Romanos 11:29 dice, "Porque irrevocables son los dones y el llamamiento de Dios." Los Judíos aun son el pueblo escogido. Los dones y el llamamiento sobre de ellos continua solo por Abraham.

Cuando el propósito de Dios de atraer a los Gentiles sea cumplido, el velo del corazón de los Judíos será removido con consecuencias gloriosas. Entonces el sufrimiento y penas de los últimos 2000 años dará lugar a la bendita y radiante gloria. El resultado final será la novia del Mesías, la Nueva Jerusalén, en la luz en que las naciones caminaran. La llenura de los Gentiles y de los judíos será traído al cuerpo de Cristo, el Mesías.

**Deuteronomio 28:64-66** Dios dice que el _____
_____
_____

**Deuteronomio 29:24-28** Dios dice que esparcera a su pueblo porque _____
_____
_____

**II de Reyes 17:20-23** ¿Que le paso al reino norte de Israel? ¿Regresaron alguna vez a su tierra?
_____
_____

**II de Reyes 25:21** ¿Que le paso al reino sur de Juda? _____

**Esdras 1:1-11** ¿Bajo que circunstancias regreso Juda de su cautividad? _____

**Romanos 11:7-10** ¿Excepto por el remanente que creyó en Jesús, que le paso a los judios? _____

**Romanos 11:11** A través del fracaso de los judíos de creer en _____

**Romanos 11:25-26** ¿Que pasara cuando el tiempo de los Gentiles sea cumplido? (Vea también Lucas 21:24) _____

## LECCIONES DE NOEMI Y RUT
### Noemi — La Restauración del Pueblo de Dios

Noemi simbólicamente puede representar a Israel, la gente del pacto con Dios. Ella dejo su tierra y soporto sufrimiento. Por una nuera que decidió aceptar su Dios, una Gentil fue injertada a la familia. Por ser de este modo, ellos recibieron la misma promesa de herencia. Es interesante notar que debía haber sido Noemi la que se casara con Booz, pero porque ella no podía tener hijos, ella permitió que Rut tomara su lugar. Así también Israel tiene que permitir que la Iglesia sea el pueblo del nuevo pacto, la novia de Cristo.

Como Noemi regreso a su patria, y fue restaurada en comunión con su pueblo y a las bendiciones de Dios. Cuando sus paisanos le preguntaron quien era, ella les dijo que no la llamaran Noemi, sino Mara, porque Dios había tratado muy amargamente con ella.

Después que Rut se caso con Booz y tuvieron un hijo, se decía de Noemi, *"Loado sea Jehová, que hizo que no te faltase hoy pariente, cuyo nombre será celebrado en Israel; el cual será restaurador de tu alma."* (Rut 4:14 y 15). La vida de Noemi fue restaurada; ella tenia una nueva familia. Noemi pertenecía a Dios, así como los Judíos pertenecen a El. El completo el trabajo en ella trayéndola atrás a El mismo, así como el restaurara eventualmente Su propia gente, los Judíos.

**Rut 1:20-21** Noemi se fue llena, pero ahora estaba _____

**Rut 4:14 y 15** Noemi se quedo sin _____
_____
_____

**Jeremías 32:37-44** Dios ha prometido a su pueblo que _____
_____
_____

**Sofonias 3:20** Cuando Dios reúna Su pueblo, El _____
_____
_____

**Oseas 2:14-23** Para restaurar a Israel, Dios _____
_____
_____

**Joel 2:23-32** En restaurar a Israel, Dios _____
_____
_____

**Jeremías 30:17** Una promesa de restauración es _____
_____
_____

**Ezequiel 28:25 y 26** Cuando Israel sea restaurada, ella _____
_____
_____

**Ezequiel 16:59-62** Dios recordara sus promesas a Israel _____
_____
_____

**Isaias 54:5 y 6** Israel es descrito aquí como _____
_____
_____

**Isaias 59:21** El pacto de Dios con Israel es _____
_____
_____

**Isaias 45:17** La condición eventual de Israel es _____
_____
_____

## Rut — Un Tipo de la Iglesia

En la fiesta de Pentecostés, los Judíos leen la historia de Rut. Esta es muy apropiada. Rut puede ser un cuadro de la Iglesia, que nació en Pentecostés.

Rut era una Gentil, injertada a la nación Judía. Ella era extranjera, pero escogió aceptar el Dios de Noemi y, así, vino a ser parte de su herencia. Rut rompió completamente con su familia, y nunca fue para atrás con ellos. La iglesia esta compuesta de Judíos regenerados, como también de Gentiles que han sido "injertados."

Por la gracia y provisión de Dios, Rut llego a ser la novia de Booz, un tipo de Cristo. El la encontró en el campo que estaba "blanco para la cosecha" y otorgo su amor y misericordia a ella. Ella entonces vino en una relación especial con El, no porque ella se lo mereciera, sino porque el estaba dispuesto a pagar el precio del Pariente-Redentor por ella.

**Rut 1:16** La decisión de Rut fue _____

**Rut 3:8-9** Rut reclamo a Booz como su _____

**Rut 4:13** Rut y Booz _____

**Romanos 11:13-24** Los Gentiles vinieron a ser parte del pueblo de Dios por _____

**Mateo 10:37** No somos dignos de Cristo si _____

**Mateo 12:46-50** La verdadera familia de Jesús e _____

**Hechos 11:1-18** A Pedro se le mostró que los gentiles _____

**Hechos 13:46-48** Cuando los Judíos rechazaron a Pablo y a Bernabe _____

_____

**Hechos 15:1-19** El resultado del concilio en Jerusalén _____

_____

## Nuestra Actitud Hacia Israel

**Génesis 12:2-3** Dios bendecira _____

_____

y maldecira _____

_____

**Salmo 122:6** Debemos de orar por _____

_____

con la promesa de _____

_____

**Génesis 17:7** Dios hizo un _____

_____

**Romanos 11:13-26** No debemos de ignorar _____

_____

# RESUMEN

Noemi representa a Israel, el pueblo del pacto con Dios que experimentaron perdida y fueron tratados con severidad por Dios antes que fueran restaurados mas tarde. Rut es la Gentil injertada, la novia de su Pariente-Redentor (Booz). Nosotros, como individuos, también podemos experimentar la perdida y dolor de Noemi, y también restauración. Como Rut, podemos encontrar nuestro lugar en la familia de Dios, cuando decidimos aceptar el Dios de Israel a través del Pariente-Redentor, Jesús.

En bendecir a Israel, somos bendecidos.

# EJEMPLO MODERNO

"¡Le dejamos saber tan pronto como podamos!" Con estas palabras, mi esposo colgó el teléfono, apenas vine al cuarto. "¿Que fue eso?...y ¿que le dejaremos saber?" pregunte, todo me imagine, de aceptar una invitación para cenar con amigos a ser responsable en algún trabajo voluntario.

"Esa era Ljuba. Ella necesita algun dinero. Ella esta por perder su casa por no pagar impuestos."

"¿Ljuba?" Yo pregunte. "Hace mucho tiempo que no oía de ella ¿Como esta ella?"

"Muy deprimida. Ella necesita mucho dinero. No tiene otro lugar donde ir."

Estábamos recién casados cuando conocimos a nuestra amiga Alemana-Judia hace 17 años. Mi esposo estaba en un seminario

y la puerta del frente de su apartamento daba con la puerta trasera de nuestra casa para estudiantes. Muchas veces ella se sentaba en su pórtico, descansando bajo el sol, y cambiábamos saludos mientras íbamos y veníamos de la escuela y trabajo.

Como pasaba el tiempo, hablábamos de otras cosas. Ljuba estaba lisiada de polio, pero también sufría de mala salud debido a que estuvo varios años en un campo de concentración Alemán durante la segunda guerra mundial. Ella solo dependía de amigos y vecinos. Pronto nos encontramos limpiando su alfombra, trayendo su compra, o solo llevándola para un paseo.

Todo muy pronto, los tres años de vecinos vino a un final, Nos movimos a otro estado, y Ljuba se movió a una diferente ciudad. Nos escribíamos, y nos visitábamos ocasionalmente. Eventualmente, nuestra comunicación menguo a saludos anuales navideños. Estábamos fuera de contacto por varios años cuando llamo por teléfono con su petición urgente.

Mi marido y yo dudamos que hacer. Teníamos tres hijos y un salario limitado — por seguro que no suficiente para dar lo que pedía. Sabíamos también, que porque ella era una pensionada pobre del gobierno alemán, seguro que nunca podría pagar un préstamo para atrás.

Por varios dias, hablamos del tema. Ella necesitaba dinero. Y ella era una amiga. Queríamos ayudar, pero la única manera que se podía, teníamos que cambiar una aseguranza que habíamos guardado como ahorro.

Finalmente venimos a la conclusión que teníamos que mandarle el dinero y olvidar que nos lo devolviera, aunque ella había dicho que lo aseguraría firmando un papel.

En este tiempo, no sabíamos totalmente nada del principio de Génesis 12:3, que nos dice que esos que bendicen al pueblo de Dios serán benditos.

Pasaron los años. Es mas, fueron ocho Navidades después. Nuestra tarjeta de Navidad regreso con la palabra "fallecida." Nuestros corazones se entristecieron. No sabíamos que se había muerto la Pascua anterior. Nuestra única consolación fue que ella había aceptado a Jesús como su Mesías — que no había diferencia si éramos Gentiles que teníamos salvación dado gratis, mientras su gente tenia que sufrir.

Estábamos doblemente tristes, cuando realizamos que ella no se gozo con las nuevas de la tarjeta de Navidad que contenia que planeábamos ir a Israel el próximo Abril con un grupo de nuestra iglesia. No teníamos suficiente dinero para el viaje. Pero solo confiábamos en que el Señor iba a proveer ya que había puesto un deseo muy fuerte en nuestros corazones.

Enero y Febrero se fueron — y no había dinero. Consideramos en tomar un préstamo, pero no nos sentíamos bien haciendo eso. El pago total de los boletas se vencía en Marzo, solo tres semanas antes del viaje. La salida era el dia después de Resurrección, que seria como el aniversario de la muerte de Ljuba. Estaríamos visitando la tierra de su patrimonio, justo un año después de que ella entro en su herencia total. Decidimos plantar unos arboles en Israel en su nombre.

Pero no eran dias buenos. Nos sentimos bien en firmar para ir al viaje. Ahora nuestras esperanzas estaban deshechas; nuestra fe estaba muy pequeña.

Entonces, una hermosa mañana de primavera, el correo llego.

"Esto es extraño," dijo mi esposo mientras lo traía dentro de la casa. "Hay una carta oficial del condado donde vivía Ljuba."

Curiosos, rompimos el sobre. Antes que pudiéramos leer la carta en si, un cheque cayo en nuestra rodillas. No podíamos creer lo que veíamos. Estaba a nuestro nombre, por la cantidad exacta que necesitábamos para nuestro viaje.

"¡No puedo creerlo!" "¡No puedo creerlo!" "¡No puedo creerlo!"

Parecía que estas eran las únicas palabras que podíamos decir. Nuestras manos estaban temblando tanto que no podíamos leer la carta. El mensaje era simple. "El patrimonio de Ljuba____ ha sido arreglado. Adentro, encontrara un cheque por el pago de su préstamo, mas ocho años de interés."

Brincamos de gozo. Danzamos alrededor del cuarto, y corrimos afuera a decirlo a nuestros vecinos. Y, después de muchas emocionantes llamadas de teléfono, manejamos a la agencia de viajes y pagamos por nuestros boletos. Las únicas palabras que podíamos decir mientras cruzábamos la ciudad eran, "Gracias Señor. Gracias Señor." Nuestras mentes finitas no podían comprender los caminos insondables de Dios. El estaba obrando en cada circunstancia en nuestras vidas para que recibiéramos en el mismo dia que lo necesitábamos, la cantidad exacta de dinero necesaria para el viaje a Israel — todo porque ocho años antes bendecimos a una amiga y vecina Judía que habíamos conocido desde el principio de nuestro matrimonio. Nunca nos pudimos imaginar del tiempo perfecto, en nuestras bodas de plata, mas Su abundante gracia, amor y misericordia.

Estábamos, con nuevos ojos de creencia y fe renovada en nuestro Padre Celestial, visitamos Su tierra y Su gente, seguros de que Dios bendice a quienes bendicen a los Suyos.

## ¿QUE PIENSA USTED?

1. ¿Cual es su actitud hacia los Judíos? ¿Es Escritural? _____
   _____
   _____

2. ¿Si usted es Judío, aprecia usted todo su patrimonio? _____
   _____
   _____

3. ¿Si usted es Gentil, aprecia usted verdaderamente la provisión de estar "injertado"? _____
_____
_____

4. ¿Hay alguna manera de que usted pueda bendecir a Israel o a una persona _____
_____
_____

## EVALUACIÓN PROPIA

1. ¿De que manera esta usted implementando los principios aprendidos de Noemi y Rut? ___
_____
_____

2. ¿En que forma esta usted fallando en implementar los principios aprendidos de ellas? ___
_____
_____

3. ¿Que necesita hacer para cambiar? _____
_____
_____

4. ¿Como lo _____
_____
_____

*Lección 14*
# Ana, Rizpa y la Madre de Icabod

## *Un Ejemplo de Oración*

*Y todo lo que pidieres en oración, creyendo, lo recibiréis.*

Mateo 21:22

## PREPARANDO EL ESCENARIO

Oración es el medio de comunicación del hombre con Dios. Es la manera en que Dios trae su voluntad a la tierra.

Oración envuelve a la Trinidad. El Espíritu Santo nos ayuda a conocer la Palabra de Dios (Jesús), que esta de acuerdo con la voluntad de nuestro Padre Celestial. I de Juan 5:14 y 15 nos dice que, cuando oramos de acuerdo a su voluntad, Dios nos oye, y si nos oye, El nos dará nuestras peticiones. El secreto de la oración efectiva, es determinar la voluntad de Dios, orar de acuerdo a Su Palabra, y reclamar la respuesta por fe.

Muchas veces, nuestras oraciones son solo peticiones — como una lista de compras de abarrotes de lo que queremos. Pero, oración también envuelve intercesión — dolores de parto en favor de necesidades de otros. Oración es un arma de lucha espiritual.

## EL ÉXITO DE ANA

(Basado en I de Samuel 1: 2:1-21)

Ana era la esposa favorita de Elcana, un hombre que siguió la costumbre común de la poligamia.

Ya que era el deseo de cada padre Judío de tener un hijo, era un reproche para Ana que era estéril. Aunque la provocaba la otra esposa de Elcana, Penina, Ana mantenía una observancia constante de las ordenanzas religiosas de su nación. Su esposo la amaba mucho, pero ella era infeliz y lloraba a Dios dia y noche por un hijo. No era culpable de amargura o venganza. Ella sabia que Dios era su única esperanza.

En una ocasión particular, la suplica de Ana era sin palabras; sus labios se movían, pero no había sonido. Cuando Eli el sacerdote la vio orando penso que ella estaba borracha, la reprendió por venir a la casa de Dios en tal condición. Ana protesto porque era inocente, y abrió su corazón a Eli. El respondió, "Ve en paz, y el Dios de Israel te otorgue la petición que le has hecho." Regreso a casa creyendo, y su carga quitada. Dios le dio su deseo. El tiempo llego, y Samuel nació.

Ana había hecho un voto a Dios. Que si Dios le diera un hijo, ella se lo daría a Dios para que le sirviera todos los dias de su vida. Así que, cuando Dios le dio a Samuel y ella lo desteto, lo llevo a la casa del Señor, "y se quedo alla para siempre." Ana lo visitaba una vez al año.

Samuel creció y reflejo la piedad de su madre, aunque fue crecido por Eli quien fue un padre pobre creciendo sus hijos. Ana y Elcana fueron bendecidos con otros hijos, pero ni uno fueron objetos de muchas oraciones como Samuel.

# LECCIONES DE ANA
## Oración — Petición a Dios

El niño Samuel nació como resultado de la petición de Ana a Dios. Como otras mujeres en las Escrituras (tal como Sara, Rebeca, Elisabet), Dios no le dijo a Ana antes que iba a tener un hijo. Ella no tenia idea que Dios le mandaría a Samuel — el Juez, profeta, y sacerdote que Dios usaría para ungir al primero y segundo rey de Israel. Todo lo que ella sabia era que quería desesperadamente un hijo. Ella hizo la petición a Dios por uno.

Nadie sabe si Dios le hubiera dado Samuel a Ana, si no hubiera orado por el. Pero nos hace pensar si no estamos perdiendo algunos de los deseos de nuestro corazón porque no los pedimos en oración. Oraciones por nuestra familia, oraciones por nuestras necesidades financieras, oraciones por sanidad de nuestros cuerpos, oración por guianza en nuestro trabajo, oración por liberación de tentación, oración por protección — la lista puede seguir. Dios se deleita en oír de nosotros. El esta esperando que vengamos a El con los deseos de nuestro corazón.

Una frase interesante ocurre dos veces en la historia de Ana y Elcana. I de Samuel 1:3 dice, que Elcana subía todos los años para adorar y ofrecer sacrificio *a Jehová de los ejércitos* en Silo. I de Samuel 1:11 dice, "Y ella (Ana) hizo voto diciendo, *Jehová de los ejércitos...*" Este es el primer lugar que Dios es mencionado de esta manera, de aquí en adelante es mencionado como Jehová de los ejércitos mas de 200 veces hasta el fin del Antiguo Testamento.

La palabra Hebrea es *tsbaah,* que quiere decir "un ejercito preparado y listo para la batalla." Mientras dejamos el libro de Jueces y nos movemos en I de Samuel, encontramos a Israel en el tiempo de los Reyes. Vemos que Dios es reconocido como uno que es poderoso, con un ejercito armado, listo para pelear a favor del reino.

Tenemos la perspectiva del tiempo que Ana no tenia. Conocemos el poder del Dios todopoderoso a través de Su hijo Jesús y el Espíritu Santo. Tenemos historia a través de la cual podemos ver los actos sobrenaturales del poderoso Jehová de los ejércitos. Y tenemos la Palabra, que nos dice de la lucha en la cual estamos y de las armas disponibles para nosotros.

Como Ana, necesitamos ver a Dios como Jehová de los ejércitos, como Uno que tiene un ejercito listo, reunido, y esperando por instrucciones. Es mas, si aceptamos Salmo 68:17, es un ejercito muy grande. Los carros de Dios son 20,000 y hay miles de ángeles.

Las Escrituras nos dan formas y razones para orar:

Filipenses 4:6 y 7 _____
_____
_____

I de Timoteo 2:1-4 _____
_____
_____

Santiago 4:2 y 3 _____
_____
_____

I de Pedro 4:7 _____

_____

Salmo 55:22 _____

_____

Lucas 11:13 _____

_____

Romanos 10:13 _____

_____

¿Como demostró Dios que El contesta oracion en las siguientes situaciones?

I de Reyes 18:15-45 _____

_____

Exodo 33:12-23 _____

_____

Daniel 9:20-23 _____

_____

Hechos 12:5-12 _____

_____

## Perseverancia en Oración

Hay veces que sabemos que estamos orando en la voluntad de Dios porque lo que pedimos es de acuerdo a la voluntad de Dios. Sin embargo, las respuestas no vienen rápido. Pueden haber estorbos que impiden la contestación.

Consideraremos esto mas tarde en esta lección. Ahora, veamos algunos ejemplos en las Escrituras donde parece que Dios quiere perseverancia en oración.

**Génesis 32:24-29** Nos dice como Jacob lucha con Dios y prevalece hasta que obtiene nuevo nombre y nuevas bendiciones.

**I de Reyes 18:41-45** Después de algunos años de severa hambre, Elias oro siete veces antes que la lluvia viniera.

**Daniel 9:3** Daniel vuelve su rostro buscando al Señor a través de oración, ruego y ayuno hasta que el ángel Gabriel vino y le dijo del futuro de la nación pecadora de Israel.

**Daniel 10:12-14** Encontramos que la tardanza era que había una lucha espiritual en los aires que detenía la respuesta para que llegara a la tierra.

**Nehemias 1:4** Nehemias llora algunos dias hasta que el corazón del rey fue tocado y al pueblo de Dios le fue permitido regresar a Jerusalén y reedificar los muros.

**Esdras 8:21-23** A Dios le fue suplicado por la protección de la gente en su regreso del exilio. Ellos se afligieron y ayunaron y oraron.

**Ester 4:16** Ester llamo a los Judíos a ayunar y orar por tres días para que Dios los librara de la aniquilación del edicto de Persia.

**Marcos 7:24-30** Una mujer Sirofenicia insistía en pedirle a Jesús que sanara a su hija, hasta que lo hizo.

**Lucas 18:1-8** En esta parábola, vemos como a una viuda se le hizo justicia por el juez porque ella le pedía constantemente. Oración persistente toma fe. Esto agrada a Dios.

## Orar Es Pedir y Recibir

**Mateo 7:7 y 8** Pedid y se os _____

**Mateo 6:9-13** En el "Padre nuestro," se nos dice que pidamos _____

**Juan 14:13 y 14** Todo lo que pidamos en el nombre de Jesús _____

**Juan 16:23 24** Se nos manda a _____

**Mateo 21:21 y 22** Si nosotros, por fe, pedimos todo en oración _____

## EL ÉXITO DE RIZPA

(Basado en II de Samuel 3:7; 21:8-14)

Como miles de mujeres a través de las edades, Rizpa fue una víctima de pleito y guerra nacional.

Se encontró sin su esposo y dos hijos y sola para pelear la batalla de la pobreza.

El rey Saul había roto un voto que había hecho Josué con los Gabaonitas. Aunque Josué fue engañado cuando lo hizo, el voto decía que los Israelitas no destruirían a los Gabaonitas con espada (Josué 9:17-20). Pero cuando Saul vino al poder, el trato de aniquilar a los Gabaonitas, junto, con otros enemigos de Israel. Luego Saul encontró la muerte en el monte de Gilboa.

Una gran hambre tomo la tierra por tres años, David ahora rey, fue informado por Dios que el hambre era debido a que Saul había matado a los Gabaonitas (Rompiendo el pacto que se había hecho). Así, los Israelitas tenían que compensar las demandas de los Gabaonitas. Los Gabaonitas querían los siete hijos de Saul ahorcados.

Cinco de los jóvenes eran actualmente nietos de Saul, que fueron crecidos por Mical después que su hermana muríó. Los otros dos eran hijos de la concubina de Saul Rizpa. Siete hombres inocentes fueron ahorcados como restitución por pecado en la familia; los hijos pagaron por el pecado del padre.

Que escena espantosa tiene que haber sido durante la cosecha de cebada, ver siete cuerpos colgando de los arboles. Y luego encontrar a Rizpa, madre de dos de estos, parada protegiendo los cuerpo de los buitres. A través de los dias y semanas que siguiera, ella vigilo los cuerpos hasta que se disecaron y ella los cuido lo mejor que pudo. (dejar los cuerpos sin sepultar testifica de la venganza del hombre, porque la ley de Dios demandaba que cualquiera colgado tenia que ser enterrado al atardecer del mismo dia.)

Rizpa continuo vigilando a través de dias y noches ansiosas; su nariz estaban llenos del olor de muerte. Ella puso una tela de cilicio sobre el peñasco indicando no solo duelo por los muertos, sino mostrando públicamente su humillación. Así, ella defendió sus muertos. Cuando la lluvia vino, una muestra de que Dios había quitado su juicio, la vigilancia larga de Rizpa había terminado. Ahora estaba libre para sepultar los cuerpos.

David oyó de la devoción maternal de Rizpa y su larga vigilancia. Recordándole que los huesos de Saul y Jonatan todavía estaban expuestos en la plaza de Bet-san, el mando que fueran recobrados y mezclados con los huesos preciosos que Rizpa había guardado, y que los sepultaran en Zela el sepulcro familiar. "Y Dios fue propicio a la tierra," y el deseo de Rizpa por respeto a los muertos fue cumplido.

## LECCIONES DE RIZPA
### El Ministerio de Intercesión

"Sobre tus muros, Oh Jerusalén, he puesto guardas; todo el dia y toda la noche no callaran jamas. Los que os acordáis de Jehová, no reposéis." (Isaias 62:6 y 7)

Oración es a Dios, pidiendo y recibiendo cosas de Dios. Esto es usualmente para beneficiarnos en alguna manera. Otra forma de oración es pidiendo por las necesidades de otros; esto es el ministerio de intercesión.

Rizpa es un tipo de intercesora. Aunque ella no podía pedir en beneficio de sus hijos que ya estaban muertos, ella se mantuvo vigilante, haciendo lo que podía, para rechazar al enemigo. Ella se humillo delante de Dios hasta que Su juicio vino a un fin y a El le fue rogado por la tierra.

El profeta Ezequiel tuvo una visión (Ezequiel 10) en la cual la gloria del Señor se aparto del templo. Un varón vestido de lino con un tintero en sus manos le fue dicho que fuera a través de Jerusalén y pusiera una marca en las frentes sobre de aquellos que gimen y claman a causa de todas las abominaciones que pasaban mientras la ciudad era destruida. Estos serian los que verían al joven, viejo, mujeres, y niños muertos. Debían de comenzar a marcar a estas personas en el santuario.

Aunque no sabemos porque estas personas eran marcadas para esta tarea desagradable, observamos que Dios parece que levanta gente para identificarlos con esos en verdadera necesidad. Es mas en su llorar y suspirar, ellos se arrepentirán de pecado, cuidando de las necesidades físicas, o parándose en la brecha como intercesores tomando las cargas de esos que no saben orar por ellos mismos, o que no quieren orar, o no tienen la fuerza para levantar sus propias voces al Señor. El intercesor esta tan agradecido por la misericordia y el amor de Dios en su propia vida, que esta dispuesto a negarse a si mismo, lo que cueste, con tal de ver a uno salvo o ministrado por el Señor.

Veamos esas Escrituras que intercede en beneficio de otros, y ver que podemos aprender de sus experiencias.

*Moisés* (Éxodo 32:11-13) _____
_____
_____

*Josué* (Josué 7:7-9) _____
_____
_____

*Josafat* (II de Crónicas 20:5-13) _____
_____
_____

*Isaias* (II de Crónicas 32:20-22) _____
_____
_____

*Daniel* (Daniel 9:3-19) _____
_____
_____

*Pablo* (Colosenses 1:9-12) _____
_____
_____

## Jesús como Nuestro Intercesor

En Juan 17, encontramos la oración de intercesión de Jesús en favor de sus discípulos que muy pronto dejaría. El oro por la Iglesia que vendría a existencia, cuando El dijo (en versículos 20 y 21),

*"Mas no ruego solamente por estos, sino también por los que han de creer en mi por la palabra de ellos, para que todos sean uno; como tu, oh Padre, en mi, y yo en ti, que también ellos sean uno en nosotros; para que el mundo crea que tu me enviasteis."*

Su obra se termino. Le era necesario regresar al cielo para que el Espíritu Santo fuera derramado en toda carne.

¿A donde fue Jesús? De acuerdo a Romanos 8:34, El ascendió al cielo donde esta al la diestra de Dios intercediendo por nosotros. Hebreos 5:7 recuerda la intercesión que hizo Jesús mientras estaba en la tierra. *"Y Cristo en los dias de su carne, ofreciendo ruegos y suplicas con gran clamor y lagrimas al que le podía librar de la muerte, fue oído a causa de su temor reverente."* Ahora que Jesús esta a la diestra, viviendo siempre para hacer intercesión por los que el salva. (Hebreos 7:25)

### Dios Nos Llama para ser Intercesores

En un mundo donde perecen millones, los intercesores son necesitados desesperadamente. Dios puede salvar y suplir las necesidades de la gente, pero el depende de la oración para actuar. El dio las siguientes instrucciones en Su Palabra:

*"No me elegisteis vosotros a mi, sino que yo os elegí a vosotros, y os he puesto para que vayais y lleveis fruto, y vuestro fruto permanezca; para que todo lo que pidiereis al Padre en mi nombre, el os lo de."* (Juan 15:16)

*"Y busque entre ellos hombre que hiciese vallado y que se pusiese en la brecha delante de mi, a favor de la tierra, para que yo no la destruyese; y no lo halle."* (Ezequiel 22:30)

*"Y vio que no había hombre, y se maravillo que no hubiera quien se interpusiese."* (Isaias 59:16)

*"Orando en todo tiempo con toda oración y suplica en el Espíritu, y velando en ello con toda perseverancia y suplica por todos los santos."* (Efesios 6:18)

## EL FRACASO DE LA MADRE DE ICABOD

(Basado en I de Samuel 4)

La Biblia no nos da el nombre de esta mujer. Ella era la esposa de Finees, uno de los hijos de Eli. Finees y su hermano murieron durante la batalla en la cual el arca de Dios fue tomada. Cuando le dieron a Eli las nuevas, el murrio, siendo así dejaron a la esposa de Finees sola y ya estaba para dar a luz.

Todo lo que sabemos de ella es su angustia cuando estaba dando a luz y el nombre que le dio a su hijo, a quien su padre nunca vio. Los dolores de parto comenzaron cuando oyó que el arca de Dios había sido tomada.

La muerte de su esposo Finees, y de su suegro Eli, no le afecto intensamente como la perdida del arca del pacto. Cuando su hijo nació, lo nombro Icabod, lamentándose, *"Traspasada es la gloria de Israel; porque ha sido tomada el arca de Dios."* Aunque ella estaba decepcionada (porque el honor de Dios era su honor), ella no hablo de su despreciable esposo (Vea I de Samuel 3:13-14) o se quejo a Dios por su muerte. Pero oraciones no se habían contestado. Para ella, la gloria del Señor estaba en el arca. Cuando se tomo el arca, también la presencia de Dios fue tomada.

# LECCIONES DE LA MADRE DE ICABOD
## Oraciones no Contestadas

La madre de Icabod perdió toda esperanza cuando oyó que el arca había sido capturada. Ella sabia que la gloria del Señor se había ido. Hay tiempos cuando nosotros sentimos que la presencia de Dios se ha ido — que nuestras oraciones no pasan del techo. ¿Nos dan las Escrituras razones porque nuestras oraciones non son contestadas?

**I de Pedro 3:7** Para que las oraciones no sean estorbadas, los esposos tienen _____
_____
_____

**Salmo 66:18** Dios no escucha a esos _____
_____
_____

**Isaias 59:2** Nuestras _____
_____
_____

para _____
_____
_____

**Proverbios 28:9** La oracion de uno que _____
_____
_____

es _____
_____
_____

**I de Juan 5:14** Para que Dios nos oiga, tenemos que _____
_____
_____

**Mateo 21:22** Cuando pedimos en oración tenemos que _____
_____
_____

**Mateo 18:19 y 20** Dios contesta la oración cuando _____
_____
_____

**Marcos 11:24** Cuando oramos, tenemos que _____

**I de Tesalonicenses 5:17** Tenemos que orar _____

**Hebreos 11:6** El que viene a Dios tiene que _____

**Santiago 1:5-8** Y si _____

no _____

**Deuteronomio 1:43-45** Dios no oye a esos que _____

**Proverbios 1:28-30** Dios no contesta cuando _____

**Proverbios 21:13** El que _____
_____ no sera oído

**Isaias 1:15** Dios no oye las oraciones de _____

**Zacarias 7:9-13** A veces, el hombre no oye de Dios porque _____

**Santiago 4:2 y 3** No tenemos las cosas de Dios porque _____

143

## RESUMEN

Tres mujeres — Ana, Rizpa, y la madre de Icabod — Muestran tres aspectos de oración. Vemos a Ana pidiéndole a Dios por un hijo y recibiendo la respuesta de su oración. Rizpa es un tipo de intercesora — ayunando, orando, y vigilando en guardia en medio de lo que parece una situación inútil. Con la madre de Icabod, aprendemos porque algunas oraciones no son contestadas.

## EJEMPLOS MODERNOS

Entre esos que insisten en orar mientras observan a muchos sufriendo por la falta de la Palabra de Dios, están los traductores de la Biblia Wycliffe. Estos Cristianos dedicados viven entre varias tribus del mundo difícil de alcanzar. Ellos no solo traducen la Biblia en lengua nativa, pero, algunas veces, ¡tienen que poner el lenguaje en forma escrita! Es una ardua tarea, lejos de la familia y amigos, por quienes pierden mucha comodidad física y ganancias terrenales.

Dos de estos, pacientes e insistentes traductores son Jim y Marj de Jigalong, Australia. Ellos han trabajado traduciendo la Biblia por muchos años mientras viven con los indígenas de Australia. A principios de Diciembre de 1982, cuando regresaron a su trabajo en Jigalong, después de quedarse cuatro meses en el Centro Lingüístico de Darwin, un grupo visitante de Cristianos indígenas compartían lo que Dios estaba haciendo en sus vidas y que dio, la oportunidad a la gente de Jigalong de hacer una entrega publica a Jesucristo.

Lo que Jim y Marj estaban esperando por largo tiempo al fin sucedió. La gente respondió y recibieron al Dios vivo en sus corazones.

Pronto nuevos creyentes empezaron a venir a ellos preguntándoles acerca de las Escrituras. Querían saber que dice Dios de la vida cristiana. Algunos tenían sueños y visiones y necesitaban interpretaciones. Otros caminaban declarando, "¡Yo soy un hombre nuevo!"

Juntos unidos por un nuevo lazo de amor, empezaron a reunirse todas las tardes debajo de un árbol blanco de chicle. Aquí adoraban a Dios, alababan en canto, oraban y compartían sus necesidades y victorias. No hay palabras que decir, Jim y Marj estaban emocionados de ver su sueño de 15 años venir a la realidad. Ellos miraban a Dios moverse por su Espíritu Santo entre la gente. El Señor añadía los que habían de ser salvos, y suplir suficiente agua en el arroyo seco para bautizar a los nuevos Cristianos. Cantos nuevos salieron mientras la gente estaba hambrienta por la Palabra de Dios.

Quien sabe por que tomo 15 años para contestar sus oraciones o que estorbaba la respuesta en el camino. Pero, oración que persevera — también como continua intercesión por los que soportan — encuentra cumplimiento en el nacimiento de la Iglesia en Jigalong, ¡para quienes muchas Escrituras importantes han sido ya traducidas!

## ¿QUE PIENSA USTED?

1. ¿Como describe usted su vida de oración? ¿Que puede hacer para mejorarla? _____
_____
_____

2. ¿Son la mayoría de sus oraciones peticiones, o intercede en favor de otros? _____
   _____
   _____

3. ¿Tiene usted oraciones que parece que no han sido contestadas? ¿Cual es su actitud hacia Dios en este dilema? _____
   _____
   _____

# EVALUACIÓN PROPIA

1. ¿De que manera esta usted implementando los principios aprendidos de estas tres mujeres?
   _____
   _____

2. ¿De que forma esta usted fallando en implementar estos principios aprendidos de ellas? __
   _____
   _____

3. ¿Que necesita usted para cambiar? _____
   _____
   _____

4. ¿Como lo hara? _____
   _____
   _____ o

*Lección 15*
# Mical y Betsabe

## *Un Ejemplo de Relaciones Matrimoniales*

*Porque somos miembros de su cuerpo, de su carne y de sus huesos. Por esto dejara el hombre a su padre y a su madre, y se unirá a su mujer, y los dos serán una sola carne.*

Efesios 5:30 y 31

## PREPARANDO EL ESCENARIO

David, como otros reyes del Antiguo Testamento, tenia mas de una esposa. Aunque la Biblia menciona varias, solo veremos dos. Estas son su primera esposa Mical, y Betsabe, su ultima esposa nombrada en la Biblia. Se nos dice varias cosas concernientes a sus relaciones matrimoniales.

Mical, quien también era hija del Rey Saul, estaba encaprichada con el joven héroe quien mato al gigante Goliat. No había duda de que ella estaba muy feliz cuando su padre arreglo su matrimonio con David. Pero hubieron varios golpes contra una relación feliz. Veremos esto y descubriremos como David y Mical fueron yugos desiguales.

La relación de David y Betsabe es una historia diferente. Su matrimonio comenzó con adulterio, asesinato, y engaño. (Mas tarde David se arrepintió de esto y recibió perdón de Dios.) El pecado de Betsabe fue de una naturaleza mas sutil. Ella "tropezó a su hermano."

Dios trato con cada una de estas relaciones. El no permitió que Mical tuviera hijo de David, y se llevo el niño de David y Betsabe de su unión adultera.

Podemos aprender verdades de estas dos relaciones entre marido y esposa para que nos ayude en nuestro propio matrimonio. Consideraremos el problema de estar en yugos desiguales, mientras miramos la relación de David y Mical.

También miraremos que tan importante es el perdón para tener éxito en un matrimonio, cuando vemos la relación de David y Betsabe.

## EL FRACASO DE MICAL

(Basado en I de Samuel 14:49; 18:20-28; 19:11-17; 25:44; II de Samuel 3:13 y 14; 6:12-23 I de Crónicas 15:29)

Mical era la hija mas joven del Rey Saul y su esposa Ahinoam. Aunque ella era una princesa, parece que Mical no tenia un carácter muy recomendable. Ella gano prestigio a expensas de otros, fácilmente se encapricho con David, y aparecia que era indiferente a Dios.

Cuando Mical vio a David, el joven pastor que mato al gigante que había aterrorizado a su padre y a su nación, ella no se apuro a esconder su "amor" por este guapo y joven héroe.

El Rey Saul había prometido que el hombre que matara a Goliat seria su yerno. Merab su hija mayor debía de ser la de David. Ella era la novia prometida. Pero Saul se arrepintió de su promesa, pospuso el matrimonio y eventualmente dio Merab a otro hombre.

Después, por sus celos sabiendo que David era un héroe, preparo un plan donde los Filisteos pudieran matar a David. Sabiendo que Mical amaba a David, Saul pidió a David por una dote por Mical en la forma de 100 prepucios de los Filisteos. David mato a 200, forzando a Saul a darle a Mical a el.

Saul siempre estaba inclinado a destruir a David, Saul tenia la casa de David rodeada. Sus mensajeros estaban listos para matar a David en la mañana, pero Mical sospecho y ayudo a David a que escapara por una ventana.

Mical engaño a su padre poniendo una estatua con pelo de cabra en la cama de David. Saul acuso a Mical de engaño. Ella le respondió que David la había amenazado con matarla si no lo ayudaba a escapar.

Después de este incidente, el amor de Mical por David evidentemente menguo. No cabe duda que se canso de que fuera un fugitivo, siempre corriendo de su padre. Una vez, mientras David no estaba, permitió que su padre le diera otro hombre.

Después de la muerte de Saul, su primo Abner hizo arreglos para asistir a David en tomar el reinado de la nación. En el proceso, David pidió que Mical regresara a el. Ella lo deseaba — probablemente no porque lo amaba, sino porque ella vio que era un camino al trono.

El cuadro final que tenemos de David y Mical es muy triste. Después de que Jerusalén fue hecha la capital, David quería traer el arca sagrada del pacto en la ciudad. En el dia que trajeron el arca de las manos de los Filisteos, David tenia tanto gozo que canto y danzo en las calles mientras dirigía la procesión. Mical lo miraba desde una ventana y cuando lo vio tan gozoso, lo desprecio en su corazón. Aunque una vez lo amo y aun arriesgo su propia vida por su seguridad, ahora ella lo odiaba porque no tenia verguenza de su entusiasmo por el Señor.

Alimentando su desprecio, ella espero hasta que David vino a casa. Cuando se encontraron, ella con desprecio comento, "Cuan honrado ha quedado hoy el rey de Israel, descubriéndose hoy delante de las criadas de sus siervos, como se descubre sin decoro un cualquiera." David fue cortante en su contestación. Lo puso claro de que no estaba avergonzado de lo que hizo "delante de Jehová," que lo escogió a el antes que otro de los hijos de Saul, para gobernar como rey.

Asumimos que este fue el fin de su relación. "Mical la hija de Saul nunca tuvo hijos hasta el dia de su muerte." Ella termino sus dias sin amor y compañía de un esposo, creciendo a sus cinco sobrinos de su hermana que estaba muerta, los cuales fueron colgados (como aprendimos en la historia de Rizpa).

# LECCIONES DE MICAL
## Yugo Desigual

La relación de David y Mical comenzaron como un cuento de Adas — ella, la joven princesa amada, David, el héroe guapo con un futuro prometedor para rey. Mical, como sea, siempre es referida como la "hija de Saul," no la "esposa de David." Ella nunca se sometió al nuevo rey. Ella nunca fue "trasladada" del reino antiguo al nuevo.

Cuando las parejas no encuentran que se cumpla lo que esperaban, a veces se decepcionan uno del otro, enojados con Dios y amargado con ellos mismos. Esto es verdad si no son del mismo reino, son yugo desigual. II de Corintios 6:14 y 15 *"No os unáis en yugo desigual con los incrédulos; porque ¿Que compañerismo tiene la justicia con la injusticia? ¿Y que comunión con las tinieblas? ¿Y que concordia Cristo con Belial? ¿O que parte el creyente con el incrédulo.?* A la luz de esta Escritura, consideremos las siguientes preguntas:

(1) ¿Porque usted como Cristiano, no debe citarse o casarse con un incrédulo?

Cada matrimonio comienza con una sola cita. Porque se vuelve difícil de romper una relación una vez que comienza, uno debe de orar al Señor por sabiduría *antes* de salir. En una relación desigual siempre hay competencia y compromiso. Se vuelve muy difícil de permanecer fiel a su entrega a Dios porque hay conflictos continuos en lealtad. Si el incrédulo no esta deseando entregarse a Dios antes del matrimonio, tampoco lo hará después del matrimonio.

(2) ¿Que debe de hacer, como Cristiano, si ya esta usted casada con un incrédulo?

Tal esposa pasara mucho tiempo en oración, pidiéndole al Señor por sabiduría, guianza, y fortaleza. Ella no gozara la intimidad de ser uno con su esposo que es posible con parejas donde ambos conocen al Señor, tampoco esta libre para tener una relación con otro — aun con un Cristiano. Dios usara esta situación para que su Naturaleza obre en ella, si ella lo permite. Ella encontrara que El será su verdadero esposo, supliéndole todas sus necesidades, mientras se somete a su esposo.

**I de Corintios 7:10-17** En resumen, las instrucciones dadas aquí para la que esta casada con un incredulo: _____
_____
_____

**Juan 8:42-44** Si uno no pertenece a Jesús su padre es _____
_____
_____

**Mateo 6:24** Cuando uno trata de servir a dos señores _____
_____
_____

**Colosenses 1:13** Cuando uno acepta a Jesús y Su obra de expiación, El _____
_____
_____

**Romanos 6:8-13** Si estamos en Cristo _____
_____
_____

## Escogiendo

¿Como escogemos en la vida? Si queremos la sabiduría y guianza del Señor, haremos nuestras decisiones de acuerdo a guianza especifica. Las tres pautas tienen que estar de acuerdo antes de tener un claro "adelante" con nuestra decisión.

(1) *¿Esta de acuerdo con la Palabra de Dios mi decisión?*

Esto no quiere decir un versículo fuera de contexto, sino, de acuerdo con todo el *consejo* de Dios. La Palabra de Dios siempre es confirmada, aun en Su propia Palabra. II de Corintios 13:1 y Deuteronomio 19:15 ambos dicen que en la boca de dos o tres testigos, cada palabra será establecida. Vemos una ilustración de esto, en la advertencia concerniente a yugo desigual. II de Corintios 6:14 y 15 nos dice que no debemos de hacer yugo desigual con incrédulos. I de Corintios 7:13-15 confirma que cuando uno esta unido con incrédulos, es una situación muy difícil. Siempre tenemos que orar que Dios nos muestre su dirección *en Su Palabra*.

(2) *¿Que están diciendo las circunstancias?*

Ambos Dios y Satanás pueden arreglar circunstancias en nuestras vidas. Si hemos orado a Dios para especifica dirección, tenemos que creer que El es el que esta arreglando los detalles en nuestras vidas. Se nos dice en el salmo 37:5 "Encomienda a Jehová tu camino, y confía en el y el hará."

Proverbios 16:9 dice "El corazón del hombre piensa su camino; mas Jehová endereza sus pasos."

(3) *¿Tiene paz en su corazón?*

Los caminos de Dios no son nuestros caminos, y Sus pensamientos no son nuestros pensamientos (Isaias 58:8 y 9). Pero su Espíritu Santo puede darnos una paz que sobrepasa todo entendimiento cuando estamos en la voluntad de Dios. Por lo tanto, si tenemos ansiedad o estamos "tensos" después de hacer una decisión, debemos de pensarlo mas y orar mas.

Así, vemos la Trinidad envuelta en ayudarnos a hacer decisiones en la vida. Jesús es la Palabra de Dios; Nuestro Padre Celestial arregla las circunstancias mientras buscamos su voluntad; El Espíritu Santo confirma nuestra decisión con el fruto de la paz.

Si sinceramente sometemos estas tres pautas, y seguimos pensando que hicimos la decisión equivocada, podemos asegurar que Dios (si lo dejamos) obrara para bien. Romanos 8:28 nos asegura esto. Dios nos quiere dirigir. Quiere que lo escojamos a El y Sus caminos. El tiene un plan para nuestras vidas. El se complace cuando buscamos su voluntad.

## EL FRACASO, Y LUEGO EL ÉXITO DE BETSABE

(Basado en II de Samuel 11:1-12 y 24; I de Reyes 1:11-31; 2:13-19; I de Crónicas 3:5)

Betsabe era la esposa de Urias, el hombre mas fiel de David. Después del asesinato de Urias, ella vino a ser la esposa de David y madre de cinco de sus hijos.

Su relación con David comienza con la sentencia, "Pero David se quedo en Jerusalén." Los Israelitas estaban en guerra con los Amonitas. El rey debía de estar con su ejercito. Pero David estaba indulgente con el mismo o cansado de la guerra, así que decidió quedarse en casa y no pelear la batalla del Señor. Haciendo eso se puso en la posición de abrirse a la tentación, y pronto se encontró en problema.

Mientras estaba en el techo de su palacio una tarde, el miro una casa cerca y vio a Betsabe que se estaba preparando para bañarse. El mando un mensajero para que viniera a verle.

No paso mucho tiempo cuando cometieron adulterio en el palacio mientras Urias el esposo de Betsabe estaba al frente de la guerra.

Para eso, Betsabe descubrió que estaba encinta. Sabiendo su condición, David inmediatamente trajo a Urias a casa, esperanzado de que pasaría la noche con su esposa. Pero Urias era un buen soldado y rechazo todo contacto físico con su esposa mientras el estuviera de servicio.

El ingenioso plan de David fallo. El mando a Urias a la batalla otra vez pero con una orden de que Urias fuera puesto en el frente de batalla. Y como David lo había esperado, mataron a Urias. Ahora asesinato fue agregado a los pecados de codicia, adulterio y engaño de David.

Después del tiempo acostumbrado de luto, Betsabe vino a ser esposa de David. El hijo de su unión adultera nació, solo para morir una semana después de que nació. Ambos, el y Betsabe experimentaron mucha agonía, sabiendo que la muerte del hijo era juicio divino contra ellos por su pecado.

Cuando el profeta Natan se enfrento a David con su pecado, el rey abiertamente admitió que había pecado contra Dios.

No se nos dice del arrepentimiento de Betsabe. Ella vio su pecado y lo confeso, porque Dios la bendijo a ella y a David con otro hijo, Salomon, quien sucedió a David como rey. Betsabe tuvo que crecer a su hijo en el temor de Dios. El llego al trono siendo un hombre que temía a Dios.

Después del nacimiento de Salomon, no oímos de Betsabe otra vez, hasta el tiempo de la muerte de David, ella le recordó a David de la promesa de hacer a Salomon rey. Ese fue el éxito de Betsabe, aunque cometió adulterio, ella fue perdonada y restaurada por Dios.

## LECCIONES DE BETSABE

### Perdón

Cuando oímos la historia de David y Betsabe, usualmente pensamos en los pecados de adulterio y asesinato de David. ¿Y que de Betsabe? ¿Cual fue su pecado? ¿Y que de su perdón?

Miremos en Romanos 14. Nos instruye a no ser de piedra de tropiezo a nuestro hermano. En otras palabras, no debemos de hacer que una persona peque o que rompa su buena relación con Dios.

Tenemos que estar conscientes de nuestro testimonio ante los incredulos. Estamos ansiosos de ser de buen ejemplo para que los ganemos para el Señor. Es interesante notar, que Pablo nos recuerda no ser de piedra de tropiezo a nuestro *hermano.*

¿Como hacemos esto? Betsabe simplemente no "cerro la cortina" Su inmodestia desperto concupiscencia en David, cuando la llamo a su palacio, ella no tuvo el coraje de recordar a David que ella estaba casada. Ella causo que su propio rey tropezara por sus acciones.

Pecado, ya sea obvio o ligero, nos separa de Dios y de uno del otro. La unica forma de verdadera reconciliacion es a traves de perdon.

Ya hemos visto anteriormente como Dios provee para nuestro perdon y a traves de la expiacion de la sangre de Jesucristo. El nos promete en Su Palabra que, *"Si confesamos nuestros pecados, El es fiel y justo para perdonar nuestros pecados, y limpiarnos de toda maldad"* (I de Juan 1:9). No solo eso, sino Dios olvida tambien. De acuerdo a Jeremias 31:34, *"Porque perdonare la maldad de ellos, y no me acordare mas de su pecado."* El arrepentimiento de David (en el salmo 51) por sus pecados de adulterio y asesinato es lo que hizo de el un varon conforme al corazon de Dios (Hechos 13:22).

Por el perdon de Dios hacia nosotros, debemos de perdonar a otros. Aunque pedir y recibir perdon de Dios es mas facil que pedir y recibir perdon de una persona — especialmente de esos que estamos cercanos, tal como maridos y esposas. Pero pedir y recibir perdon es absolutamente esencial en una relacion matrimonial.

Para que el perdon sea totalmente realizado, tiene que ser pedido y recibido por *ambos*. Si esperamos hasta que sintamos perdonar o pedir perdon, nunca lo haremos. Perdon tiene que ser *un acto de la voluntad*, pidalo y recibalo con la seguridad de que Dios proveera el sentir mas tarde. ¿Cual debe de ser la medida de nuestro perdon con otro?

Lucas 6:37 y 38 _____
_____
_____

Mateo 18:21 y 22 _____
_____
_____

Lucas 17:3 y 4 _____
_____
_____

Efesios 4:32 _____
_____
_____

Algunos de los beneficios de perdonar a otros son:

Marcos 11:25 y 2 _____
_____
_____

II de Corintios 2:7-11 _____
_____
_____

Santiago 5:15 y 16 _____
_____
_____

## RESUMEN

Dos de las esposas de David nos hacen ver dentro de las relaciones matrimoniales. Mical estaba en *yugo desigual* con David. Ella siguió siendo la hija de su padre, sin entregarse al Dios de David. Betsabe vino a ser esposa de David a través de una relación adultera que Dios juzgo. La lección que aprendemos de sus relaciones es la de la necesidad de perdón — de ambos de Dios y de uno al otro. Sin importar estas relaciones imperfectas, Dios todavía llama a David un hombre conforme al corazón de Dios, porque David reconoció sus pecados y se arrepintió de ellos.

## EJEMPLO MODERNO

Debbie nació de una madre soltera que eventualmente la dio para que la adoptaran a la edad de seis. Siendo golpeada de una mala situación a otra, finalmente ella encontró seguridad en la casa de una familia Cristiana. La enseñaron bien. También le dieron el amor que desesperadamente necesitaba. A través de su ejemplo y compartimiento, Debbie acepto a Jesús y creció en Su Palabra.

Cuando entro en la adolescencia, ella se preguntaba de su "verdadera" madre — que clase de persona era y si había encontrado al Señor. Aunque nunca hizo contacto con su madre, la preocupación de Debbie y compasión la motivo a alcanzar al perdido y solitario.

Así, que no fue una sorpresa cuando, en su adolescencia, ella conoció a un joven que parecía que necesitaba ayuda y cuidado que ella podía ofrecer. El también era hijo ilegitimo, prácticamente el mismo se crió mientras su madre trabajaba duro para el sostén. Curt no era Cristiano. Es mas, el estaba sentido contra Dios porque el veía que otros niños gozaban de cosas que el no tenia.

Debbie estaba consciente de su incredulidad, pero ella penso que con su amor y exención, ella lo podía ayudar a encontrar al Señor y a la misma vez la compañía que el quería. Contra la voluntad de sus padres adoptivos, ella continuo en la relación. Y en unos cuantos meses ella y Curt se casaron.

En un intento de agradar a Debbie, Curt comenzó a ir a la iglesia con ella. Mientras mas lo quería envolver, menos interesado se veía. Para guardar la paz, ella se quedaba en la casa con el. ¿El resultado? Para cuando nació su bebe, ella estaba fuera de comunión con otros Cristianos.

Mientras Debbie sentía la responsabilidad de crecer su hijo, ella comenzó a sentir mucha necesidad de alimento espiritual.

Pero cuando ella penso de la decepción que le causo a sus padres, y su condición de apostata con el Señor, se sintió culpable. Se sintió mal acerca de ella, ella culpo a Curt. No paso mucho tiempo que su relación se desintegrara tanto que ella casi no estaba consciente del abuso verbal y físico que estaba recibiendo de el. Lo que el hacia solo parecía justificar la culpabilidad que ella sentía y confirmaba el concepto pobre que ella tenia de si misma.

En diferentes ocasiones, Debbie tomo a su hija y dejo a Curt, solo para regresar cuando se sentía sola. Entonces ellos renovaban su compromiso uno al otro y las cosas cambiaban por un tiempo. Entonces ella se desanimaba otra vez cuando el se negaba a recibir consejeria y ayuda espiritual. El se enojaba y el abuso comenzaba otra vez — y Debbie lo permitía, para apagar su consciencia culpable. Entonces ella se iba, se sentía solitaria, regresaba a Curt, y el circulo vicioso continuaba.

Hay veces cuando parece que lo peor va a estar mejor, y luego el ciclo comienza otra vez. Debbie y Curt cosechaban continuamente las consecuencias del yugo desigual.

## ¿QUE PIENSA USTED?

1. ¿Que problemas del pasado trajeron su esposo o usted a su matrimonio? ¿Como han tratado esos problemas? _____
   _____
   _____

2. ¿Que puede hacer usted cuando los problemas se levantan en su matrimonio y sabe que usted los trajo? _____
   _____
   _____

3. ¿Esta usted en yugo desigual? ¿Como trata con eso? _____
   _____
   _____

4. ¿Han aprendido usted y su esposo como dar y recibir perdon?_____
   _____
   _____

## EVALUACIÓN PROPIA

1. ¿De que manera esta usted implementando los principios aprendidos de Mical y Betsabe?
   _____
   _____

2. ¿En que forma esta usted fallando en implementar los principios aprendidos de ellas?____
   _____
   _____

3. ¿Que necesita hacer usted para cambiar? _____
   _____
   _____

4. ¿Como lo hara? _____
   _____
   _____

*Lección 16*
# La Bruja de Endor y Jezabel

## *Un Ejemplo del Ocultismo*

*No sea hallado en ti quien haga pasar a su hijo o a su hija por el fuego, ni quien practique adivinacion, ni agorero, ni sortilegio, ni hechicero, ni encantador, ni adivino, ni mago, ni quien consulte a los muertos. Porque es abominacion para con Jehova cualquiera que hace estas cosas...*

Deuteronomio 18:10-12

## PREPARANDO EL ESCENARIO

Desde el momento que Satanas cayo y vino a ser el dios de este mundo (II de Corintios 4:4) ha habido una batalla espiritual entre las fuerzas del mal y las de Dios. Jesus vino a la tierra a destruir las obras del diablo, y tambien a pagar el precio del pecado del hombre (I de Juan 3:8). Esos que se hicieron hijos de Dios, por aceptar la obra de la expiacion de la sangre de Jesus, se les ha dado la autoridad sobre Satanas y tambien armas para pelear la batalla contra el.

No obstante, el hombre siempre puede abrirse al poder de Satanas y sus huestes por someterse a los engaños que el siempre ofrece. Llamamos a esto *ocultismo*. Esto incluye medium, decir la fortuna, horoscopo, leer la mano, tablero de ouija, otros juegos, levitacion, fetiches, idolos, y cualquier cosa que simboliza o reconoce otro poder que el de Dios. Aun cuando parece ser sobrenatural en efecto, estan opuestos al poder de Dios y la verdad de Su Palabra. Parecen inofensivos pero son en verdad falsos.

En ambas, la bruja de Endor y Jezabel, tenemos la historia de mujeres que estuvieron envueltas en ocultismo. Ellas empujaron a otro poder que el de Dios. No solo podemos ver que aprendemos de ellas, tambien miraremos otras cosas que la Palabra tiene que decir concerniente a los temas de ocultismo y brujeria.

## EL ÉXITO FALSO DE LA BRUJA DE ENDOR

(Basado en I de Samuel 28)

Cuando Saul fue ungido por Samuel como rey, "De hombros arriba" pasaba a cualquiera del pueblo. Pero la rebelion y la desobediencia lo redujeron a escombros fisico y espiritual. Cuando tuvo un enfrentamiento con los Filisteos, Saul tuvo miedo y clamo a Dios, pero Dios no le contesto. Dios rechazo a Saul por su desobediencia anterior. Empujado por la desesperacion, Saul busco consultar al profeta Samuel, el profeta que lo habia ayudado a el a principio de su reino. Ahora Samuel estaba muerto, pero Saul tenia esperanza de encontrar una "medium" que podria traer el espiritu de Samuel. (Actualmente, no debia de haber nada de eso alrededor. ¡Saul mismo los habia arrojado de la tierra porque era abominacion a Jehova!)

La bruja de Endor fue introducida a Saul por sus sirvientes. Ella tenia *espiritu de adivinacion* que la debia de ayudar a forzar a un espiritu de un difunto (Actualmente un demonio disfrazado) a

155

volver a la tierra y someterse a preguntas. La bruja de Endor sabia que practicar brujeria estaba prohibido. Le pregunto a su visitante si estaba tratando de que ella *cayera en una trampa*. Saul le eseguro que no seria castigada.

Cuando le pregunto a Saul a quien queria traer, el le dijo que queria a Samuel. Cuando Samuel aparecio la bruja tuvo miedo. Ahora ella reconoce a Saul. "Como tu no obedeciste a la voz de Jehova, ni cumpliste el ardor de su ira contra Amalec, por eso Jehova te ha hecho esto hoy. Y Jehova estregara a Israel tambien contigo en manos de los Filisteos; y mañana estareis conmigo, tu y tus hijos; y Jehova entregara tambien al ejercito de Israel en mano de los Filisteos." (I de Samuel 28:18 y 19).

Esto sucedio al dia siguiente cuando Saul cometio suicidio cayendo en su propia espada despues de que la batalla fue contra el.

La bruja de Endor parece que termino en buena forma porque "aparentemente" trajo a Samuel atras para Saul. Ella sintio compasion cuando oyo las malas nuevas, e insistio en prepararle a Saul una gran comida. Verdaderamente es la caracteristica de Satanas, se aparece *como un angel de luz*.

## LECCIONES DE LA BRUJA DE ENDOR
### El Ocultismo

Toda forma de adivinacion, magia, y espiritismo son abominacion a Dios, Lo serio de esta ofensa es visto en el caso del rey Saul. Cayo bajo la maldicion de Dios, fue rechazado por el gobernador de Isarael, y fue muerto por decreto divino ¡porque el atendio a una sesion y pidio ayuda de una medium!

I de Cronicas 10:13 y 14 dice, "Asi murio Saul por su rebelion con que prevarico contra Jehova, contra la Palabra de Jehova, la cual no guardo, y porque consulto a una adivina, y no consulto a Jehova; por esta causa lo mato, y traspaso el reino a David hijo de Isai."

Lo que hizo Saul era contra la Palabra de Dios. Dios nos advierte en Deuteronomio 18:9 no practicar las abominaciones de las naciones paganas. Las Escrituras dicen no sea hallado una persona que practique adivinacion (decir la fortuna), observar los tiempos (astrologia), interprete sueños (adivino), magia, brujeria, hipnotismo, medium, (que consulta los muertos). Las Escrituras dice que todos los que hacen estas cosas *son abominacion a Jehova*.

Aqui vemos metodos usados por los cuales buscan descubrir conocimientos escondidos, predecir los eventos futuros, descubrir secretos, sabiduria, y usar poderes sobrenaturales. En contraste con los metodos paganos de descubrir secretos del reino espiritual, el pueblo de Dios aprende las cosas que necesitan conocer concerniente al futuro y Su voluntad para ellos, no descubriendolo a traves de metodos de adivinacion y ocultismo, sino por revelacion. Esto viene por Su Palabra a traves de Sus siervos, los profetas. Asi, se nos ha prohibido, en la Escritura, buscar informacion o guianza de fuentes no autorizadas o no Escriturales. El creyente es amonestado de pedirle a Dios (Santiago 1:5), porque las cosas secretas pertenecen a El, (Deuteronomio 29:29).

Los ocultistas modernos tienen su antiguo duplicado pagano en la nigromancia, consultante de espiritus, magos, adivinos hechiceros, entre otras cosas. El hombre siempre ha sido intrigado con la idea de descubrir secretos escondidos que solo pertenecen a Dios. Satanas siempre ha acomodado sustitutos por verdad y falsa por genuina revelacion, asi engañando al bobo que piensa que lo sobrenatural solo pertenece a Dios.

La Palabra de Dios claramente condena toda forma de ocultismo, "Que los que practican tales cosas no heredaran el Reino de Dios" (Galatas 5:19-21), ni entraran en la presencia de Dios (Apocalipsis 22:14 y 15), sino *"...tendran su parte en el lago que arde con fuego y azufre"* (Apocalipsis 21:8). Dios no solo prohibe participacion en cualquier forma de ocultismo, llamandole contaminacion espiritual (Levitico 19:31), pero hizo tal desobediencia castigada con la muerte (Exodo 22:18) y motivo suficiente para que sea rechazado esa alma por Dios (Levitico 20:6). Los que se ensucian de esta manera son abominacion al Señor (Deuteronomio 18:9-12).

Consideremos otras Escrituras para mas luz.

**Exodo 20:3 y 5** ¿Que mandamiento quiebra cuando se envuelve en ocultismo? _____

**Deuteronomio 6:13-15** ¿Que sucede cuando el pueblo de Dios busca otros dioses? _____

**Deuteronomio 17:1-5** ¿Que actos demanda muerte a pedradas? _____

**Levitico 19:26 y 31** ¿Que mando Dios? _____

**Leviticos 20:6 y 27** ¿Que merece pena de muerte? _____

**II de Reyes 21:5 y 6** ¿Como Manases provoco el enojo del Señor? _____

**Isaias 8:19** ¿Con quien debia de buscar sabiduria y guianza el hombre? _____

**Jeremias 27:9 y 10; 29:8 y 9** ¿Que hacen los falsos profetas y adivinos? _____

**Malaquias 3:5** ¿A quien juzgara Dios? _____

**I de Timoteo 4:1-5** ¿Que esperamos para los ultimos dias? _____

**Galatas 1:6-9** ¿De que se nos advirtio que nos cuidaranos? _____

**II de Corintio 11:4 y 13-15** ¿De que se nos advierte aqui? _____

**Apocalipsis 21:8** ¿Cual es el resultado final de los que se envuelven en el ocultismo? _____

### Ocultismo en los Tiempos del Nuevo Testamento

Aquellos que se han envuelto en ocultismo en cualquier forma, eventualmente sufriran opresion Satanica, en alguna manera. Aunque no se nos dice especificamente en las Escrituras que el endemoniado Gadareno a quien Jesus ministro fue porque estaba envuelto en ocultismo, esta pudo haber sido una razon. Cuando uno mismo se abre al poder demoniaco, demonios usan a esa persona y puede poseerla u oprimirla.

Espiritus malos (demonios) pueden oprimir gente en varias maneras. Hay espiritu de ceguera, espiritus de sordera, espiritus de epilepsia, espiritus de engaño, espiritus de mentira, espiritus de orgullo, concupiscencia, temor, suicidio, y otros. Su intencion principal como espiritus, es oprimir o poseer una persona con lo que le agrada para no ser detectado.

El resultado de la opresión por envolverse en el ocultismo, significa que uno o mas espíritus están afligiendo la víctima con una de sus muchas formas, mental, fisica, emocional, transtornos mentales. En el otro lado, no tenemos que concluir que estos sintomas son siempre de origen demoniaco. La verdad es, que a traves del ocultismo, uno se abre a la *posibilidad* de tales enfermedades.

Veamos ahora algunos incidentes que ocurrieron en la Iglesia primitiva y ver como se trato con el ocultismo entonces.

Lea las siguientes historias y vea que paso.

Hechos 8:5-25 _____

Hechos 13:6-11 _____

Hechos 16:16-18 _____
_____
_____

Hechos 19:11-19 _____
_____
_____

**Liberacion de los Efectos del Ocultismo**

Esos que han permitido por si mismos ser atados por esos poderes obscuros pueden ser libres solo por confesar sus pecados de brujeria y renunciar a Satanas y su obra en sus vidas. Hay una orden directa a Satanas para que se vaya en el nombre de Jesus. Esto puede ser hecho con verdadero arrepentimiento a Dios y romper toda maldicion y pacto con el diablo y declarar "Satanas, yo renuncio a ti y todas tus obras en mi vida. Rompo todo pacto contigo y te ordeno en el nombre de Jesus, irte y no me molestes mas. Por tanto me niego a participar en cualquier actividad tuya ya mas. Yo estoy cubierto con la sangre de Jesucristo mi Señor."

Va a necesitar que lo ministren constantemente por su pastor.

Algunas practicas del ocultismo de hoy incluye: astrologia, clarividencia, espiritualismo (comunicacion con los muertos),ESP, religiones del este, Edgar Cayce, evolucion, masoneria, adivinacion, analizar escritura, hipnotismo, horoscopo, levitacion, medium, amuletos magicos, numerologia, tablero de ouija, juego de dragones y calabozo, leer la mano, artefactos paganos, reencarnacion, religion de la ciencia, drogas, inciensos, cartas tarot, telepatia, meditacion trascendental, agua embrujada, yoga, y los signos de zodiaco.

# EL FALSO ÉXITO DE JEZABEL

(Basado en 1: de Reyes 16:31; 18:4-19; 19:1 y 2; 21:1-25; II de Reyes 9)

Jezabel fue la hija de Et-baal de los Sidonios, quien fue ambos rey y sacerdote de los adoradores de Baal. Los Dioses de los Fenicios eran Baal y Asera. Acab instalo 450 de sus sacerdotes en un magnifico templo que edifico en Samaria. Otros 450 sacerdotes fueron honrados en un santuario que Jezabel edifico para ellos. Jezabel vino de una nacion idolatra cuando se caso con Acab rey del norte de Israel. Acab peco porque se caso con ella. La nacion de Israel sufrio por ello.

Jezabel no fue una mujer ordinaria. Salvaje e implacable, ella llevo sus intrigas. Ella era persuasiva, dominante, y talentosa. No contenta con establecer idolatria en su propia nacion, ella trato de convertir a Israel a la adoracion a Baal y trato de destruir a los verdaderos profetas de Jehova.

Despues de causar tres años y medio de hambre en la tierra, Dios envio a Elias enfrentarse al rey Acab con su pecado de dejar a Jehova y volverse a Baal. Elias reta al pueblo de Dios a escoger entre Dios y Baal. Una competencia ocurrio en el monte Carmelo entre Elias y los profetas de Baal. Elias puso un buey en un altar y reto a los 450 profetas de Baal a hacer lo mismo. Ellos orarian y verian que Dios enviaria fuego para consumir el sacrificio. El Dios de Elias respondio, aunque los profetas de Baal oraron todo el dia. El pueblo de Dios cayo sobre sus rostros proclamando, ¡Jehova es el Dios, Jehova es el Dios! Los 450 profetas de Baal fueron degollados; la lluvia vino sobre la tierra. Pero Jezabel estaba tan rabiosa que Elias huyo para salvar su vida.

Acab era un titere en las manos de Jezabel. La tragedia de la viña de Nabot revela que ella era una mujer vil. Nabot era dueño de una viña proxima al palacio. Acab lo queria para un huerto, pero Nabot no quizo venderlo o cambiar su heredad. Cuando Jezabel vio a Acab triste, ella determino conseguir la viña para el.

Ella ordeno un ayuno, para que Nanbot fuera traido delante del publico. Jezabel arreglo que Nabot fuera falsamente acusado de blasfemia. El fue encontrado culpable y muerto a pedradas. Luego Acab tomo posesion de la viña.

Luego el Señor le dijo a Elias que fuera a Acab a darle un mensaje *"En el mismo lugar donde lamieron los perros la sangre de Nabot, los perros lameran tambien tu sangre"* (I de Reyes 21:19). Esta profecia se cumplio poco despues, cuando guerra comenzo entre Israel y Siria, y Acab recibio una herida mortal mientras iba en su carro. Su sangre mojo el carro que fue llevado al estanque que corria a la viña de Nabot donde vinieron perros y lamieron el agua con sangre.

Concerniente a Jezabel, Elias dice, "Los perros comeran a Jezabel en el muro de Jesreel" (I de Reyes 21:23). Jehu fue escogido vengar a Jehova y taer justicia en la tierra. El mato al hijo y nieto de Jezabel. La abuela que era Jezabel tomo su tiempo en arreglar su pelo y su cara. Luego miro en su ventana para cuando pasara Jehu. Cuando llego al palacio, Jehu miro a la ventana. Jezabel lo provoco y el ordeno a los eunucos que la echaran abajo. Cuando la echaron abajo su sangre salpico las paredes. Cuando cayo al piso los caballos la pisaron. El Jehu triunfante entro al palacio sobre el cuerpo muerto de Jezabel. Despues ordeno que la sepultaran, pero los perros ya habian comido su carne. ¡Lo unico que quedo de ella fue su calavera, sus pies y las palmas de sus manos!

## LECCIONES DE JEZABEL
### Brujeria — Manipulación

Jezabel no solo se sometio a Baal, pero uso su propio poder para manejar gente y situaciones. Vemos esto en la compra de la viña de Nabot. Ella conspiro para conseguirla para su esposo a través de trucos y mentiras.

Aunque a veces pensamos que brujeria es llamar a los poderes de Satanas y sus huestes, podemos ver tambien que es usar cualquier poder opuesto al poder de Dios, incluyendo el de nuestra propia carne. Es mas, en Galatas 5:20 llama brujeria a una obra de la carne. Queremos ser como Dios manipulando gente y situaciones para que hagan lo que *queremos*. Haciendo esto, no permitimos que Dios este en control. Es mas, venimos a ser barreras entre otros y Dios. Nos ponemos en el trono, en vez de dejar que Jesus sea Señor y dejar que El Espíritu Santo haga su obra.

Las mujeres estan especialmente inclinadas a manipular. Como resultado los hombres vienes a ser unos "apostatas." Asi no pueden ser la autoridad que Dios ordeno a menos que la mujer renuncie a su control. Esta es la leccion mas dificil para la mujer, pero quizas este estudio de Jezabel nos ayude a ver las consecuensias de manipular y determine cuando tenemos que dejar lo nuestro y dejar que Dios trabaje en nostros."

Viendo brujeria como una obra de la carne, (Usando el poder de la carne en vez de someternos al Espiritu de Dios) ¿Como obra esta manipulacion en las vidas de las siguientes mujeres en la Biblia?

Eva (Genesis 3:1-6) _____
_____
_____

Sara (Genesis 16:1-12) _____
_____
_____

Rebeca (Genesis 27:5-17)_____
_____
_____

La esposa de Potifar (Genesis 39:6-20) _____
_____
_____

Dalila (Jueces 16:4-20) _____
_____
_____

Zeres (Ester 5:14) _____
_____
_____

Herodias y Salome (Marcos 6:17-28)_____
_____
_____

Safira (Ananias) (Hechos 5:1-10) _____
_____
_____

Apocalipsis 2:18-29 nos advierte acerca de Jezabel, como una que seduce a los santos. Tenemos que tener cuidado de esta caracteristica en otros, como tambien en nosotros, no sea que estemos participando en el reino de Satanas en vez del reino de luz de Dios.

## RESUMEN

Aunque Jesus destruyo todas las obras del diablo en la cruz y podemos reclamar proteccion a traves de su sangre, todavia nos podemos abrir a Satanas y someternos a sus maquinaciones que el ofrece. Llamamos a esto *ocultismo*. Incluye horoscopo, levitacion, medium, leer la suerte, practicas magicas, espiritismo — cualquier cosa que simboliza o reconoce otro poder que el de Dios. Ambas la bruja de Endor y Jezabel fueron a las fuentes de poder que no eran las del Dios verdadero. Aprendemos del juicio de Dios, de sus experiencias de envolverse en el ocultismo.

## EJEMPLO MODERNO

Don estaba pastoreando una iglesia pequeña en una ciudad grande en los años 60s. En lo mas elevado del movimiento "hippie," el no se sentia bien preparado para suplir las necesidades de los jovenes de su congregacion. Parte de esto se debia a su educacion en el seminario liberal. Habia debilitado su fe en Dios y no incluia nada de enseñanza sobre Satanas.

Cuando el guardia de la iglesia le dijo a Don de una sanidad que recibio de una mujer que tenia poderes sobrenaturales, Don estaba intrigado. Pronto, el tambien visitaba la mujer. Ella parecia una cristiana. Ella hablaba de Dios y la necesidad de los jovenes de enderezar sus vidas. Es mas ella tenia muchas respuestas, como milagros para compartir. Poco despues Don estaba llevando algunos jovenes de su iglesia a ella. Y parecian beneficiarse de sus consejos. Aunque el detecto alguna amargura en algun tiempo hacia Dios, la ayuda de la mujer sobrepasaba las dudas que Don tenia.

Porque el estaba buscando respuestas, Don se encontro con otra gente, incluyendo pastores. Algunos pensaban que esta mujer era real, otros por supuesto pensaban que era falsa.

Las cosas llegaron a tal punto un Domingo en la tarde cuando Don necesitaba informacion y decidio llamarla. Una mujer anciana en la congregacion estaba extremadamente preocupada por la desaparicion de su nieta.

Don la llamo y le pregunto si podia decirle acerca de la niña. Despues de un largo silencio, ella le dijo que podia — que la niña estaba en una comunidad "hippie" en otro estado, pero que ella estaba bien (despues fue comprobado que era verdad).

Dandole gracias por su informacion, Don termino la conversacion por telefono mencionando que como no tenian nada en esa noche en su iglesia, el estaria visitando otra cierta iglesia. Inmediatamente, su voz exploto y casi le grito, "¡No encontraras lo que estas buscando alli!" Asombrado, Don colgo el telefono y se pregunto por que esa reaccion de enojo, especialmente cuando aparentemente ella estaba contenta de que la llamo concerniente a la niña.

Despues de que llamo a la abuela con las noticias, el fue a la iglesia que habia mencionado. Alli, sus ojos fueron abiertos. Al cerrar el servicio, un grupo muy bonito ministraron la Palabra de Dios a el. Compartieron concerniente a la realidad y tacticas de Satanas, y tambien de la necesidad de discernimiento. A traves del Espiritu de Verdad, le fue mostrado a Don que esta mujer era una "medium," una que aparece como "un angel de luz." Cuando termino esa noche, el sabia exactamente porque ella se habia enojado tanto cuando descubrio a donde iba el esa noche.

Por supuesto, Don reconocio su ignorancia de la Palabra de Dios, y tambien se arrepintio por errar en dirigir a los jovenes. Mas tarde cuando Don llamo a la medium para decirle que no queria ya nada mas con ella, ella estaba furiosa. La mujer agradable que lo habia atraido a el por sus poderes sobrenaturales, habia sido descubierta tal como lo que era, una herramienta de Satanas. Don estaba libre. Desde ese tiempo, Don tiene mucho cuidado en probar los espiritus mientras clama victoria que Jesus ha ganado a traves de su sangre derramada.

## ¿QUE PIENSA USTED?

1. ¿Ha estado envuelto alguna vez en ocultismo? Si lo ha estado, ¿Se ha arrepentido y ha sido libre? _____
   _____
   _____

2. ¿Que ha hecho para prevenir influencia ocultista sobre su vida, su casa, su familia? _____
   _____
   _____

3. ¿Trata usted de manipular gente y situaciones? ¿Como puede usted parar esto? _____
   _____
   _____

## EVALUACIÓN PROPIA

1. ¿De que manera esta usted implementando los principios aprendidos de la bruja de Endor y Jezabel? _____
   _____
   _____

2. ¿En que forma esta usted fallando en implementar los principios aprendidos de ellas?____
   _____
   _____

3. ¿Que necesita hacer para cambiar? _____
   _____
   _____

4. ¿Como lo hara? _____
   _____
   _____

*Lección 17*

# La Viuda de Sarepta, la Viuda con la Vasija de Aceite, y la Mujer Sunamita

## Un Ejemplo de Responder a la Palabra de Dios

*Mas el que fue sembrado en buena tierra, este es el que oye y entiende la palabra, y da fruto; y produce...*

Mateo 13:23

## PREPARANDO EL ESCENARIO

Dios nos dio Su Palabra escrita (Logos) para que el hombre se mueva por su Espíritu Santo. Su Palabra es para todo el que la creyere. Sin embargo, como encontramos en la parabola de Mateo 13:1-23, no todos los corazones estan preparados para recibir la Palabra. Algunas de las palabras caen en el camino. Algunas caen en corazones duros o muy ocupados en las cosas de este mundo. Pero algunas son recibidas por fe en corazones preparados y hacen lo que Dios desea.

Mientras el Espíritu Santo unge una Palabra en particular, podemos recibirla como hablada por Dios a nosotros. Esta es la Palabra de Dios *rhema* . Mientras la obedecemos, podemos asegurar sus promesas, no solo debemos de obedecer Su Palabra, pero continuar reclamandola hasta que se cumpla.

La viuda de Sarepta lo hizo, en fe, lo que Elias le pidio que hiciera, y Dios suplio todas sus necesidades. La viuda con las vasijas de aceite obedecio la palabra de Dios que hablo Eliseo, aunque parecia tonto. Otra vez, Dios fue fiel y suplio en abundancia mas de lo que pídio. La mujer Sunamita proveia alojamiento para el profeta Eliseo y confio en la palabra que trajo del Señor. Ella pudo recibirlo por fe. Cuando sucedio, ella adoro a Dios. La mujer Sunamita obedecio a Eliseo y como resultado, su familia prospero.

Todos tenemos la oportunidad de responder a la Palabra de Dios. La decision que hagamos determina que se cumpla.

### La *Palabra* de Dios

Hay dos terminos para la *palabra* de Dios. Una es *logos*. La otra es *rhema*.

*Logos* es algo dicho (o pensado) — tiempo pasado. Esto es esencialmente la Palabra de Dios *escrita*. Aplicable a todos como su verdad. Dios lo dijo; es una realidad establecida "Que vive y permanece para siempre." (I de Pedro 1:23). Es esta Palabra de Dios que podemos escoger oir o no oir (Hechos 4:4).

El logos es la Palabra descrita en la parabola del sembrador en Mateo 13. He aqui el sembrador salio a sembrar, y mientras sembraba, parte de la semilla cayo junto al camino; y vinieron las aves y la comieron. Parte cayo en pedregales y porque no tenia profundidad de tierra y no tenia raiz se seco. Parte cayo entre espinos; y los espinos crecieron y la ahogaron. Pero parte cayo en buena tierra, la cual dio mucho fruto.

Jesus explico que la semilla eran como la Palabra de Dios — *logos,* Dios la inspiro para ser escrita para que podamos creer. Esta Palabra de Dios puede caer en corazones no preparados y el diablo la robara. Puede caer en vidas pocos profundas, y porque no tienen raiz, se seca y muere. O, puede ser recibido por los corazones y luego ahogado por los cuidados de este mundo. La posibilidad final es que la Palabra puede ser recibida con corazon abierto, hacer raiz, y dar mucho fruto.

La Palabra de Dios, *Rhema*, tiene un significado diferente. Es una *palabra* — en tiempo presente. Es la Palabra de Dios (logos) que ha sido revelada por el Espiritu Santo. En la Palabra rhema, encontramos la Palabra personal de Dios para una situacion especifica. Mientras la recibimos por fe y la obedecemos, se nos asegura que se cumplira.

Esta es la Palabra de la cual nos habla Pablo en II de Corintios 13:1 cuando dice que la Palabra sera establecida por boca de dos o tres testigos. Es la Palabra de Efesios 6:17, descrita como la espada del Espiritu. Es la Palabra de Mateo 4:4, que sale de la boca de Dios y nos da Su Pan (Jesus), por la que vivimos.

Juan 8:47 dice, *"El que es de Dios, las palabras de Dios (rhema) oye; por esto no la ois vosotros, porque no sois de Dios."* Tenemos que creer en Jesus mientras pérmitimos a Dios, por su Espíritu Santo, que nos de rhema. Esta disponible solo para los que son de Dios y estan abiertos a Su voz.

## EL ÉXITO DE LA VIUDA DE SAREPTA

(Basado en I de Reyes 17:8-24; Lucas 4:25 y 26)

Esta viuda, cuyo nombre nunca es dado, vivia en Sarepta, que pertenecia al rey de Sidon, el padre de Jezabel. Cuando no habia seguridad en Israel, Elias encontro la bienvenida en este pais pagano. Ironicamente, era la tierra de Jezabel, de quien estaba huyendo.

Aqui Elias fue dirigido por Dios, para quedarse con una viuda, algo de la fe de los Hebreos antes de que Elias viniera a quedarse. No hay duda, ella conocio mas de Dios cuando Elias paso una temporada en su pobre casa.

La viuda tenia un hijo que cuidaba. Con unos arboles de aceitunas, un pequeño campo de cebada, a duras penas vivian.

Cuando hambre les pego, ella no sabia de donde vendria la siguiente comida que los mantendria vivos a los dos.

La viuda angustiada no sabia que se acercaba su liberacion en forma de un extranjero con vestidura aspera a la puerta.

Cuando Elias se encontro con la viuda, ella estaba recogiendo leña para la comida final. Una vez terminada, ella iba a esperar la muerte por medio de hambre.

Aunque ella le llamo a Elias "varon de Dios," no hay evidencia que ella le reconocio como tal cuando el le pidio agua. Pero cuando Elias le dijo que siguiera con la preparacion de lo que ella consideraba la ultima comida, ella obedecio. Incluso, ella le sirvio primero, como el habia pedido. Como habria llenado su corazon la esperanza cuando ella vio la harina de la tinaja y el aceite en la vasija rellenadas. Por casi dos años, la viuda experimento un milagro continuo.

Mientras que el tiempo pasaba, ella hubiera venido a sentirse mas segura de Elias. Pero un dia cuando su hijo se enfermo y murio, una vez mas ella vino a conocer la desesperacion. En su angustia, ella se pregunto si la muerte del niño fuera una forma del juicio divino por causa de pecado.

Cuando ella le pregunto a Elias acerca de eso, el no le dijo nada menos, "Dame aca tu hijo." El profeta tomo el cuerpo sin vida a su aposento y le pregunto a Dios por que El habia permitido que tal angustia venga a una viuda que le habia tratado tan bien. Tres veces el se tendio sobre el niño y oro de todo corazon para que el niño viviera. Para la madre que estaba abajo, el esperar hubiera sido angustioso. Pero ella iba a experimentar otro milagro con la resurreccion de su hijo. Este hecho le convencio que Elias verdaderamente era un varon de Dios.

Sin duda fue un dia triste cuando Dios le llamo a Elias que dejara el refugio y el amor de la casa de la viuda y que fuera a Acab para pronunciar el fin de los tres años de sequia. La Biblia no nos dice mas acerca de la viuda y su hijo. Pero Jesus la menciono mientras que estuvo en la sinagoga de Nazaret. El dijo que aunque El habia sido enviado a los Judios, los Gentiles estarian mas dispuestos a recibirle, tal como Elias fue recibido por la viuda.

Ahora estudiaremos la vida de otra viuda que se le pregunto obedecer por medio de fe. Mientras ella obedecia un mandato que parecia ridiculo, Dios la bendijo abundantemente.

## EL ÉXITO DE LA VIUDA CON LA VASIJA DE ACEITE
(Basado en II Reyes 4:1-7)

Esta mujer afligida era la viuda de uno de los discipulos del profeta Eliseo. Como uno de los "hijos de los profetas," su esposo no habia podido dejar suficiente provision para su familia, y ella tenia miedo de que sus dos hijos fueran tomados como pago por lo que ella debia.

Eliseo estaba preocupado por su bienestar, y le dijo "Declarame que tienes en casa." Cuando ella respondio que no tenia nada sino una vasija de aceite, el le dio una orden extraña. El le dijo que pida vasijas prestadas de sus amigos y vecinos.

Entonces, ella y sus dos hijos iban a regresar a casa y cerrar la puerta. Alli, ellos tenian que echar el aceite en la vasijas prestadas, apartandolas mientras que se llenaban.

Ella hizo conforme a lo que el habia dicho. Sus hijos le traian las vasijas, y ella las llenaba, hasta que se llenaron todas. Cuando no quedaba mas vasijas, ceso el aceite.

Entonces Eliseo le dijo que venda el aceite para pagar las deudas. El le aseguro que no solamente iba a estar libre de sus deudas, sino que tambien iba a tener suficiente dinero para seguir viviendo.

## EL ÉXITO DE LA SUNAMITA
(Basado en II Reyes 4:8-37; 8:1-6)

Una vez una mujer destacada de la ciudad de Sunem invito a Eliseo a su casa para comer. Despues, cuando el pasaba por alli, venia a su casa, y por eso la mujer y su esposo prepararon un cuarto para el profeta.

Una vez mientras que el se quedaba, le dijo a su criado que expresara su agradecimiento por el cuarto y que le preguntara que podria hacer por ella. Aunque la mujer dijo que no podia pensar en nada, el criado se fijo que ella queria un hijo. El se lo dijo a Eliseo. Entonces Eliseo hablo con la mujer y le dijo que iba a tener un hijo en un año. Aunque ella no podia creer que ocuriera, ella quedo embarazada y dio a luz, como Eliseo habia dicho.

Un dia varios años despues, el niño fue al campo para ver a su padre. Mientras que estaba alli, se quejaba de un gran dolor de cabeza, y su padre le ordeno a un criado que llevara al niño a casa — donde murio. La mujer de Sunem llevo su hijo a la cama de Eliseo y cerro la puerta, y luego envio un mensaje a su marido diciendole que ella queria encontrar a Eliseo.

Despues de enalbardar el asno se fue a buscar al profeta. Mientras que se acercaba al monte Carmelo, Eliseo la vio viniendo y envio a su criado para recibirla. Cuando llego donde estaba Eliseo, se cayo al piso y le dijo lo que habia ocurrido. Tambien le dijo que no iba a regresar a casa sin el. Se levantaron Eliseo y su criado y la siguieron.

El criado llego primero y puso el baculo sobre el rostro del niño, pero nada ocurrio. El le dijo a Eliseo que el niño estaba verdaderamente muerto.

Sin embargo, cuando Eliseo llego el fue al cuarto y cerro la puerta. Alli el se tendio sobre el cuerpo del niño, poniendo su boca sobre la boca del niño. El cuerpo del niño entro en calor. Eliseo lo hizo de nuevo. Esta vez el niño estornudo y abrio sus ojos.

Eliseo llamo a la mujer y devolvio su hijo. Ella se inclino a tierra y despues tomo a su hijo y salio.

Mas despues, Eliseo le dijo a la mujer que llevara su familia y que se mudara a otro pais porque iba a venir una hambre en Israel por siete años. Se movieron a la tierra de los Filisteos. Despues que el hambre se termino, regresaron a Israel. Ella fue a ver al rey para ver si le devolvian su casa y tierras. Mientras ella entraba encontro al rey preguntandole al sirviente de Eliseo de las maravillas que hacia el profeta. El sirviente le dijo que resucito a un niño. Entonces el sirviente se sorprendio de encontrar a la mama del niño parada alli, tambien ella estaba sorprendida oirle decir la historia. Cuando el rey le pregunto si la historia era real, ella contesto que si. El rey ordeno que le fuera restaurada todas las cosas, mas el valor del fruto de su tierra durante su ausencia.

### Fe

La viuda de Sarepta es un ejemplo de uno que tiene fe. Si obedecia lo que se le pidio que hiciera, la palabra que se le dio se cumpliria. Ella actuo antes de tener resultado. Esta es la fe de Hebreos 11:1, que dice, *"Es, pues, la fe la certeza de lo que se espera, la conviccion de lo que no se ve."* La viuda oyó la Palabra de Dios hablada por Eliseo, y se le dio fe para creer un milagro.

Romanos 10:17 dice que *"Asi que la fe es por el oir, y el oir, por la Palabra de Dios."* Oyendo la palabra es lo que nos da fe, porque fe es un don de Dios.

John Wesley una vez dijo que el diablo ha dado a la Iglesia un sustituto de fe, y se llama "asentimiento mental." Mucha gente lee la Palabra de Dios y esta de acuerdo que es la verdad, pero solo estan de acuerdo en sus mentes. Eso no es lo que hace que trabaje. Es fe de corazon, dado por Dios, que es necesario.

*"Porque de cierto os digo que cualquiera que dijerea este monte: Quitate y echate en la mar, y no dudare en su corazon, sino que creyere que sera hecho lo que dice, lo que diga le sera hecho"* (Marcos 11:23). Fe del corazon ve la peticion ya contestada.

I de Corintios 2:14 nos dice que la mente natural no recibe las cosas que son del Espiritu de Dios. Hebreos 4:2 dice que la predicacion del evangelio no les aprovecho oir la Palabra por no ir "acompañada de fe." Es por esto que *tenemos* que depender del Espiritu de Dios para abrirnos y revelarnos la Palabra de Dios. La Palabra nos da fe, y fe trae la necesidad suplida.

La importancia de la fe no puede ser minimizada. Aqui esta por que:
- No podemos ser salvos sin fe. Juan 3:36; Lucas 7:50
- No podemos vivir victoriosos sobre el mundo sin fe. I de Juan
- No podemos agradar a Dios sin fe. Hebreos 11:6
- No podemos orar sin fe. Santiago 1:6
- No podemos tener paz para con Dios sin fe. Romanos 5:1
- Somos justificados por fe, no por obras. Galatas 2:16
- Debemos de vivir por fe. 2:20
- Somos hechos justos por fe. Romanos 10:1-4
- Cristo mora en nuestros corazones por fe. Efesios 3:17
- El Espíritu Santo es recibido por fe. Galatas 3:2
- Todo lo que no proviene de fe es pecado. Romanos 14:23

## Obediencia

Junto con la fe, viene obediencia; obediencia es una expresion de su fe. La viuda de Sarepta pudo haber dicho, "Si tengo fe que el aceite aumentara mientras lo echo." Pero su fe nunca podia ser real, hasta que hiciera lo que creia. Obediencia son las obras de Santiago 2:17-26 que hace la fe viva.

Repasemos la viuda de Sarepta a la luz de su obediencia por fe. Cuando Elias llego a su casa, el hizo algunas peticiones no usuales.

1. Pidio agua en una tierra con sequia.
2. Pidio pan cuando solo habia suficiente aceite y harina para hacer una ultima comida para la viuda y su hijo.
3. Elias no parecia que se estaba muriendo de hambre, el venia del arroyo de Querit, donde fue alimentado por cuervos.

Pero mientras la viuda obedecia, Elias fue alimentado, ella y su hijo por muchos dias. Mire las siguientes escrituras y conteste las preguntas. ¿Que orden tonta le fue dada? ¿Que paso cuando obedecio por fe?

Genesis 6:1-22 _____
_____
_____

Genesis 12:1-4 _____
_____
_____

I de Reyes 17:2-6 _____

II de Reyes 5:1-14 _____

_____

_____

Mateo 17:24-27 _____

_____

_____

Hechos 9:10-19 _____

_____

_____

Hechos 10:9-48 y 11:2 _____

_____

_____

La mujer Sunamita no solo acepto la Palabra de Dios por fe y obedecio, pero la reclamo hasta que se cumplio. Ella no dejo que las promesas la hicieran resbalar. Veamos como hizo esto, usando su historia como analogia con nuestra relacion con la Palabra de Dios en nuestras vidas. Seremos la mujer Sunamita; Eliseo representa la Palabra de Dios escrita.

1. Asi como esta mujer preparo un lugar para su relacion continua con Eliseo, asi debemos de preparar nuestros corazones para la continua comunion con Dios en Su Palabra.
2. Asi como ella no confeso negativo cuando su hijo murio, podemos confesar la promesa de la Palabra de Dios cuando los problemas surgen.
3. Asi como ella fue directamente a Elias y le recordo de la promesa que le dio, podemos reclamar la Palabra de Dios hasta que se cumpla.
4. Asi como ella no acepto sustituto por Eliseo, tenemos que ir directo a la Palabra de Dios y no aceptar atajos preparados por el hombre.
5. Mientras ella se postraba de gratitud en la tierra por la vida de su hijo retaurada, podemos dar la gloria a Dios cuando Sus promesas nos son cumplidas.

## RESUMEN

Cada uno tiene una oportunidad como responder a la Palabra de Dios. Si nuestro corazon es duro, la Palabra no echara raices y crecera. Si estamos abiertos a Dios, Su Palabra puede hacer mucho en nosotros. Como sea, como la mujer de Sartepta, tenemos que tomar la Palabra por fe y obedecerla. En la viuda con la vasija de aceite, encontramos una que obedecio la Palabra aunque parecia tonto para ella. Finalmente, en la mujer Sunamita, encontramos la Palabra teniendo poder y resultados mientras reclamaba sus promesas. Dios nos habla por Su Palabra; podemos aceptarla o rechazarla.

## EJEMPLO MODERNO

A través de la palabra rhema, mi esposa y yo pudimos desatar una bendicion sobre del matrimonio de nuestra hija mayor y nuestro yerno.

Como padres Cristianos, hemos, a través de los años, orado por las futuras parejas de nustros hijos. Pero no estabamos preparados para los caminos de Dios en la vida de Donna, nuestra hija mayor.

Mientras estudiaba para su maestria en una universidad secular, Donna conocio a un estudiante Iranes y ella se gozaba con su compañia. Pero porque estabamos preocupados de una decepcion de perder otra relacion, como tambien fracasar en conseguir un empleo que habia aplicado, para despues de que se graduara, le advertimos que no se envolviera. Sabiamos que ella estaba en una posicion vulnerable y, le aconsejamos que se fuera a algun lugar. Por complacernos, ella decidio ir a una ciudad donde habiamos vivido antes. Despues de seis meses alli, se unio a "Juventud con una Mision" y se fue a Hawaii para entrenamiento.

Mientras, su relacion termino, el joven termino su escuela y comenzo a trabajar en agricultura, su campo. Casi un año despues, Donna y el se encontraron en una boda de unos amigos de ambos. Reanudaron su relación aunque Donna vivia en Hawaii y Farshad vivia no muy lejos de nosotros en California.

Mi esposo y yo sabiamos que no habia nada mas que decir, pero una vez mas estabamos abrumados con temores y preguntas. ¿Era el un Cristiano? ¿Que envuelve un matrimonio intercultural? ¿Se quiere el casar con ella solo para hacerse ciudadano — como otros, cuyas historias oimos en todas partes? ¿Que pensaran nuestra familia y amigos con la situacion de los secuestrados en Iran tan fresco en las mentes?

Si, lo admitímos, veiamos la mano de Dios juntandolos; pero nuestros corazones estaban agitados. Clamamos a Dios por su sabiduria y paz. Lo dio de una menera no usual.

Un dia mi esposo se aparto en oracion y ayuno, mientras yo trabajaba en una asignacion escrita. Estaba leyendo la historia de Sanson en el capitulo 14 de Jueces. Yo pense que era interesante que los padres de Sanson estaban teniendo una discusion concerniente al deseo de Sanson de casarse con una mujer de diferente pasado y pais. Mis ojos se pegaron en el versiculo 4. "Mas su padre y su madre no sabian que esto venia de Jehova." No pude leer mas mientras Dios hablaba a mi corazon. Enseguidas estaba bañada en lagrimas, confesandole mi temor a Dios, y rededicandole mi hija y su futuro a El. Cuando mi esposo regreso, el me dijo que sintio que teniamos que desatarla y darle nuestra bendicion.

Pronto le mandamos una carta especial a Donna, e invitamos a Farshad a nuestra casa para conocernos. Asi fue, que pasamos mas tiempo con Farshad durante los primeros cuatro meses de su compromiso, que Donna.

Desde su boda, hemos visto algo de lo que Dios queria hacer. Ambos estan en la directiva de "Juventud con una Mision" y llevan a universitarios a proyectos misioneros cortos. No solo estan bien preparados para trabajar con estudiantes de todos los paises, sino Dios les ha dado una relacion especial entre ambos. Y sus padres se regocijan — todo por una palabra rhema que Dios dio a través de logos.

## ¿QUE PIENSA USTED?

1. ¿Cual es su actitud hacia la Palabra de Dios, la Biblia? ¿Cree usted que es toda la verdad?
   _____
   _____

2. ¿Como reclama la Palabra de Dios por fe para usted? ¿Ha visto sus promesas cumplidas en su vida? _____
   _____
   _____

3. ¿Puede usted pensar de alguna ocasion cuando usted hizo lo que la Palabra dice, aun cuando parecia tonto para usted? ¿Que _____
   _____
   _____

## EVALUACIÓN PROPIA

1. ¿De que manera esta usted implementando los principios aprendidos de estas tres mujeres?
   _____
   _____

2. ¿En que forma esta usted fallando en implementar los principios aprendidos de ellas? ____
   _____
   _____

3. ¿Que necesita hacer para cambiar?_____
   _____
   _____

4. ¿Como lo hara? _____
   _____

*Lección 18*

# La Criada de la Esposa de Naaman, Hulda, y la Reina de Saba

## Un Ejemplo de Confesar la Palabra — Sabiduria

*Porque de cierto te digo que cualquiera que dijere a este monte: Quitate y echate en el mar, y no dudare en su corazon, sino creyere que sera hecho lo que dice, lo que diga le sera hecho.*

Marcos 11:23

## PREPARANDO LA ESCENARIO

En la ultima lección vimos que Dios quiere que nosotros respondamos a su Palabra en fe y obediencia, reclamando la realidad de ella en nuestras vidas. En esta lección vamos a continuar mirando como responder a la Palabra de Dios. Esta vez vamos a considerar las maneras de reclamar, confesando y compartiendola con otros.

La Palabra de Dios es poderosa. El Salmo 33:6 dice que el Señor simplemente habló, y los cielos y todo el ejercito de ellos fueron creados. Su Palabra lleva a cabo lo que El desea (Isaias 55:11).

Nuestras palabras, que a veces tienen exito, pueden negar las promesas que Dios tiene para nosotros porque hablamos palabras que son negativas, ociosas, y crueles — las cuales fluyen de nuestro corazon engañoso.

Al estudiar la vida de la criada de la esposa de Naaman, encontramos a una muchacha joven que compartio su creencia — la cual bendijo grandemente a otros. Ella le dio las buenas nuevas a otras personas, aun a los gentiles.

Hulda era una profetisa de Dios. Con denuedo y disciplina, ella solamente dijo lo que El le habia dicho. Su Palabra es verdad. Es una expresion de Su sabiduria. No solamente tenemos el privilegio de compartir la Palabra de Dios, sino tambien la responsabilidad de hablar la verdad.

La Reina de Saba no podia creer lo que le habian dicho acerca de la sabiduria de Salomon, por lo tanto ella fue personalmente para averiguar si era cierto. Cuando ella vio que si lo era, ella reconocio que el Dios de Israel era el que le habia dado a Salomon su sabiduria y conocimiento.

## EL ÉXITO DE LA CRIADA DE LA ESPOSA DE NAAMAN

(Basado en II Reyes 5:1-9)

Como veinte palabras nos dicen todo lo que sabemos de esta criada. Ella es recordada por esta oracion, *"Si rogase mi señor al profeta que esta en Samaria, el lo sanaria de su lepra"* (II Reyes 5:3).

Esta criada sin nombre habia sido tomada de una casa Hebrea donde Dios era honrado. Ella habia sido traida de la tierra de Israel como parte del botin de guerra. Durante uno de los ataques de los Sirios, ella fue tomada y llevada a un mercado de esclavos donde Naaman, general del ejercito del rey, la compro para su esposa.

Sin que la Biblia lo diga, podemos inferir que la esposa de Naaman trato bien a la criada y aun compartio con ella asuntos personales. Mientras que la muchacha servia a su ama, ella vino a conocer que Naaman estaba muy enfermo. Evidentemente la criada pudo ver como esto afligia a su ama, por lo tanto ella le dijo que habia un hombre en Samaria que le podia ayudar.

La ama compartio estas noticias con su esposo, el cual estaba muy dispuesto para hacer cualquier cosa. Una vez que los reyes de las dos naciones estaban de acuerdo para permitirlo, Naaman fue para ver al profeta Eliseo. Pero su orgullo fue herido. El se encontro con el criado de Eliseo, el cual le dijo que se lavara siete veces en el agua sucia del Jordan. Enojado y humillado, el determino regresar a su casa sin obedecer. Sus criados trataron de razonar con el y le recordaron que si el profeta le hubiera mandado para hacer alguna gran cosa, el lo haria; por lo tanto, el deberia estar dispuesto para hacer algo simple. Naaman obedecio, y cuando se zambullo la septima vez, el quedo completamente sano. Un hombre muy sorprendido pero alegre regreso a Siria no solamente sano, sino como un adorador de Jehova.

Imagine la alegria de la criada pequeña cuando ella oyo las buenas noticias. Que alegre estaba que no habia escondido la verdad de su ama.

## LECCIÓNES DE LA CRIADA DE LA ESPOSA DE NAAMAN
### Compartiendo las Buenas Noticias

La criada de la esposa de Naaman era un muchacha joven que se arriesgo compartiendo su fe y la Palabra que ella sabia era de Dios. Ella era una extranjera en un pais extraño, sin embargo ella estaba dispuesta a decirles a los demas lo que ella sabia de Dios, como ella lo habia oido del profeta Eliseo.

Una de las ultimas palabras que Jesus dio a sus discipulos era el mandamiento de ir a todo el mundo y hacer discipulos a todas las naciones. La gran comision es para nosotros tambien. A veces se llama evangelizar cuando la Palabra es predicada y hablada a muchas personas. Cuando es una persona hablando con otra persona, normalmente se llama testificar.

Para ser un testigo eficáz, nuestro hablar tiene que estar de acuerdo con nuestro caminar. No podemos compartir las buenas nuevas de Jesucristo y vivir las malas nuevas y esperar ser oidos.

Para compartir nuestra fe, o ser un testigo, no solamente debemos experimentar el amor de Dios en nosotros, pero tambien tenemos que estar dispuestos a abrir nuestro corazon para que el amor de Dios pueda fluir a través de nosotros. Para ser un testigo eficáz, no solamente debemor saber de Jesus, sino debemos conocerle, si no, nuestro compartir sera palabras vacias. Seria como alguien que tratara de describir helado de chocolate a un amigo sin haberlo probado jamas. Antes de que Jesus se fuera de la tierra, el les dijo a sus discipulos que fueran a todo el mundo y que esperaran en Jerusalem. El sabia que ellos necesitaban ser investidos de poder del Espiritu Santo (que fue derramado en Pentecostes) para poder evangelizar con mucho exito.

**Juan 1:40-42** El testificar incluye _____
_____
_____

**I Pedro 3:15 y 16** Nos amonesta estar siempre preparados _____
_____
_____

**Hechos 2:41 y 42** Cuando la Palabra es compartida en el poder del Espiritu Santo, _____
_____
_____

**Mateo 28:19 y 20** Las ultimas palabras de Jesus a sus discipulos fueron _____
_____
_____

ademas de **Hechos 1:18** _____
_____
_____

# EL ÉXITO DE HULDA

(Basado en II Reyes 22:14-20; II Cronicas 34:22-33; II Reyes 23:28-30)

Todo lo que sabemos de Hulda, aparte de su ministerio, es que ella era la esposa de Salum, guarda de las vestiduras reales. Como una profetisa durante el reinado del Rey Josias, ella se podia encontrar sentada en la parte central de la ciudad, dispuesta para recibir y dar consejo a cualquier que buscara al Señor.

Ella esta en la misma categoria que Debora. Esto se puede ver especialmente con su reputacion y rango. Ella fue consultada, en vez de Jeremias, cuando el libro de la ley fue hallado. Su palabra era aceptada como de origin divino.

Cuando el sumo sacerdote Hilcias encontro el libro en el templo, Josias inmediatamente llamo a Hulda. Ella confirmó la autenticidad del libro, y profetizó ruina nacional por la desobediencia a las leyes de Dios. Su mensaje profetico y lectura publica de la ley trajo un avivamiento que inspiro las reformas de Josias. Con nueva dedicacion, el rey y el pueblo hicieron un pacto de que iban a seguir en pos del Dios de sus padres con mas fidelidad. Hulda oyo a Dios. Ella no tenia miedo de hablarles a otros de Su Palabra.

# LECCIONES DE HULDA

### Hablar la Palabra de Dios

Hulda fue reconocida como una mujer que hablaba la Palabra de Dios con verdad, aunque no era necesariamente lo que la gente querian oir. Como una verdadera profetisa, sus palabras se cumplieron porque eran las palabras de Dios.

Jesus exalto el ministerio del poder de la confesion de la Palabra de Dios cuando dijo, *"Porque de cierto te digo que cualquiera que dijere . . . y no dudare en su corazon, sino creyere que sera hecho lo que dice, lo que diga le sera hecho"* (Marcos 11:23). Pablo confirmo esta verdad en Romanos 10:8 cuando dijo, *"cerca de ti esta la palabra, en tu boca."*

La Palabra de Dios es poderosa (Hebreos 4:12); siempre se cumple (Isaias 55:11); siempre sera prosperada en aquello para que el la envio (Isaias 55:11); permanece para siempre (I Pedro 1:23).

Jesus es la Palabra hecha carne (Juan 1:14). El es la verdad (Juan 14:6).

El problema es que con frequencia nosotros no hablamos la Palabra de Dios. En su lugar, hablamos nuestras palabras negativas, ociosas, y falsas (normalmente inspiradas por Satanas, quien nos quiere robar las bendiciones de Dios. Mateo 12:36 y 37 dicen que eventualmente vamos a ser responsables por cada palabra ociosa que hablamos.

Si creemos la Palabra de Dios, entonces tenemos que confesar Su verdad. Por eso la tenemos que conocer. Para hacer eso, la tenemos que estudiar.

Santiago 3 nos enseña mucho acerca de la lengua, y versiculo 8 nos dice que ningun hombre la puede dominar. Con nuestras lenguas podemos bendecir a Dios y maldecir al hombre.

En realidad, nuestras lenguas hablan lo que ya esta en nuestros corazones (Mateo 12:34). Porque nuestros corazones son engañosos y perversos, solamente cuando abrimos nuestros corazones a Dios para ser limpiados (que viene a través de su Palabra segun Efesios 5:26), es cuando podemos hablar Su amor, Su sanidad, Su ánimo, y Su perdon. Como el hombre piensa, asi es (Proverbios 23:7).

Encuentre otras Escrituras para ayudarle a descubrir la condición de nuestra lengua y la importancia de nuestro hablar.

**Santiago 3:3-12** Nuestra lengua es _____
_____
_____

y puede ser usada para _____
_____
_____

**Salmos 141:3** Tenemos que orar que _____
_____
_____

**Proverbios 18:21** En el poder de la lengua estan _____
_____
_____

**Efesios 4:29** No debemos dejar que _____
_____
_____

**Efesios 5:4** No convienen _____
_____
_____

**Proverbios 6:2** Podemor ser enlazados por _____
_____
_____

**Mateo 12:36 y 37** Vamos a ser responsables por _____
_____
_____

**Isaias 55:11** La Palabra de Dios _____
_____
_____

**Mateo 10:19 y 20** Nos sera dado lo que debemos de hablar _____
_____
_____

**Salmos 35:28** Todo el dia, nuestras lenguas deben _____
_____
_____

**Salmos 119:172** Nuestras lenguas deben hablar _____
_____
_____

**Efesios 4:25** Debemos de hablar _____
_____
_____

**Tito 2:1 y 8** Hablamos _____
_____
_____

**Deteronomio 6:7** A nuestros hijos, debemos _____
_____
_____

**Salmos 71:15-17** Nuestras bocas deben _____
_____
_____

**Salmos 71:24** Nuestras lenguas deben _____
_____
_____

**Salmo 77:12** Debemos de _____
_____
_____

# EL ÉXITO DE LA REINA DE SABA
(Basado en I de Reyes 10:1-13; II de Cronicas 9:1-12; Mateo 12:42)

Cuando la reina de Saba oyo cuan maravillosamente habia Dios bendecido a Salomon con sabiduria, ella decidio ir a verlo. Ella cargo sus camellos con especias, oro y joyas y se dirigio a Jerusalen.

Cuando finalmente se encontro con Salomón, le hizo muchas preguntas, y se dio cuenta, que sí tenia gran sabiduria. Tambien quedo sorprendida con el esplendor de su palacio, jardines, comida, sirvientes, etc. Es mas, ella le dijo que su sabiduria y prosperidad eran mas grandes de lo que ella se imagino. Ella tambien bendijo al Dios de Israel por escogerlo a el y sentarlo sobre el trono.

Luego le dio un regalo de $3,500,000 en oro, junto con grandes cantidades de especies y piedras preciosas. En cambio Salomón le dio todo lo que ella le pidio ademas de los regalos que el ya habia planeado. Luego ella y su cortejo regresaron a su pais.

No sabemos como actuo con el conocimiento de Dios que recibio de Salomon. No oimos mas de ella hasta que Jesus la menciona durante su ministerio.

# LECCIONES DE LA REINA DE SABA
## Sabiduria

Cuando menos una ocasion, Jesus hablo de la reina de Saba como una mujer que viajó larga distancia para oir la sabiduria de Salomón. Jesus dijo a los que le escuchaban que uno "mas grande que Salomón" estaba en sus medios, refiriendose por supuesto, a El mismo. Sin embargo no le escucharon.

Tenemos la misma oportunidad hoy. Podemos encontrar nuestra sabiduria en el mundo y en fuentes humanas, o podemos encontrar nuestra sabiduria en Jesus y la Palabra de Dios.

De acuerdo al diccionario Nuevo Mundo Webster, sabiduria es el poder de juzgar correctamente, siguiendo el curso sano de accion basado en experiencia, conocimiento y entendimiento.

Proverbios 9:10 nos dice que "El temor de Jehova es el princípio de la sabiduria."

Despues de que Salomón ocupó el lugar de su padre David como rey, Jehova aparecio a el en sueños una noche y le pregunto a Salomón que queria de El. Salomón dijo que queria un corazon que comprendiera. Su peticion agrado a Dios, quien dijo, *"Porque has damandado esto, y no pediste para ti muchos dias, ni pediste para ti riquezas, ni pediste la vida de tus enemigos, sino que demandaste para ti inteligencia para oir juicio, he aqui he hecho conforme a tus palabras; he aqui que te he dado corazon sabio y entendido, tanto que no ha habido antes de ti otro como tu, ni despues de ti se levantara otro como tu."* (I de Reyes 3:11 y 12)

Pero en el capitulo que sigue la historia de la visita de la reina, tenemos noticias muy tristes. Salomon se caso con muchas mujeres extranjeras durante su vida. Mujeres que cambiaron su corazon para adorar sus dioses. El hombre mas sabio que ha vivido, el hombre que edifico el templo mas maravilloso para la adoracion del unico Dios verdadero, perdio su temor a Dios y su sabiduria. El hizo lo malo ante los ojos de Jehova, y Dios mando enemigos contra el. Sus dos hijos dividieron el reino y este nunca fue reunido otra vez.

Durante el periodo de la vida de Salomón cuando escucho la sabiduria de Dios, escribio alguna literatura que ahora tenemos en la Biblia. Esto incluye Proverbios, Cantar de los Cantares y Eclesiastes. El libro de Proverbios ha sido llamado el libro de la sabiduria. Esta lleno de mucho humor y verdades profundas que nos pueden ayudar en la vida diaria. Estan incluidos Proverbios sobre el sexo, dinero, relación familiar, enojo, orgullo, temor y mas. Tomemos una de estas categorias y veamos cuanta sabiduria podemos obtener de Proverbios en este tema.

## Mujeres y Esposas

**Proverbios**

11:22 _____

12:4 _____

14:1 _____

18:22 _____

19:13 y 14 _____

21:9 _____

25:24 _____

21:19 _____

27:15 y 16 _____

¿Que clase de sabiduria quiere usted? ¿Como la obtiene?

**Santiago 3:13-17** Describa las dos clases de sabiduria _____

**Santiago 1:5-8** ¿Como recibimos la sabiduria de Dios? _____

**I de Corintios 1:19-2:16; 3:19**  ¿Que otra clase de sabiduria esta alli? _____
_____
_____

**Exodo 36:1 y 2**  Sabiduria es dada por _____
_____
_____

**Lucas 21:15**  Sabiduria es dada por _____
_____
_____

**I de Corintios 12:8**  Sabiduria es dada a través de _____
_____
_____

**Proverbios 9:10**  Sabiduria viene de _____
_____
_____

**Colosenses 2:3**  En Jesus somos _____
_____
_____

**I de Corintios 1:30**  Dios hizo a Jesucristo nuestra_____
_____
_____

# RESUMEN

Nuestra reacción a la Palabra de Dios debe de envolver confesión de nuestros labios, porque tenemos lo que decimos. En testificar esta verdad, la sirvienta de la esposa de Naaman ayudo a traer la sanidad de el general Sirio, Naaman. Porque Hulda siempre habló lo que Dios decia, ella vino a ser una verdadera profetíza. Y despues de visitar al Rey Salomón, la reina de Saba reconocio la sabiduria de Dios y la proclamo. Ya sea que testifiquemos a otros acerca de lo que Dios dice; ya sea que confesemos promesas escriturales para nosotros; o ya sea que proclamemos la sabiduria de Dios, necesitamos hablar las verdades de Dios con nuestras bocas. Recibimos lo que "hablamos."

# EJEMPLO MODERNO

Primero conocimos a Tammy en la carcel del condado. Se sento al otro lado de nosotros, detras del vidrio que separa a los prisioneros de los visitantes. Era compañera de Keri, una joven que visitamos. Keri era una apostata que se habia envuelto en drogas. Ella parecia arrepentida y tratabamos de aconsejarla. Parecia que era sincera queriendo estar bien con Dios. Ella compartio el evangelio con Tammy, y ahora Tammy queria hablar con nosotros.

Nuestros corazones fueron tocados por esta joven de 19 años, quien estaba embarazada de siete meses. Pronto saldria y no tenia donde ir. La casa que dejo no era buena para cualquier clase de rehabilitacion.

Comenzamos a compartir a Jesus con ella — para reforzar el mensaje del evangelio y asegurarle que El era el unico que la podia ayudar ahora. Mientras, averiguamos como encontrar un sitio para ella a través de un programa Cristiano. Pero por su pasado, algunos de los programas eran renuentes de aceptarla. Finalmente, uno de los miembros de la directiva sintio que el Señor estaba dirigiendo a su familia para proveer para Tammy. Asi que, cuando Tammy salio de la carcel, tenia un lugar con una amante familia Cristiana.

La familia llevo a Tammy a la iglesia con ellos, y compartieron su vida con ella dia a dia. Una tarde, ellos fueron a escuchar a un predicador que habia encontrado nueva vida en Cristo despues de varios años en prision. El invito a los presentes que vinieran al frente a aceptar a Jesus, para que tambien pudieran experimentar liberacion y salvacion. Tammy respondio a la invitacion y recibio a Jesus en su corazon. Expresando su transformacion ella dijo, "¡Nunca me habia sentido tan limpia adentro!"

"Limpia" y "deseosa de aprender," Tammy comenzo a crecer en el Señor mientras su familia compartia la Palabra y principios escriturales diariamente. Cuando nacio su hija, ella estaba arraigada en su fe.

## ¿QUE PIENSA USTED?

1. ¿Con quien ha compartido usted el evangelio de Jesucristo? _____

2. ¿Ha testificado alguna vez a otros de como la Palabra de Dios es real para usted? _____

3. ¿Por que es importante que hablemos positivo y no negativo? _____

4. ¿Puede usted ver algun resultado de lo que confiesa con sus labios? _____

## EVALUACIÓN PROPIA

1. ¿De que manera esta usted implementando los principios aprendido de estas mujeres? ___

2. ¿En que forma esta fallando en implementar los principios aprendidos de ellas? _____
_____
_____

3. ¿Que necesita hacer usted para cambiar? _____
_____
_____

4. ¿Como lo hara? _____
_____
_____

*Lección 19*

# La Esposa de Manoa y la Esposa de Job

## Un Ejemplo a la Respuesta a los Caminos de Dios

*Porque mis pensamientos no son vuestros pensamientos, ni vuestros caminos mis caminos, dijo Jehova.*

Isaias 55:8

## PREPARANDO LA ESCENARIO

Los pensamientos de Dios no son nuestros pensamientos, ni nuestros caminos sus caminos. Es mas, normalmente se oponen a menos que nuestra carne este considerada muerta y este sometida al Espiritu Santo. Se nos recuerda en I de Corintios 1:27, que Dios escogio lo necio del mundo, para avergonzar a los sabios, y lo debil del mundo escogio Dios, para avergonzar a lo fuerte.

Las dos mujeres en esta lección fueron víctimas de los caminos sorprendentes de Dios. La esposa de Manoa era esteril, asi que no esperaba tener un hijo de ella para crecerlo cuando un angel se le aparecio para decirle que ella tendria un hijo especial. Ella respondio a las noticias pidiéndole consejo a su marido, al que Dios ha ordenado que sea la cabeza de la mujer.

El Señor la bendijo a ella dandole a Sanson, quien creció para ser uno de los jueces de Israel.

Job y su esposa eran prosperos y bendecidos por Dios, cuando el Señor permitió que Satanas de pronto tomara sus hijos, sirvientes, ganado, casa y pertenencias, y luego enfermara a Job con una sarna maligna como una prueba para este hombre perfecto y recto. Mientras la calamidad caia sobre ellos, Job se postro en tierra y adoro a Jehova; como sea, su esposa se amargo y le urgio que maldijera a Dios.

Tenemos oportunidades de como responder a los caminos sorprendentes de Dios. Podemos aceptar sus caminos y beneficiarnos de ellos, o podemos amargarnos y hacer la vida miserable para nosotros y para otros.

## EL ÉXITO DE LA ESPOSA DE MANOA

(Basado en Jueces 13; 14:1-5)

Un dia el angel del Señor aparecio a la esposa de Manoa, de la tribu de Dan, que vivía en la ciudad de Zora. "¿La señora Manoa?" "Si, ¿quien es usted? ¿que desea?"

"Solamente vine para decirte que, tu eres estéril, pero concebiras y daras a luz un hijo."

"¿Yo?"

"Si, el Padre Celestial te ha escogido. Tengo algunas instrucciones para ti."

"¿Cuales son?"

"No bebas vino o sidra, ni comas cosa inmunda. Y navaja no pasara sobre su cabeza, porque el niño sera Nazareno a Dios desde su nacimiento."

Antes de que la esposa de Manoa respondiera, el angel del Señor desaparecio rapido como vino. Un poco temerosa, ella salió corriendo para encontrar a su marido, cuando lo vio le dijo

"Manoa, mi marido, un varon de Dios vino a mi. Su aspecto era como de un angel, yo no se de donde vino, y no me dijo su nombre, pero el me dijo que yo tendre un hijo, y luego me dio otras instrucciones de como crecerlo. ¿Que piensas Manoa?"

Manoa, todavia no se recuperaba de la descripción de la visita y anunciamiento del angel, y dijo, "Bueno, debemos orar." Abrazando a su esposa el susurro "Ah Señor mio, yo te ruego que aquel varon de Dios que enviaste, vuelva ahora a venir a nosotros, y nos enseñe lo que hayamos de hacer con el niño que ha de nacer." Manoa sintio que el cuerpo de su esposa se relajo un poco, y el realizo que ella deseaba someter su vida a la voluntad de Dios.

Unos dias despues, mientras ella estaba sola en el campo, el angel aparecio por segunda vez. No queriendo estar en la misma situacion, ella corrio a la casa antes que el pudiera decir alguna palabra. Ella encontro a Manoa, lo agarro de la mano y dijo emocionada, "¡Manoa, vente conmigo! ¡El esta aqui! ¡el varon de Dios esta aqui otra vez!" Juntos corrieron al campo donde el angel estaba todavia parado. Ya que el angel parecia un hombre ordinario, Manoa le pregunto, ¿Eres tu aquel varon que hablo a mi mujer?

"Si, yo soy," dijo el angel del Señor.

"Bueno," Manoa continuo, "Cuando tus palabras se cumplan, ¿Como debe de ser la manera de vivir del niño, y que debemos hacer con el?"

El angel del Señor contesto, "La mujer se guardará de todas las cosas que yo le dije. No tomará nada de lo que proceda de la vid; no beberá vino ni sidra, y no comerá cosa inmunda; guardara todo lo que le mande."

Manoa le ofrecio preparar comida para que el angel comiera, pero el lo rechazo. El les dijo que si querian ofrecer un holocausto, podian ofrecercelo al Señor.

Sin realizar que estaba hablando con el angel de Jehova, Manoa le pregunto su nombre. "¿Cual es tu nombre, para que honremos tu nombre cuando se cumpla tu palabra?"

El angel respondio, "¿Por que me preguntas por mi nombre? Nadie lo puede entender."

Entonces Manoa tomo un cabrito, junto con una ofrenda de grano, y lo ofreció sobre una peña. Cuando lo hizo, la llama subia del altar hasta el cielo, y el angel subia en la llama.

Manoa finalmente realizó que era sin duda, un angel de Dios, y exclamo, "¡Ciertamente moriremos, porque a Dios hemos visto!" Pero, la esposa de Manoa respondio, "Si Jehova nos quisiera matar, no aceptaria de nuestras manos el holocausto y la ofrenda, ni nos hubiera mostrado todas estas cosas, ni ahora nos habria anunciado esto."

Cuando llego el tiempo, la esposa de Manoa tuvo un hijo y lo llamo Sanson. Y el niño crecio, y Jehova lo bendijo.

## LECCIONES DE LA ESPOSA DE MANOA
### Los Caminos de Dios

No siempre los caracteres biblicos comprendieron los caminos de Dios en sus vidas. Solo mientras leemos mas tarde se transluce, empezamos a ver porque Dios hizo lo que hizo.

Hoy, nosotros, no siempre comprendemos los caminos de Dios cuando las cosas nos estan sucediendo. Algunas veces mas tarde vemos las respuestas de nuestros "Porques." Algunas respuestas solo seran reveladas en en cielo.

**Isaias 55:8 y 9** Los pensamientos de Dios _____

ni son _____

**I de Corintios 2:12** Hemos recibido el Espiritu de Dios que _____

**Deuteronomio 29:29** Las cosas secretas _____

**Romanos 9:14-21** Dios tendra misericordia del _____

**Romanos 11:33-36** Los juicios y caminos del Señor son _____

**Deuteronomio 32:4** La obra de Dios es _____

Y sus caminos son _____

**Oseas 14:9** Los caminos de Jehova son _____

**Apocalipsis 15:3** La obras y caminos de Dios son _____

**Proverbio 16:29** El camino del hombre malo _____

**Proverbio 16:2** Los caminos del hombre _____

pero _____

**Proverbios 14:12** Hay camino que _____

**Jueces 21:25** Cuando nadie respeta la autoridad, cada uno _____

## EL FRACASO DE LA ESPOSA DE JOB
(Basado en 2:9 y 10; 19:17; 31:10)

Es extraño que tenemos los nombres de las tres hijas de Job pero no tenemos el nombre de la esposa. Ella se identifica solamente por nueve palabras, que le habló a su esposo cuando lo vio sufriendo mucho del dolor de su cuerpo. Ella lo aconsejó diciendo, maldice a Dios y muérete, y asi te alivias de tal angustia.

La historia de Job y su esposa actualmente tomo lugar durante el tiempo del libro de Genesis. Leemos en Genesis 46:13 que Job era el hijo de Isacar, uno de los doce hijos de Jacob.

La historia comienza con Dios y Satanas teniendo una conversación concerniente al recto y perfecto Job, un hombre temeroso de Dios y apartado del mal. Satanas habia notado a Job en sus viajes alrededor de la tierra y sugirio a Dios que Job solo era justo porque todo iba bien con el. Para mostrarle que estaba mal Dios permitio a Satanas que hiciera lo que queria solo que a el no lo tocara. Con el permiso de Dios, Satanas mato a todos los hijos de Job, tambien a la mayoría de sus sirvientes, algunos animales fueron consumidos por fuego mientras otros fueron robados y su casa fue destruida. La respuesta de Job a esta gran catastrofe, que todo ocurrio en el mismo dia, fue que se postro en tierra y adoro a Dios.

Esto solo irrito mas a Satanas. El hablo a Dios de que le permitiera tocar el cuerpo de Job con una plaga. Aun a este punto, no fue hasta que la esposa de Job lo animo a que maldijera a Dios y que sus amigos se sentaron en silencio por siete dias. que Job, no pudo aguantar mas, maldijo el dia que nacio.

Porque el creyo que todo lo que le pasaba a el estaba en las manos de Dios, Job pudo decir,

*"Jehova dio, y Jehova quito; sea el nombre de Jehova bendito"* (Job 1:21)

La esposa de Job, mientras, sufria sola con su esposo. Aunque ella no estaba enferma, ella tambien, perdio sus hijos, su madurez y su riqueza. Que mas, probablemente tambien perdio el respeto de sus amigos y vecinos, porque su esposo ya no ocupaba una posicion de prestigio. Probablemente, animo a su esposo a interceder por sus hijos, ahora estaba tan frustada que le dijo a su esposo ¡maldice a Dios y muérete! ¡Ella la rego! La respuesta de Job. Ni culpo a su esposa ni maldijó a Dios.

La historia continua con el sufrimiento de Job y dice como sus amigos trataron de ministrarlo. Aunque Job menciona a su esposa una o dos veces, no oimos de ella otra vez. Asumimos, como sea, que ella fue una parte de la restauración de Job ya que tuvo mas hijos e hijas.

## LECCIONES DE LA ESPOSA DE JOB
### Amargura

En la historia de Job y su esposa, vemos dos respuestas contrastando los caminos de Dios. Job reconoció la mano de Dios en todo lo que pasaba, aunque no entendia ni una de las razones. Su esposa, en el otro lado, respondió amargamente, animando a Job que maldijera a Dios.

Amargura a veces es el resultadó de ser herído. No se puede evitar ser herido, pero la manera como tratamos con nuestras heridas hace una gran diferencia en nuestras vidas. Amargura puede hacer raices y ensuciar a otros. Tambien hace mucho daño a quien permite y da lugar.

Uno de los resultados trágicos de la amargura es que crece con el tiempo. Por eso Hebreos 12:15 lo describe amargura como una raiz. No solo nos agarra, pero tambien hace sufrir al que esta en contacto con nosotros. Muchos pueden ser heridos por una persona amargada. Podemos ver las caracteristicas de una persona amargada.

Una Persona Amargada:
- No le importa nadie
- Es sensitiva
- Tiene pocos amigos cercanos, y es posesiva con los que tiene.
- Tiende a evitar conocer gente nueva.
- Muestra poca o nada de gratitud.
- Siempre anda criticando.
- Anda en rencor y es muy dificil que perdone.
- Siempre experimenta cambios extremos en su humor.
- ¿Como podemos salirnos de la trampa de la amargura? Tome tiempo sola y haga lo siguiente:
  1. Haga una lista de la gente que la ha hereído.
  2. Haga otra lista de las cosas que usted ha hecho para herír a otros. (Esto es mas difícil; uno tiende a olvidar estas cosas.)
  3. Mire bien como usted ha herído a Dios. Genesis 6:6 nos recuerda que, *"Y se arrepintió Jehova de haber hecho al hombre en la tierra, y le dolio en su corazon."* El hombre puede herir a Dios dependiendo como le responde a El.

4. Ore, y pida perdon de Dios y de otros. Esto quizás tomara algunas llamadas de telefono, cartas, o viajes.
5. Destruya la lista — tambien los "archivos" en su memoria. Mateo 6:14 y 15 dice, *"Porque si perdonais a los hombres sus ofensas, os perdonara tambien a vosotros vuestro Padre Celestial; mas si no perdonais a los hombres sus ofensas, tampoco vuestro Padre os perdonara vuestras ofensas."* Tenemos que perdonar si queremos ser perdonados. Si escogemos no perdonar, amargura tomara raices en nuestras vidas y muchos estaran en corrupción.

**Efesios 4:31** Debemos de quitarnos toda _____
_____
_____

**Santiago 3:14-18** El resultado de amargura, celos y contención _____
_____
_____

pero la sabiduria de Dios es _____
_____
_____

**Hebreos 3:7-15** Podemos perder las promesas de Dios porque _____
_____
_____

**Hechos 8:21-23** Pedro percibió que Simon el mago_____
_____
_____

por que _____
_____

**Proverbios 14:10** Nuestro corazon conoce_____
_____
_____

Podemos prevenir amargura de tomar raiz, comenzando con,
**I de Juan 1:9** _____
_____
_____

I de Tesalonicenses 5:18 _____
_____
_____

## Los Beneficios de Aceptar los Caminos de Dios

Mientras Job confiaba en Dios a través de las pruebas extrañas Dios permitió que el sufriera, Dios empezo a revelarse y mostro la justificación propia de Job. Job recibió revelación de la necesidad de un Redentor. En su pozo sin esperanza, el tuvo una revelación maravillosa. Job declaro,"Yo se que mi Redentor víve, y al fin se levantará sobre el polvo; y despues de desecha esta mi piel, en mi carne he de ver a Dios." (Job 19:25 y 26) Job aprendió a confiar en Dios, no en el hombre. Mientras Job soportaba sus pruebas, aprendió paciencia. El Padre Celestial, que vio lo que paso, bendijo doblemente a Job y su esposa al final.

Es interesante notar como Dios entrena a los lideres que El usa. Muchas veces El permite que pasen sufrimientos y pruebas que ellos no entienden. Permite que ellos como el pueblo de Israel que saco de Egípto, para ir a través de un desierto para probarlos, para ver que habia en sus corazones. Luego los llama de circunstancias extrañas para usarlos en una manera que nunca habian soñado. Vea las siguientes escrituras. Vea donde estaban estos lideres cuando Dios los llamó. ¿Cual fue su respuesta a Su llamado?

**Genesis 37:20, 27 y 36; 39:20; 40:15 y 23; 41:38-43; 47:11 y 12** Jose _____
_____
_____

**Exodo 3 y 4** Moises _____
_____
_____

**Jueces 6:11-40** Gedeon _____
_____
_____

**I de Samuel 9 y 10** Rey Saul _____
_____
_____

**I de Samuel 16** David _____
_____
_____

**Mateo 4:18-22** Pedro, Andres, Jacobo y Juan_____
_____
_____

Veamos, *"Y sabemos que a los que aman a Dios, todas las cosas les ayudan a bien, esto es, a los que conforme a su proposito son llamados"* (Romanos 8:28). Dios puede tomar circunstancias en la vida, ya sea que el las haya causado, o que a Satanas se le haya permitido traerlos, o sucedieron por lo que estamos haciendo, y cada cosa obra para nuestro bien y el suyo. Nuestra respuesta es aceptar sus caminos y no dejar que amargura haga raices en nuestra vida porque no entendemos lo que pasa.

## RESUMEN

Las esposas de Manoa y Job fueron victimas de los caminos sorprendentes de Dios. La esposa de Manoa era estéril cuando un angel se le apareció a ella y le dijo que tendria un hijo especial. La esposa de Job estaba con el cuando de pronto calamidad tomo a sus hijos, sirvientes, ganado, casa, y cubrió a Job de una sarna maligna desde la cabeza hasta los pies. La primera de estas mujeres respondió a Dios de buena manera; la segunda, no. Cada uno de nosotros, tiene una oportunidad de como respondemos a los caminos extraños de Dios. Podemos aceptar Sus caminos y beneficiarnos de ellos, o podemos amargarnos y hacer la vida miserable para nosotros y otros.

## EJEMPLO MODERNO

Fanny Crosby nació en 1820 en el campo de Nueva York. Por una infección en los ojos a las 6 semanas de edad, perdio su vista. Antes que cumpliera un año, su padre murió. Asi que la abuela vino a ser su niñera cuando su mama iba a trabajar.

Asi, la abuela vino a ser su compañera cercana, le describia el mundo maravilloso que solo los que veian podian observar. Fanny era una niña aventurera, pero tambien pasaba muchas horas aprendiendo poesia y memorizando escrituras. Se memorizo el libro de Ester y tambien porciones largas de los Salmos, Proverbios, y el Nuevo Testamento.

A los 14 años Fanny fue enviada a la ciudad de Nueva York al Instituto para los Ciegos donde aprendió braille. Su creatividad la motivava a pasar muchas horas leyendo y componiendo poesia.

Fanny experimentó mas dolores cuando se casó con un musico ciego, su unico hijo murio cuando era niño.

Cuando Fanny Crosby murio de hemorragia cerebral a los 94 años, habia escrito entre 5,500 a 9,000 poemas e himnos, a algunos le pusieron musica. Los conocemos como "Es Jesucristo Martir de Paz" "Cerca de la cruz" y "Salvo por gracia." Quizas es este ultimo himno el que tipifica mejor su fe en un Dios que nunca pemitió que ella viera la belleza de su creación. Despues de cada verso que describe como pasa de esta vida a la otra, ella da el refran: "Y yo le vere cara a cara, y dire la historia — salvo por gracia." Nunca pudo ver durante su vida, ella deseaba el gozo de ver a su Señor cara a cara.

Aunque ella no podia entender las tragedias que experimento, Fanny Crosby acepto los caminos de Dios, y el la uso para inspirar a millones de gente a cantar alabanzas en adoracion a El.

## ¿QUE PIENSA USTED?

1. ¿Ha sido alguna vez victima de los caminos sorprendentes de Dios? ¿Como respondio? __

2. ¿Puede usted recordar alguna vez cuando los caminos de Dios eran diferentes al suyo? ¿Que sucedió? _____
_____
_____

3. ¿Ha experimentado alguna vez amargura? ¿Como le afecto a usted y a los que estaban alrededor de usted? _____
_____
_____

4. ¿Ha sido alguna vez el objeto de la amargura de otra persona? ¿Como le afecto a usted? __
_____
_____

# EVALUACIÓN PROPIA

1. ¿De que manera esta usted implementando los principios aprendidos de estas dos esposas?
_____
_____

2. ¿En que forma esta usted fallando en implementar los principios aprendidos de ellas? ____
_____
_____

3. ¿Que necesita hacer usted para cambiar? _____
_____
_____

4. ¿Como lo hara _____
_____
_____

*Lección 20*
# Ester

## Un Ejemplo de Festejo y Ayuno

*Si, pues, comeis o bebeis, o haceis otra cosa, hacedlo todo para la gloria de Dios.*

I de Corintios 10:31

*¿No es mas bien el ayuno que yo escogi, desatar las ligaduras de impiedad, soltar las cargas de opresion, y dejar ir libres a los quebrantados, y que rompais todo yugo?*

Isaias 58:6

## PREPARANDO EL ESCENARIO

El libro de Ester esta usualmente asociado con un *ayuno* especial del pueblo Hebreo que prueba ser significante en su historia. A través de este ayuno particular, milagrosamente fueron liberados de las manos del enemigo.

Las fiestas tambien juegan un papel importante en la vida de los Hebreos. Esto era significativo para el pueblo de Dios para recordar su voluntad y obra en sus vidas. Si contamos el nombre de las fiestas y banquetes en el libro de Ester, encontramos que la historia nombra siete.

En esta leccion, estudiaremos las fiestas que le fue mandado guardar al pueblo Judío. Tambien consideraremos que compartir comidas juntos significa que somos familia.

Despues veremos el tema de ayuno, una disciplina muy rechazada entre Cristianos hoy.

Ayuno, negarle comida al cuerpo, parece ser una disciplina normal a través de las escrituras. Encontramos que ayuno fue hecho por muchas personas, tambien por grupos de personas. Sabemos que Jesus ayunó por 40 dias y noches cuando fue tentado por Satanas en el desierto. Es mas, los unicos que no ayunaron fueron los discipulos de Jesus mientras el estaba vivo (Vea Mateo 9:14 y 15). Aun asi, Jesus dijo que, cuando el (El esposo) fuera quitado, los discípulos ayunarían.

Veamos a Ester mientras consideramos fiestas y ayunos.

## EL ÉXITO DE ESTER

(Basado en el libro de Ester)

Para poder comprender el exito de la mujer Ester, necesitamos conocer la historia en el libro de Ester.

El libro abre con el anuncio de una fiesta dada por el Rey Asuero. El era el gobernador de Persia, un imperio que abarcaba de la India a Etiopia. Aunque era el gran reino de esos dias, el rey no estaba satisfecho. El queria conquistar Grecia.

Probablemente, como una estrategia militar, invito a todos sus principes y consejeros militares a su palacio en Susa para una fiesta inmensa que duraria 6 meses. Y si no era suficiente, al final de la primer fiesta el proclamo otra fiesta de 7 dias para toda la gente de la tierra, desde el mayor hasta el menor. Esta celebración, bien elaborada, se hizo en los jardines del palacio.

En el ultimo dia de la segunda fiesta Asuero, un poco borracho de su buen vino, pidio que su esposa, la Reina Vasti, fuera traída para que la vieran sus amigos. Ella rechazo ser el espectáculo, y como resultado el rey estaba muy enojado. Despues, el hizo un decreto de que ella no podia venir ante el, en vez, le dio su posición a otra.

Un concurso de belleza se hizo entre todas las jovenes de la tierra, y Ester gano el favor del rey. La hizo su reina y otra vez hizo fiesta para celebrar la ocasion. La primera fiesta del rey le trajo honor, la segunda fiesta trajo deshonor a la Reina Vasti; la tercera fiesta mostro el favor del rey hacia Ester, la nueva reina.

Asuero no sabia que Ester era Judía. Tampoco sabia que Mardoqueo era su tio, ni sabia que en dias pasados, el mismo Mardoqueo arriesgo su vida para prevenir un atentado de asesinar al rey.

Ya que Mardoqueo era un Judío se negó a arrodillarse ante Aman, el primer ministro del rey. Esto enfurecio a Aman, que decidio vengarse pidiendole al rey que aniquilara a todos los Judios. Cuando Ester oyo esto, llamo a todos los Judios a ayunar por tres dias. Ella creia que Dios la habia traido en esta posicion en el reino con este proposito. Ester creyo que a traves del ayuno, Dios libraria a su pueblo.

Para pedir al Rey Asuero que parara la orden contra los Judios, Ester preparo un banquete y le pidio al rey y a Aman que vinieran. Para esto, el rey le dijo enfrente de Aman, que le daria todo lo que deseare. Ella decidio no decirle que queria en ese momento, sino los invito a un segundo banquete, diciendole que entonces le haria saber lo que queria.

Entre estas dos fiestas, eventos tomaron lugar que causo que Asuero y Aman cambiaran su corazon. Aman fue a su casa y le dijo a su esposa de la actitud de Mardoqueo. Ella lo animo a el que pidiera al rey que lo colgaran. Con mucha anticipación, Aman ordeno que prepararan una horca y planeo hacer la petición al rey en el banquete del dia siguiente.

Mientras, el rey, fue a la cama pero no pudo dormir. Ordeno que se trajeran los archivos a el. Leyendolos, descubrio que Mardoqueo previno de que el fuera asesinado, pero nunca fue honrado. Inmediatamente llamo a Aman y le pregunto que se debia de hacer con una persona que es digna de honra. Aman penóo que estaba hablando de el, el le dijo al rey que vistieran a esa persona con ropas reales y que montara el caballo en las calles para que todos lo vean. Cuando Asuero le dijo que esto era para Mardoqueo, Aman fue mas humillado. El estaba doblemente enojado — no solo por Mardoqueo que no lo honraba a el, pero ahora, porque el rey queria honrar al hombre que el queria colgar. Ademas, no recibiria gloria para el mismo.

Con estos motivos y sentimientos nuevos, Asuero y Aman fueron al segundo banquete de Ester, donde el rey otra vez le pregunto que queria. Ella le dijo que queria liberación para su gente. Cuando el rey supo que Aman planeo que todos los Judíos fueran muertos, el demando la muerte de Aman e hizo posible la petición del rey.

Aman fue colgado en la horca que habia preparado para Mardoqueo. Los Judíos fueron liberados de destruccíon; Mardoqueo fue honrado, Aman fue colgado, y Ester fue usada por Dios para salvar a su pueblo.

# LECCIONES DE ESTER

## Las Fiestas de Israel

Para celebrar su liberación de la conspiración de Aman, los Judíos proclamaron un dia de fiesta para ellos. Para recordar este episodio en su historia, instituyeron la fiesta de Purim. Pur significa suerte, y purim viene de que Aman decidio encontrar el dia propicio para destruir a los Judios echando suertes. La suerte cayo en el dia 13 de Adar (Nuestro Marzo). Aun es observado por los Judios hoy.

Las otras fiestas de Israel era para recordar el trato de Dios con su pueblo Hebreo. Tambien son un simbolismo profético de Dios tratando con su Iglesia. Encontramos la mayoria en Levitico 23.

La Pascua celebra la liberación de los Judíos de la esclavitud de los Egipcios. Jesus instituyo la Santa Cena en la noche de la Pascua.

La Fiesta del Pan sin Levadura ocurre simultaneamente con la Pascua. Durante este tiempo, el pueblo Judío saca toda levadura de su casa. Asi son purgados de pecado. (Levadura es una sustancia usada para inflar la masa, y un simbolo de influencia moral.)

La Fiesta de Pentecostes conmemora la fiesta de la cosecha. Esta fiesta cae 50 dias despues de la Pascua. (Pentecostes quiere decir 50.) Durante esta fiesta, los sacerdotes ofrecen dos barras de pan hecho con grano nuevo de la cosecha y con levadura. El Espiritu Santo fue derramado en el dia de Pentecostes.

La Fiesta de las Trompetas es comunmente llamada Rosh Hashanah. Esto marca el comienzo del nuevo año de los Judios. Dios mando que tocaran las trompetas para juntar a la congregación de Israel para una asamblea solemne. Es el principio de 10 dias de introspeccion y arrepentimiento y guia al dia mas solemne del año Judío.

La Fiesta del Dia de la Expiación (Yom Kippur) es un tiempo de ayuno y oración. Es el unico dia en que el sumo sacerdote puede entrar al Lugar Santisimo. Por Jesus, Los Cristianos tenemos acceso ahora a Dios.

La Fiesta de los Tabernaculos es la fiesta final de la cosecha de otoño, el tiempo de juntarse en Jerusalen. El pueblo Judío hacen tabernaculos y viven en ellos durante esta fiesta como un recuerdo de la temporada en que los Israelitas vivieron en el desierto. Tabernaculo habla tambien de descanso, y tambien de la cosecha final.

## Otras Comidas en la Escritura

Es grandioso lo que descubrimos cuando escudriñamos la Palabra de Dios concerniente a la comida. Comenzando con la caida de Adan y Eva de la gracia de Dios al pecado porque ellos no comieron de acuerdo a las instrucciones (Genesis 3:6-19) Jesus, en que no se sometió en la tentación de Satanas en comer, vencio al enemigo y fue bendecido por Dios (Lucas 4:2-4). Abraham alimento angeles(Genesis 18:5-8), tambien Lot (Genesis 19:1-3). Hebreos 13:2 nos dice que no nos olvidemos de hospedar, porque algunos hospedaron angeles. Esau vendio su primogenitura por una comida (Genesis 25:34). Encontramos a Jacob ofreciendo una comida a su familia cuando el y Laban se reconciliaron (Genesis 31:49-44). Jose dio un banquete a sus hermanos es su reunion (Genesis 43:16-34). Despues, hay comida pascual en Exodo 12 y las fiestas antes mencionadas.

Tambien tenemos algunas comidas importantes descritas en el Nuevo Testamento, tal como la fiesta preparada por el regreso del hijo prodigo. (Lucas 15:11-27). Luego la comida en la cual Jesus fue invitado despues de que Mateo decidió seguirlo (Mateo 9:9-13), y la comida que Jesus estaba comiendo en la casa del Fariseo cuando una mujer de la ciudad vino a ungir los pies de Jesus y lavarlos con sus lagrimas (Lucas 7:36-50). Jesus nos dice, en Mateo 25, de alimentar al hambriento. El dice que no estemos ansiosos de lo que comeremos, porque Dios proveera si lo buscamos primero (Mateo 6:25-33). Pablo nos instruye, en Romanos 14, no causar que nuestro hermano tropieze por lo que comemos o no comemos. Es tambien significante notar que fue durante una comida despues de la Resurrección, que dos de los discipulos de Jesus, que estaban caminando en el camino a Emaus con El, finalmente lo reconocieron (Lucas 24:30 y 31). Fue en este mismo cuerpo glorificado que Jesus comio desayuno con sus discipulos (Lucas 24:39-43).

El climax del ministerio de Jesus estaba centrado en una comida. *"Que el Señor Jesus, la noche que fue entregado, tomo pan; y habiendo dado gracias, lo partio, y dijo: Tomad, comed; esto es mi cuerpo que por vosotros es partido; haced esto en memoria de mi..."* (I de Corintios 11:23 y 24). En la celebración de la Pascua Judía, Jesus instituyo una comida que fue conocida como la santa cena. Aqui, Jesus establecio esto en memoria de su muerte. Mientras tomamos del pan, el cual es Su cuerpo, y el vino, que es Su sangre, tenemos que recordar Su muerte (I de Corintios 11:26). Jesus es el Cordero Pascual.

Hasta que El venga, habra otra comida. Esta comidas es la culminación de la historia — las Bodas del Cordero de Dios con su esposa, la Iglesia de Jesuscristo (Apocalipsis 19:7).

La invitación es hecha ahora, para esta gran fiesta. Podemos decir "si" aceptando a Jesus como nuestro Salvador. El no solo llama incredulos a venir a El, pero tambien llama a los suyos a venir a comer con El (Apocalipsis 3:20). Aun ahora, Jesus nos llama a comer con El. El quiere una relación que viene de compartir alimento espiritual juntos. Hacemos esto tomando de Su Palabra, para que seamos edificados y limpiados. Nos comunicamos con El en oración y meditación, permitiendo Su fortaleza, amor, y poder que vengan en nuestras vidas mientras mora en nosotros por su Espíritu Santo. Mientras cenamos con El, nuestras vidas cambian.

### Como Nuestras Vidas son Afectadas Compartiendo Comida con Otros

Comer juega un gran papel en nuestras vidas mas de lo que podemos pensar. Un cumpleaños no esta completo sin pastel. Para conocer a sus vecinos, invitelos para tomar un cafe. Que es Navidad sin banquete; año nuevo sin comida. La comida de todos los dias que compartimos con nuestra familia son tambien tiempos importantes en nuestras vidas.

Las escrituras nos dice que no es bueno comer con la compañia erronea o por razones erroneas. ¿Que aprendemos de lo siguiente?

Filipenses 3:17-19 _____
_____
_____

Lucas 17:26-29 _____

Lucas 21:34 _____

## Ayuno

Ayuno significa la diligencia de buscar a Dios y permanecer con El. Debe de ir acompañado de oración y arrepentimiento, mientras uno se humilla ante Dios por negarse a su carne y sus codicias y placeres. Ayuno no es una huelga de hambre para forzar la mano de Dios y tener tu capricho. Es algo mejor, es un arma de lucha espiritual contra los principados y gobernadores de las tinieblas.

El tema de ayuno es bien descrito en Isaias 58. Se nos dice de los beneficios del ayuno escogido por Dios, tambien se nos da un aviso contra las razones equivocadas o actitudes erroneas.

Ni un hombre sabe como trabaja el ayuno, pero sabemos que es necesario para nuestro beneficio, y tambien para victoria en ciertas areas. De alguna manera, el cielo esta listo para oir las oraciones acompañadas de ayuno. Quizas muestre la "dureza de nuestro corazon." Cuando estamos dispuestos a negarnos a nuestra carne y concentrarnos en oración, demostramos nuestro deseo sincero de buscar a Dios y no dejarlo ir hasta que El conteste. Esto es real para individuos y grupos. Dios desea que regresemos a El *con todo nuestro corazon,* y con ayuno. (Joel 2:12)

En tiempos Biblicos habian tres clases de ayuno.

1. **Ayuno Total** — no comida ni agua
    Esdras 10:6 _____

    Ester 4:16 _____

    Hechos 9:9 _____

    Exodo 34:28 _____

Una medida excepcional para una situación excepcional, este tipo de ayuno no debe de ser mas de tres dias y aun asi debe de ser sobrenaturalmente inspirado.

197

2. **Ayuno Natural** — no comida, agua si
   Este fue, evidentemente, la clase de ayuno de Jesus en el desierto.
   Mateo 4:2; Lucas 4:2 _____
   _____
   _____

   Este es tambien el tipo de ayuno que usualmente se asume en otras situaciones.

3. **Ayuno Parcial** — elimina ciertos alimentos o comidas en un cierto periodo de tiempo.
   Daniel 1:12-16 _____
   _____
   _____

   Daniel 10:2 y 3 _____
   _____
   _____

   I de Reyes 17:4 y 9-15 _____
   _____
   _____

   Marcos 1:6 _____
   _____
   _____

## ¿Debemos de Ayunar?

**Mateo 6:2, 5 y 16** En el sermon del monte de Jesus, el no dice "Si" das limosna, oras, ayunas,
_____
_____

**Mateo 9:15** Mientras Jesus (El esposo) sea quitado, sus discipulos deben _____
_____
_____

**Isaias 58:3 y 4** No debemos de ayunar mientras_____
_____
_____

**Isaias 58:5-12** El resultado del ayuno de Dios es _____
_____
_____

**Romanos 13:14** Debemos de vestirnos del Señor Jesus, y no _____
_____
_____

**I de Corintios 9:25-27** Tenemos que tener nuestro cuerpo en sujeción para _____
_____
_____

**Tito 2:12** Tenemos que renunciar a nuestra carne _____
_____
_____

(Nota: Como se dara cuenta en la Escritura, ayuno no es lo mismo que dieta.)

Mire los Siguientes versiculos y vea quien ayuno, y por que:

Deuteronomio 9:9 y 18 _____
_____
_____

I de Samuel 1:7 _____
_____
_____

II de Samuel 12:16 _____
_____
_____

I de Reyes 19:8 _____
_____
_____

II de Cronicas 20:1-4 _____
_____
_____

Esdras 8:21-23 _____
_____
_____

Esdras 10:6 _____
_____
_____

Nehemias 1:4 _____
_____
_____

Nehemias 9:1 y 2 _____
_____
_____

Ester 4:15-17 _____
_____
_____

Salmo 35:13 _____
_____
_____

Jeremias 36:6 _____
_____
_____

Daniel 9:2 y 3, 21 y 22 _____
_____
_____

Joel 2:12-17 _____
_____
_____

Jonas 3:5 y 10 _____
_____
_____

Lucas 2:36 y 37 _____
_____
_____

Lucas 4:2 _____
_____
_____

Hechos 9:9 _____
_____
_____

Hechos 10:30 _____
_____
_____

Hechos 13:2 y 3 _____
_____
_____

Hechos 14:23 _____
_____
_____

## RESUMEN

Aunque comer es una actividad diaria, fiestas son ocasiones de celebración gozosa. El pueblo Hebreo tiene varias fiestas que observan durante todo el año. Ayuno, negar comida a un cuerpo, es disciplina Biblica tambien. En el libro de Ester encontramos varias fiestas que eran tan importantes como el ayuno historico. Despues de ver estos, consideraremos otras instrucciones en la Palabra de Dios acerca de comer y no comer. Y luego aplicaremos esto a nuestras vidas.

## EJEMPLO MODERNO

El incidente siguiente tomo lugar en un campo de retiro de una iglesia donde mi esposo y yo servimos como consejeros por una semana.

Fue en la tarde en la cena mi esposo y yo, como consejeros, estabamos sentados en una mesa con 8 muchachos de 11, 12, y 13 años. Como era la mitad de la semana, habiamos, ya, comido cuando menos una comida con cada uno de los camperos — y estabamos disturbados.

Aunque nos preparamos para compartir comida con algunos dificiles de comer, estabamos sorprendidos cuan dificil era mantener conversaciones que edificaran durante las comidas. No solo habia una variedad de quejas acerca de la comida, pero habia una ausencia de modales tambien. Algunos de los jovenes tragaban la comida en silencio. Otros parecian que no comian nada. Compartir y buena comunicación durante la comida no la conocian. Asi, que determinamos que en la proxima comida describieran el tiempo de comida en sus casas. Sus respuestas nos dieron mucho conocimiento.

"Casi nunca comemos juntos. Todos tienen horario distinto"

"Comemos juntos, pero la TV esta encendida — especialmente si es hora de las noticias."

"A veces comemos juntos. Muchas veces no. Personalmente, no me importa, porque como lo que quiero."

"Tratamos de comer juntos, pero muchas veces el telefono suena o alguien viene."

"Comemos todos juntos, pero Papa raramente habla y mama siempre se enoja con mi hermano menor."

"Mis padres y yo siempre terminamos discutiendo, porque ellos piensan que yo no como suficiente."

Solo dos de los ocho tenian un tiempo regular de comer, que incluye dieta balanceada y compartir en amor sus preocupaciones. Esta experiencia no solo abrio nuestros ojos a los muchos beneficios del tiempo de comida familiar, pero renovo nuestra dedicación a mejores tiempos de comida familiar en la casa.

Distintos horarios de trabajo, television, hamburguesas, falta de comunicación, ignorancia de la Palabra de Dios, muchos factores destruyen las horas de comida familiar. Y con ello, muchos beneficios que Dios no quiere que se pierdan. Vimos esto en el campamento de los jovenes de la secundaria. Aunque eran jovenes de familias Cristianas, estaban perdiendo lo fisico, mental, social, y espiritual tambien. ¿Que hay en una comida familiar? Hay potencialidad, muchas bendiciones en estas diarias ocasiones familiares de lo que nosotros realizamos.

## QUE PIENSA USTED

1. ¿Ha participado en alguna fiesta Judía? ¿Que ocurrió? _____
_____
_____

2. ¿Ha participado en alguna otra fiesta? _____
_____
_____

3. ¿Como describe usted sus tiempos de comida familiar? ¿Como pueden mejorarse? _____
_____
_____

4. ¿Ayuna usted? si lo hace ¿Vío algun beneficío? si no ayuna ¿Puede usted comenzar? ____
_____
_____

## EVALUACIÓN PROPIA

1. ¿De que manera esta usted implementando los principíos aprendidos de Ester? _____
_____
_____

2. ¿En que forma esta usted fallando en implementar los principios aprendidos de Ester? ___
_____
_____

3. ¿Que necesita hacer usted para cambiar? _____
_____
_____

4. ¿Como lo hara? _____
_____
_____

Lección 21
# Gomer

## UN EJEMPLO DE LA MISERICORDIA Y EL AMOR DE DIOS

*Mirad cual amor nos ha dado el Padre, para que seamos llamados hijos de Dios.*
I Juan 3:1

*No cometeras adulterio.*
Exodo 20:14

## PREPARANDO EL ESCENARIO

Dios es amor. Muchas personas entienden muy poco acerca de Su amor. Amamos a nuestros esposos. Amamos a nuestras familias. Amamos a nuestros amigos. Amamos nuestra ciudad. Amamos nuestras mascotas. Amamos hacer excursiones. Amamos pastel de chocolate. Usamos la palabra amor tan frecuentemente que ya no tiene significado.

Gomer era una mujer que no comprendia ni aceptaba el amor. Ella conocia el encaprichamiento, el amor del mundo, y tal vez, el amor hacia si misma. Oseas amaba a su esposa a pesar de lo que era y lo que hacia. Aunque ella era infiel a el, el dio su todo para que ella pueda ser reconciliada con el.

Este relato de Oseas y Gomer es una ilustración del amor de Dios hacia Israel, el cual cometio adulterio espiritual. Tambien es una representación del amor de Jesus por la Iglesia, para la cual el estaba dispuesto a pagar el supremo precio — Su vida — para su reconciliación.

¿Que es amor? ¿Cual es la relacion de amor que debemos tener con Dios, nuestros esposos, y los demas? ¿Que tal si hemos cometido adulterio fisico o espiritual? ¿Es posible que podamos conocer el verdadero amor de Dios? Estas preguntas vamos a considerar en esta lección.

## EL FRACASO DE GOMER

(Basado en Oseas 1:1-3:5)

Oseas profetizó en el reino del norte (Israel) durante el tiempo que Isaias profetizó en Judá. Oseas profetizó el exilio venidero de Israel. Dios lo uso para demonstrar Su amor a Su pueblo.

Dios le dijo a Oseas que tomara una esposa fornicaria. Oseas se caso con Gomer, creyendo que ella era elegida por Dios. Ella dio a luz un hijo el cual llamaron Jezreel porque Dios iba a castigar a la casa de Jehu por causa de la sangre de Jezreel. Despues que nacio Jezreel, Gomer concibio y dio a luz una niña la cual llamaron Lo-ruhama porque Dios no iba a compadecerse mas de Israel, aunque si iba a tener misericordia de Judá. Cuando Gomer desteto a su hija, tuvo un tercer niño. Este niño fue llamado Lo-ammi porque Dios estaba declarando que Israel no era Su pueblo y el ya no era Su Dios.

Gomer dejo a Oseas para adulterar y criar a los tres niños. Oseas la amaba. El suplicó mucho para hacer que ella vuelva, y el determino que el iba a regresar con ella. El clamaba a Dios mientras que pensaba como su esposa era adultera.

Un dia el la encontro — a punto de ser vendida como esclava. El la redimio y pago el precio y regreso con ella. El la llevo a la casa y la cuido, amandola con un amor incomprensible.

# LECCIONES DE GOMER

## El Amor de Dios

En el relato de Oseas y Gomer podemer ver la relación simbolica de Dios con Israel, la gente con la cual El hizo un pacto (como la que hacemos en un matrimonio). Tambien podemos ver la relación de amor que Jesus desea con su Esposa, la Iglesia, porque El pago el precio para su reconciliación. En los dos casos, encontramos el amor *agape* — el amor benevolo y propiciatorio que viene de Dios.

Aunque en ingles (y español) solamente usamos un termino, existen varias clases de amor. Sabemos, por ejemplo, que en nuestra sociedad perversa, podemos encontrar una pasion lujuriosa y mundana que llamamos amor. Tambien experimentamos amor por nuestras familias, amor por nuestros hermanos y hermanas en el Señor, amor por la humanidad, y tambien amor por nuestros esposos. De vez en cuando, hemos sacrificado nuestros derechos y deseos para el bien de alguien por amor. Todos estan de acuerdo que ninguna de estas relaciones son iguales, ninguna de las emociones son iguales. Aunque usamos una palabra, el idioma Griego tiene varias palabras para el *amor*.

Porque el Nuevo Testamento fue escrito en Griego, seria una buena idea aprender los varios significados de las palabras Griegas. Estudiemoslas.

Vea el Cuadro 21a.

## El Corazon Paternal de Dios

Para poder comprender el amor *agape* de Dios, primero tenemos que reconocer Su amor como el amor de un Padre Celestial que de veras nos amo tanto que murio por nosotros. El aceptar este amor es indispensable si hemos de conocer amor en nuestras relaciones terrenales. Hasta que sepamos que somos amados, no podemos amar.

Algunos piensan que Dios es un ser impersonal que solo vive en el espacio. Otros lo ven como un señor viejo sentado sobre un trono, esperando para juzgar todas nuestras acciones. Pero, no hasta que uno lo conozca como un Padre Celestial, el no puede comprender ni entender que es un hijo de Dios.

Un concepto equivocado de Dios normalmente existe porque la persona no tuvo una buena relación con su padre terrenal. Si esta relación no tiene mucho éxito, uno sufre muchas heridas emocionales que lo impide de tener algun deseo para una relación intima con un Padre Celestial. Aun es posible que la palabra "padre" connote rechazo, abuso, decepción, dolor, amargura, abandono, y otros sentimientos negativos. ¿Quien quisiera experimentar esos sentimientos de nuevo?

Estudiemos varias caracteristicas de los padres para ver, segun la Biblia, como Dios es un Padre perfecto:

*Autoridad* El padre debe ser la figura de autoridad en la familia. Hebreos 12:10 dice que nuestros padres *"por pocos dias nos disciplinaban como a ellos les parecia, pero este (Dios) para lo que nos es provechoso, para que participemos de su santidad."*

*Cuadro 21a*

# EL AMOR

**agapē**

Dios ⟶

cariño o bondad, amor propiciatorio — amor divino
*Mirad cual amor nos ha dado el Padre, para que seamos llamados hijos de Dios . . .*
I Juan 3:1

**philadēlphia**

amor fraternal (amabilidad), amor hacia los hermanos
*Pero acerca del amor fraternal no teneis necesidad de que os escriba, porque vosotros mismos habeis aprendido de Dios que os ameis unos a otros.*
I Tesalonicenses 4:9

**philandrōs**

cariñoso (como una esposa), amor hacia el esposo
*que enseñen a las mujeres jovenes a amar a sus maridos y a sus hijos*
Tito 2:4

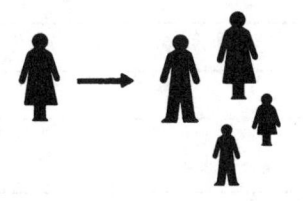

**philĕō**

pego personal (amor hacia la familia y los amigos)
*Volvio a decirle la segunda vez: Simon, hijo de Jonas, ¿me amas? Pedro le respondio: Si, Señor; tu sabes que te amo . . .*
Juan 21:6

**eros**

eros (la palabra no se encuentra en la Biblia)
("erotico") amor de placer, lujurioso, sexual

***Preocupo*** Los padres terrenales no deben de estar tan ocupados que no puedan atender las necesidades personales de sus hijos. I Pedro nos acuerda de que Dios tiene cuidado de nosotros. *"Echando toda vuestra ansiedad sobre el, porque el tiene cuidado de vosotros."*

***Confianza*** Aunque nuestros padres terrenales nos decepcionen, nuestro Padre Celestial nunca lo hara. II Timoteo 2:13 dice, *"Si fueremos infieles, el permanece fiel; El no puede negarse a si mismo."*

***Cariño*** Tal vez nuestros padres nos dieron todo lo que necesitabamos menos cariño. Pero Dios nos da las dos. I Juan 3:1 dice, *"Mirad cual amor nos ha dado el Padre, para que seamos llamados hijos de Dios."*

***Responsabilidad*** Tal vez pensamos que nuestros padres terrenales nos abandonaron en nuestros momentos mas dificiles, pero Dios nunca lo hara. Hebreos 13:5 dice *"Sean vuestras costumbres sin avaricia, contentos con lo que teneis ahora: porque el (Dios) dijo: No te desamparare, ni te dejare."*

***Comunicación*** Los padres a veces no se comunican bien con sus hijos, pero Dios siempre quiere estar en comunicación con nosotros. Tenemos la promesa en Jeremias 33:3. *"Clama a mi, y yo te respondere, y te enseñare cosas grandes y ocultas que tu no conoces."*

***Aprobación*** Quizas era que no teniamos la aprobación de nuestros padres, pero Dios nos ama y nos recibe incondicionalmente. Romanos 5:8 nos enseña esto. *"Mas Dios muestra su amor para con nosotros, en que siendo aun pecadores, Cristo murió por nosotros."* Juan 3:16 tambien nos enseña lo mismo. *"Porque de tal manera amo Dios al mundo, que ha dado a su Hijo unigenito, para que todo aquel que en el cree, no se pierda, mas tenga vida eterna."*

**Efesios 2:4-7** El amor de Dios es tan grande que _____
_____
_____

**Jeremías 31:3** Dios ama con _____
_____
_____

**Romanos 5:5** El amor de Dios es _____
_____
_____

**I Juan 4:7-12** El amor de Dios es _____
_____
_____

**I Juan 4:16** Dios es amor y _____
_____
_____

**I Juan 4:18-21** Acerca del amor de Dios, aprendemos que _____
_____
_____

**I Juan 3:1 y 2** ¿Que tipo de amor nos ha dado el Padre? _____
_____
_____

**Lucas 15:11-32** ¿Que nos dice esta parabola acerca del amor de un padre? _____
_____
_____

## El Adulterio

En el relato de Oseas y Gomer, Dios visiblemente manifiesta su propia relación con Israel, la esposa escogida con la cual El tenia un pacto. A través de ella, el demonstro su perpetua misericordia y amor agape.

Tambien tenemos un retrato de la relación que Dios quiere con nosotros, Su pueblo. El pago el precio por nuestra redención aunque algunos de nosotros hemos adulterado, disfrutando la compañia de otros dioses. Hemos cometido adulterio espiritual, como Oseas y Gomer sufrieron por adulterio fisico.

El adulterio es un pecado grave ante los ojos de Dios. El lo dice en Su Palabra desde Genesis hasta Apocalipsis. Estudiemos lo que El dice acerca del adulterio:

**Genesis 38:24** Durante el tiempo antes de Moises, las esposas adulteras eran matadas.

**Job 31:9-11** En este libro, unos de los mas antiguos en las Escrituras, encontramos a Job diciendo que el adulterio es "maldad e iniquidad que han de castigar los jueces."

**Exodo 20:14** Uno de los diez mandamientos ordena al hombre a no cometer adulterio.

**Numeros 5:12-31** Cuando sospechaban que una esposa habia cometido adulterio, un judio la podia llevar al sacerdote, el cual le hacia tomar agua con polvo del suelo del tabernaculo para que la maldicion de Jehova caiga sobre ella.

**Levitico 20:10; Deuteronomio 22:22** Un adultero morira. Era un pecado digno de muerte en el pueblo Hebreo.

**Proverbios 7:10-27** Aqui vemos que la casa de una adultera es el camino al infierno. Durante la epoca de los Jueces, Reyes, y Profetas encontramos relatos de adulterio y sus consecuencias — desde los hijos de Eli hasta el Rey David. Ezequiel 16 describe a Israel como una adultera y una abominación al Señor. Ella era una esposa que cometio adulterio — una esposa que recibio ajenos en vez de su propio esposo (Ezequiel 16:32)

**Mateo 5:27 y 28** Jesus mismo habla de las consecuencias del adulterio, mientras describe su relacion con el divorcio y el matrimonio.

**Romanos 7:1-3** Pablo nos da mas luz sobre este tema. El dice que solo la muerte puede librar una persona del matrimonio.

**I Corintios 6:9 y 10** El adulterio (que segun Galatas 5:19 es una obra de la carne) no tiene lugar en el reino de Dios.

**Hebreos 13:4** Dios juzgara a los adulteros.

**Apocalipsis 21:8** Los fornicarios — y esto incluye a los adulteros — tendran su parte en el lago de fuego.

Encontramos que sin duda el adulterio es inaceptable a Dios. Ella rompe los votos que hemos hecho a Dios y a nuestro conyuge. Por eso es un pecado digno de muerte. Como cualquier pecado, solo hay una manera que pueda ser perdonado — a traves de la misericordia de Dios y la sangre de Jesucristo. Por instinto el hombre pasa por alto al pecado, lo niega, o deja que lo condene. Pero Dios quiere que nosotros lo reconozcamos, lo confesemos, y que recibamos su perdon mientras que nos arrepentimos de lo que hemos hecho.

Podemos ver esto en el relato de David y Betsabe, una pareja que cometieron adulterio. Su pecado entristecio a Dios, y El los juzgo. Los dos eran personas que temian a Dios. Pero se dejaron ser tentados y cayeron en las manos de lujuria.

Sin embargo, porque se arrepintieron de verdad y confesaron su pecado, Dios los perdono, y permitio que Su propio Hijo, Jesus, naciera de su linaje. Pero sus vidas sufrieron las consecuencias de ese acto de adulterio. Su hijo ilegitimo murio. Dios permitio que David sea avergonzado publicamente. Betsabe perdio su esposo y hijo.

Jesus tambien mostro su misericordia a una adultera cuando los escribas y fariseos la trajeron a El. Ellos querian engañar a Jesus para acusarle. Ellos le preguntaron que diera su veredicto. Ellos sabian que El conocia los mandamientos de Moises y que el enseñaba sobre el amor y la misericordia de Dios. El les dijo: "El que de vosotros este sin pecado sea el primero en arrojar la piedra contra ella" (Juan 8:7). El resultado fue que los acusadores fueron acusados por sus conciencias y los dejaron. A la mujer Jesus le dijo, "Ni yo te condeno; vete, y no peques mas." Asi Jesus la perdono y esperaba que ella se arrepintiera y no pecara mas.

El adulterio, casi como cualquier pecado, ocurre primero en el corazon. Jesus dijo que cualquiera que mirara a una mujer para codiciarla, ya adultero con ella en su corazon. El tambien dijo en Mateo 15:19, "Porque del corazon salen los malos pensamientos, los homicidios, los adulterios, las fornicaciones, los hurtos, los falsos testimonios, las blasfemias." Las cosas que salen de nuestro corazon son las cosas que contaminan.

El relato de Oseas y Gomer muestra la infinita gracia y misericordia de Dios hacia los pecadores. Dios siempre sera como Oseas, dispuesto a perdonar y restaurar la relacion que El desea. Gomer representa a Israel y los que somos sus hijos, pero tentados por otros amadores. No sabemos el fin del relato de Oseas y Gomer; pero si sabemos que solo un remanente del pueblo de Dios decidio ser fiel a El.

## El Adulterio Espiritual

Aunque nunca cometemos adulterio fisico, siempre somos tentados para cometer adulterio espiritual. Esto se conoce por otros terminos — doble animo, idolatria, o siendo un cristiano carnal. Todos somos culpables. Sin la gracia de Dios, no seria posible restaurar nuestra relacion con El.

¿Donde hay ejemplos biblicos del adulterio espiritual?

**Jueces 2:11-14** Aqui tenemos una descripción de la apostasia de Israel. Ellos siguieron a otros dioses, los dioses de las naciones que la rodeaban aunque tenian un pacto con el verdadero Dios. Esto ocurria frecuentemente en su historia. Dios tuvo que tratar con ellos.

**Ezekiel 16** El profeta describe la infidelidad de Jerusalem como prostituta, siguiendo a las otras naciones. Segun versiculo 32, "como mujer adultera, que en lugar de su marido recibe a ajenos." El versiculo 35 dice: "Por tanto, ramera, oye palabra de Jehova."

**Santiago 4:4** A menos que pensemos que Dios solo amonesta a Israel, estudiemos lo que Santiago dice a los creyentes en Santiago 4:4. "Oh almas adulteras. ¿No sabeis que la amistad del mundo es enemistad contra Dios? Cualquiera, pues, que quiera ser amigo del mundo, se constituye enemigo de Dios." Cometemos adulterio espiritual cuando amamos mas al mundo que a Dios.

**Apocalipsis 2:14 y 15** A una de las iglesias de Apocalipsis 2, Jesus dice que esta contra de ella por su idolatria y fornicación, porque su corazon no esta completamente rendido a El.

En los versiculos 20-22 del mismo capitulo (pero a una iglesia diferente), El dice que juzgara a los que aceptan la doctrina falsa y cometen fornicación. Sobre los que seducen, y los que aceptan sus doctrinas, caera tribulación a menos que se arrepientan.

Dios es un Dios celoso. El no tendra dioses ajenos delante de El (Exodo 20:3).

# RESUMEN

Gomer era una mujer que no comprendia ni podia aceptar el amor, aun cuando Oseas le dio su amor incondicional. Este relato representa el amor agape de Dios a Israel, Su "esposa" que cometio adulterio espiritual con otras naciones. Tambien puede ser una ilustracion del amor de Cristo por Su Esposa, la Iglesia.

# UN EJEMPLO MODERNO

Doug y Sheryl se conocieron mientras que estaban trabajando en un restaurante. Habiendo ido a la misma escuela, tenian amigos comunes aunque ellos nunca habian tomado clases juntos. Los dos venian de distintos pasados. Doug y su familia eran Cristianos y habian vivido en la misma casa por muchos años. Sheryl vivia con su madre divorciada y ellos se habian mudado muchas veces. Ellos se hicieron amigos y empezaron a salir mientras que trabajaban en el mismo lugar.

Porque Doug era un Cristiano, el trato de convercer a Sheryl a ir a la iglesia con el. Ella fue, y un dia, acepto a Jesus como su Salvador. Se casaron y vivieron juntos por casi un año antes de que Doug tuviera que entrar en el ejercito por falta de trabajo. Despues del campamento de entrenamiento Doug tuvo que ir al extranjero, y queria que Sheryl fuera con el. Pero porque ella estaba embarazada, ella se queria quedar con su madre.

Doug no estaba muy contento, pero estuvo de acuerdo y le dijo que viniera cuando ella pudiera despues del nacimiento del bebe. Sheryl se mudo con su madre, la cual tenia muchos novios. Despues de un tiempo, Sheryl ceso de ir a la iglesia, pero no le dijo a Doug.

Finalmente nacio el bebe y Sheryl se dedicaba a cuidarlo — todavia cambiando la fecha para juntarse con Doug porque el bebe "era muy pequeño para viajar." Mientras tanto, ella se estaba divirtiendo con los amigos de su madre y hasta salio con uno de ellos al cine. Porque ella se sentia sola, ella siguio saliendo con el y, despues de un tiempo, esta relacion fue muy lejos. Ella quedo embarazada y le entro el panico.

¿Que le diria a Doug? Y si eso no fuera suficiente, el padre del bebe se fue de la ciudad cuando supo de su situación. El no queria dejar su manera de vivir ni queria conocer a Doug.

Mientras que Sherly hacia las maletas para ir al extranjero, su corazon estaba cargado. Ya no estaba tan alegre de ir con su hija para que ella conozca a su padre. Ella estaba pensando si le pudiera escribir antes de ir o verlo antes de decirle la verdad. Ella decidio esperar.

Doug estaba muy contento de ver a su hija por la primera vez, y de ver a Sheryl despues de tantos meses de soledad. No obstante, el no podia comprender porque Sheryl no estaba tan contenta. Sheryl siguio discutiendo entre si, mientras que se conocian de nuevo, si debiera confesar su pecado o no decir nada y dejarlo pensar que el era el padre de un niño prematuro.

Por fin, ella ya no lo podia sorportar. Cuando Doug le pregunto como las cosas habian ido en casa, ella le dijo de su condición. Doug no lo podia creer. El se enojo y le dijo que hiciera las maletas y que se fuera. Pero penso cuanto iba a extrañar a su niña, y cambio su decision. Las proximas semanas fueron dificiles para los dos. Despues de mucho consejo del capellan de la base, Doug se dio cuenta de que la unica manera de rectificar la situación era perdonar a Sheryl y amar al bebe que no habia nacido. El le dijo que la amaba y que la habia perdonado, y que queria ser el padre del bebe. Ella no lo podia creer. Le hizo reflexionar, "podria Dios perdonarme tambien." Por fin, ellos se perdonaron y pidieron perdon a Dios. Ellos determinaron empezar una vida nueva con Dios en el centro.

Ironicamente, cuando ya estaban en paz, Sheryl perdio el bebe. Ella estaba triste, no porque el recuerdo de su pecado habia desaparecido, sino porque ya no iba a tener al bebe que le enseño sobre un amor imaginable — un amor que solo Dios puede dar.

## ¿QUE PIENSA?

1. ¿Conoce ud. el amor incondicional de su Padre Celestial?
   ¿Como?_____
   _____
   _____

2. ¿Que otros tipos de amor ha conocido?_____
   _____
   _____

3. ¿Ha estado ud. en contacto con adulterio (en su vida o la vida de otro)? ¿Como afecto los involucrados? ¿Fue dado y recibido el perdon? _____
   _____
   _____

# EVALUACIÓN PROPIA

1. ¿En que manera esta usted poniendo en practica los principios que ha aprendido de Gomer?
   _____
   _____

2. ¿En que manera no esta usted ejecutando los principios que ha aprendido de Gomer? ____
   _____
   _____

3. ¿Que necesita hacer usted para cambiar? _____
   _____
   _____

4. ¿Como lo hara? _____
   _____
   _____

Lección 22
# Elisabet y Ana

## *Un Ejemplo de Jesus como Señor y Rey*

*Y en su vestidura y en su muslo tiene escrito este nombre: Rey de Reyes y Señor de Señores.*

Apocalipsis 19:6

## PREPARANDO EL ESCENARIO

Mientras comenzamos nuestro estudio de las mujeres del Nuevo Testamento, veremos dos que estuvieron asociadas con el nacimiento de Jesus. Elisabet, madre de Juan el Bautista, es la primer mujer en la Biblia que reconoce a Jesus como su Señor, a quien le dedicaria la propia vida de su hijo. Tenemos que conocer esta clase de dedicación al Señorío de Jesus en nuestras vidas.

Ana, la mujer anciana quien ayunaba y oraba en anticipacíon al nacimiento de Jesus, reconociendolo como la Redencíon de Israel en su ceremonia de circuncision cuando tenia ocho dias de nacido. Como Ana, tenemos el privilegio, en estos ultimos dias, de orar y ayunar en preparación para la segunda venida de Jesus. Esta vez, el no vendra como Salvador, sino como Rey de Reyes y Señor de Señores. Cada rodilla se doblara y toda lengua confesará que Jesucristo es Señor, ya con pena o con gozo dependiendo si lo conocimos o no como Señor en esta vida.

Asi como la Escritura da muchos nombres y adjetivos para describir a Jesus, El puede ser conocido en diferentes maneras. El es *Mesias, Emanuel, Alfa y Omega, Buen Pastor, Pan de Vida.*

Miraremos algunos de estos títulos descriptivos, tambien consideraremos el poder investido en el nombre de Jesus. Tambien veremos la diferencia entre conocer a Jesus como Salvador y como Señor.

Jesus es conocido con muchos nombres, pero es solo cuando El Espiritu Santo permite que lo confesemos como Señor, que verdaderamente empezamos a apreciar los aspectos distintos de su caracter y naturaleza y verlo como nuestro Señor.

## EL ÉXITO DE ELISABET

(Basado en Lucas 1:5-80)

Elisabet de la linea sacerdotal de Aaron, casada con un sacerdote llamado Zacarias. Lucas describe esta pareja como *"justos delante de Dios, y andaban irreprensibles en todos los mandamientos y ordenanzas del Señor"* (Lucas 1:6). Pero su pena era grande porque no tenian hijos.

Un dia cuando Zacarias entro al templo para quemar incienso, un angel aparecio junto al altar. Zacarias estaba sorprendido, pero el angel Gabriel calmo sus temores y le dijo a Zacarias que Dios habia oido sus oraciones.

El y Elisabet iban a tener un hijo a quien le iban a nombrar Juan. Gabriel le dijo a Zacarias que este niño especial seria lleno del Espiritu Santo desde el vientre de su madre, y seria ungido para preparar los corazones de la gente para la venida del Señor.

Cuando Zacarias preocupado por la edad de Elisabet, preguntó al angel de su habilidad para concebir, el se quedo mudo — sin hablar hasta despues del nacimiento del niño.

Como se dijo, Elisabet quedo embarazada. En su sexto mes, Gabriel hizo otra visita — esta vez, a Maria la prima de Elisabet. Le informa que ella tambien tendria un hijo especial. Es mas; ¡Ella concebiría del Espíritu Santo y daría a luz al Hijo de Dios!

Enseguida despues de la visita del angel, Maria fue a visitar a Elisabet. Las dos mujeres pasaron tres meses maravilladas de la intervención sobrenatural de Dios en sus vidas y meditando los nacimientos de sus hijos que iban a tener.

Fue en su saludo inicial, sin embargo, esa revelación fue dada de como cada uno veria a Jesus. Cuando Elisabet vio a Maria, ella fue llena del Espiritu Santo y reconocio a Maria como, la madre del Señor. En respuesta, Maria magnifica al Señor, como Salvador.

Despues de que Maria regreso a Nazaret, Elisabet tuvo su bebe. Amigos y vecinos se regocijaron mientras se juntaban para la ceremonia de la circuncision.

Todos creian que el niño seria llamado como su papa. Pero Elisabet anunció que su nombre seria Juan. Cuando Zacarias lo confirmo, su lengua se solto y comenzo a profetizar, diciendo el proposito de la vida de su hijo. Elisabet criaron a Juan hasta que estaba listo para el ministerio publico que Dios tenia para el — llamando a la gente al arrepentimiento en preparación para la venida del Señor Jesucristo.

## LECCIONES DE ELISABET
### ¿Que hay en un Nombre?

Los diccionarios definen nombre como una palabra constituyendo la designación distintiva de una persona o cosa. Identificamos gente por su nombre. Y aunque no es verdad en nuestra sociedad de hoy, en el pasado el nombre de una persona a veces denotaba algo de su caracter o de la familia a la cual pertenecia.

Dios mismo es conocido con diferentes nombres que describe su caracter.

Algunos de estos son:

**ELOHIM** — El Fuerte (Genesis 1:1)

**EL SHADDAI** — Dios Todopoderoso (Genesis 17:1)

**JEHOVA RAPHA** — Jehova tu Sanador (Exodo 15:26)

**JEHOVA SABAOTH** — Jehova de los Ejercitos (I de Samuel 17:45)

**JEHOVA JIREH** — Dios Proveera (Genesis 22;8)

Asi como los nombres de Dios varia en las Escrituras, asi encontramos muchos nombres para Jesus. Cada uno de los 220 caracter, personalidad, oficios y cualidades para que lo podamos conocer. Hebreos 1:4 dice, *"Hecho tanto superior a los angeles, cuanto heredo mas excelente nombre que ellos."* Dios le dio el nombre a Jesus, un nombre que contiene la llenura de la Deidad. Hay poder en el nombre de Jesus por la autoridad que esta detras. Es interesante notar que Jose y Maria fueron informados separadamente que el bebe que iba a nacer sería llamado Jesus. (Mateo 1:21; Lucas 1:31) Veamos una lista parcial de otros nombres por los cuales El es conocido.

## Los Nombres de Jesus

**HIJO DE HOMBRE** Lucas 19:10
**HIJO DE DIOS** Juan 1:34
**ALFA Y OMEGA** Apocalipsis 22:13
**SUMO SACERDOTE** Hebreos 9:11 y 12
**ROCA** I de Corintios 10:4
**PASTOR** Juan 10:11
**LUZ** Juan 8:12
**PAN DE VIDA** Juan 6:35 y 48
**VERBO** Juan 1:1-3 Y 14
**REDENTOR** Job 19:25
**CORDERO DE DIOS** Juan 1:29
**PRINCIPE DE PAZ** Isaias 9:6
**MAESTRO** Juan 3:2
**ESPOSO** Juan 3:29
**EL DESEADO DE TODAS LAS NACIONES** Hageo 2:7
**EMANUEL** Isaias 7:14
**PUERTA** Juan 10:7-9
**EL CAMINO, LA VERDAD Y LA VIDA** Juan 14:6
**LA VID VERDADERA** Juan 15:1-4
**EL LIBERTADOR** Romanos 11:26
**POSTRER ADAN, SEGUNDO HOMBRE** I de Corintios 15:45-47
**LA CABEZA DEL CUERPO** Efesios 4:15 y 16
**PRIMICIAS** I de Corintios 15:20-23
**MESIAS** Juan 4:25
**CRISTO** Hechos 9:20 y 22
**NUESTRA JUSTICIA** Jeremias 23:5 y 6
**MEDIADOR** I de Timoteo 2:5
**REY DE REYES Y SEÑOR DE SEÑORES** Apocalipsis 19:11-16

Mire la siguientes Escrituras y vea que dice la Palabra acerca del nombre de Jesus:

Mateo 10:22 _____
_____
_____

Mateo 12:21 _____
_____
_____

Mateo 18:5 _____
_____
_____

Mateo 18:20 _____
_____
_____

Mateo 24:5 _____
_____
_____

Mateo 28:19 _____
_____
_____

Marcos 9:38 y 39 _____
_____
_____

Marcos 16:17 y 18 _____
_____
_____

Juan 1:12 _____
_____
_____

Juan 3:18 _____
_____
_____

Juan 14:13-15 _____
_____
_____

Juan 15:16 _____
_____
_____

Juan 16:24 _____
_____
_____

Hechos 2:38 y 39 _____
_____
_____

Hechos 3:1-6 y 16 _____
_____
_____

Hechos 4:12 _____
_____
_____

Hechos 4:29 y 30 _____
_____
_____

Hechos 5:28 _____
_____
_____

Hechos 16:18 _____
_____
_____

I de Corintios 5:4 _____
_____
_____

I de Corintios 6:11 _____
_____
_____

Efesios 5:20 _____
_____
_____

Filipenses 2:9-11 _____

Colosenses 3:17 _____

II de Tesalonicenses 1:11 y 12 _____

## Jesus como Salvador y Señor

El proposito principal de Jesus al venir en este mundo era dar su vida como el sacrificio supremo por el pecado. El vino a salvarnos de condenación eterna. Siendo asi, El es conocido como nuestro Salvador.

El pago el precio del pecado con su propia sangre. El no solo desea que aceptemos la salvación que ofrece, El espera que lo sigamos en toda forma — sometiendonos a su Palabra, haciendo sus mandamientos, y obedeciendolo en amor.

Podemos ver esto en la relacion de un amo con su siervo. El amo compra al siervo y espera que el siervo haga su voluntad. El se siente especialmente con honor si el siervo obedece por amor y no solo como deber.

I de Corintios 12:3 dice que nadie puede decir "Jesus es Señor" sino por el Espíritu Santo. Cuando aceptamos a Jesus como nuestro Salvador, el Espíritu Santo lo exalta y así lo empezamos a ver a El como nuestro Señor. Mientras mas nos sometemos a Jesus como nuestro dueño y nos sometemos a la guianza del Espíritu Santo, mas entendemos las formas de expresar su Señorío en nuestras vidas.

Elisabet, por el poder del Espíritu Santo, reconocio a Jesus como su Señor aun antes de haber nacido. Los que vivimos despues de su vida, muerte, y resurrección, tenemos la oportunidad y responsabilidad de proclamar a Jesus como Señor de nuestras vidas. Porque sabemos, que por su muerte y resurrección, el demostro victoria sobre Satanas y todas sus obras, y nos dió el entendimiento de considerar nuestra carne crucificada con El. Porque el Espíritu Santo fue despues derramado en su llenura, esta disponible la habilidad de ver a Jesus como nuestro Señor.

### Jesus Como Salvador

**Hebreos 2:14 y 15** Para salvarnos, Jesus _____

**Romanos 5:19** Por la desobediencia de un hombre, _____

pero, por la obediencia de Jesus _____

**I de Timoteo 1:15** Jesus vino al mundo a _____
_____

**Lucas 19:10** Jesus le dijo a Zaqueo _____
_____

**Hechos 10:30 y 31** Pablo le dijo al carcelero de Filipos _____
_____

**I Pedro 1:18-21** Somos salvos por _____
_____

**Romanos 5:9-11** Somos salvos _____
_____

**Juan 3:36** El que cree en Jesus _____
_____

**Romanos 6:23** Sin la salvación _____
_____

**Romanos 10:9** Para ser salvo, uno tiene que _____
_____

**Romanos 10:13** Uno es salvo po _____
_____

**Efesios 2:8 y 9** La salvación viene a través de _____
_____

Jesus Como Señor

**I Corintios 12:3** Nadie puede llamar a Jesus Señor sino _____
_____

**Romanos 10:9** Durante el tiempo de salvación _____
_____
_____

**Lucas 24:32** El Señor es _____
_____
_____

**Efesios 4:4-6** Hay un _____
_____
_____

**Hechos 2:36** Dios ha hecho _____
_____
_____

**Romanos 14:9** Jesus murio y volvio a vivir para _____
_____
_____

**Filipenses 2:6-11** Jesus se hizo obediente hasta la muerte para _____
_____
_____

**I Timoteo 6:13-15** Debemos guardar los mandamientos de Dios hasta ____
_____
_____

**Apocalipsis 1:7** Los que no reconocen la deidad de Jesus _____
_____
_____

**Apocalipsis 11:15** Los reinos de este mundo _____
_____
_____

**Mateo 7:21-23** Algunos llamaran a Jesus Señor, pero _____
_____
_____

## EL ÉXITO DE ANA

(Basado en Lucas 2:36-38)

  Lucas describe a Ana como una mujer de edad avanzada que servia continuamente al Señor en el templo a través de oración y ayuno. Tal vez esto no parezca muy extraño, pero cuando leemos los tres versículos que hablan de ella, descubrimos que ella era una profetísa — aunque Dios no habia hablado a través de profetas por cuatrocientos años. Ella era de la tribu de Aser, pero la tribu que es normalmente asociada con la adoración en el templo es Levi. Ella era una viuda que tenia 84 años — definitivamente ya habia pasado lo mejor de su vida.

Cuando la muerte tomo a su esposo, Ana se involucro con las mujeres santas que estaban consagradas a servir en el templo, Alli, ella se juntaba con las congregaciones y derramaba su alma al Señor. Dia tras dia oraba por la venida del Mesias, y aunque parecia que el tardaba, ella esperaba su venida.

Un dia el milagro ocurrio. Cuando entro en el templo, ella oyo gritos de gozo que venian de los patios y a Simeon diciendo, "Ahora, Señor, despide tu siervo en paz . . . porque han visto mis ojos tu salvación" (Lucas 2:29). Entonces, cuando ella vio al niño en los brazos de los padres, Ana sabia que la Redención de Israel habia llegado. Ella, que habia orado y ayunado por muchos años, ahora podia proclamar las buenas nuevas con los de la misma fe y esperanza. Ella y Simeon recibieron el premio de ver al niño Jesus, y sabian que en verdad el era el Cristo (el ungido que seria el camino a la salvación). Su servicio preparo el camino para el nacimiento del Salvador de la humanidad, la venida del Señor Jesucristo.

## LECCIONES DE ANA
### La Segunda Venida de Jesus — Como Rey

Hoy dia tenemos el privilegio de ser parte de la generación que espera la segunda venida de Jesus — esta vez como Rey de Reyes y Señor de Señores, para gobernar y reinar eternamente. Tambien es un tiempo de anticipación para las Bodas del Cordero, cuando la Iglesia (el Cuerpo de Cristo) se unira con el Esposo Jesucristo. I Juan 3:2 nos enseña que la Iglesia verdadera lo conocera, porque sera como El. Ella tendra caracter, porque lo conoció en diversas maneras — como Salvador, Palabra, Redentor, Maestro, Pan, Sanador, Buen Pastor y como Señor.

Mientras esperamos, tenemos trabajo que hacer. Estudiemos las Escrituras para ver lo que involucra:

Lucas 21:34-36 _____

_____

_____

Lucas 12:35-40 _____

_____

_____

Mateo 24:42-44 _____

_____

_____

Mateo 25:1-13 _____

_____

_____

Mateo 28:18-20 _____

_____

_____

Efesios 6:10-18 _____

_____

_____

II Timoteo 4:1-4 _____

_____

_____

I Juan 3:2 y 3 _____

_____

_____

I Timoteo 6:11-16 _____

_____

_____

## RESUMEN

Jesus tiene muchos nombres y titulos. Emanuel, por ejemplo, le fue dado antes que naciera. Elizabet lo reconoció como Su Señor antes que El naciera. Ana, una profetísa, tuvo el privilegio de ver a Jesus despues de muchos años de oración por su venida. Ahora esperamos la venida de Jesus como Rey. Mientras tanto, tenemos el privilegio de conocer a Jesus como Pastor, Redentor, Bautizador, Maestro, Autor y Consumidor de nuestra fe y el Esposo que pronto vendra.

## UN EJEMPLO MODERNO

Por su entrega a Jesucristo como Señor, Corrie Ten Boom y "Hansi" pudieron compartir el amor de Dios en un mundo de enemistad.

Corrie nació en una familia Holandesa que hacian relojes en el siglo 19. Era su abuelo que, despues de hablar con el pastor, reunia la gente en su casa (que estaba sobre una joyería) para leer las Escrituras y orar por los Judíos, muchos de los cuales vivian cerca. En la misma casa, cien años despues, la familia de Corrie fue detenida por esconder a los Judíos cuando los Alemanes ocuparon Holanda. Su hermano y hermana fueron detenidos por muy poco tiempo. El padre de Corrie y su hermana murieron en distintos campos de concentración. Despues de muchos meses en los campos de concentración, por equivocación, la dejaron ir.

Fue su entrega a Jesus como Señor que le dio la capacidad de compartir su victoria sobre esas experiencias tan terribles con el mundo. Ella fue sumamente probada cuando, despues de hablar en una iglesia, fue saludada por un hombre que reconocio como uno de los guardias mas crueles en el campo donde ella habia sido detenida. Cuando el le pidio perdon, ella fue abrumada con memorias.

Entregando sus emociones a la voluntad del Señor, ella le dio la mano a su enemigo antiguo con el amor y perdon que solo Dios puede dar.

Durante los mismos años de guerra, una niña de Checoslováquia llamada "Hansi" sirvio en el movimiento de "Jovenes Nazis" y se entregó al nuevo dios Aleman, Hitler. Aunque ella habia sido criada en una casa Cristiana, la filosofía de Hitler le fascinaba, y despues de poco tiempo ella estaba totalmente convencida. Fue despues de la derrota de Alemania y mientras que ella estaba en un campo comunista que ella se entero del holocausto y los seis millones de Judíos que habian sido matados y de los campos de concentración.

A través de la oraciones continuas de su mama, la mano de Dios trajo de nuevo a Hansi a la iglesia y entonces a la cruz de Jesucristo. Despues que le dio su orgullo, su ansiedad, y sus emociones y confusion, ella reconocio a Jesus como Salvador y Señor. Entonces ella fue a los Estados Unidos para dar su testimonio a los que ella antes odiaba.

Fue despues de que salio su libro, "Hansi, La Niña Que Amaba La Suastica," que ella se encontro con Corrie en una convención Cristiana en Dallas. En el almuerzo alli, ella oyo por primera vez del sufrimiento que muchos experimentaron bajo la mano de Hitler, el idolo de su niñez.

Abrumada por una culpabilidad colectiva, pero a la misma vez rodeada por la misericordia y gracia de Dios, ella tomo uno de sus libros autografiados y se lo dío a Corrie, la cual la recibió con compasion y amor. Perdon fue dado y sanidad fue recibida.

Las dos mujeres que venian de diferente puntos en la guerra fueron hechas "uno" en el Cuerpo de Cristo porque cada una permitió que Jesus sea el Señor de su vida.

## ¿QUE PIENSA USTED?

1. ¿Conoce usted a Jesus como Señor ademas de como Salvador? ¿Que es la difirencia? ___

2. ¿En que otras maneras lo conoce (por ejemplo, como Pastor, el Camino, Sanador)?_____

3. ¿Espera su venida como Rey? ¿Como se puede usted preparar? _____

## EVALUACIÓN PROPIA

1. ¿En que manera esta usted poniendo en practica los principios que aprendio de Elisabet y Ana?

2. ¿En que manera no esta poniendo en practica los principios que aprendio de Elisabet y Ana?
_____
_____
_____

3. ¿Que necesita usted cambiar? _____
_____
_____

4. ¿Como lo hara? _____
_____
_____

*Lección 23*
# Maria, Madre de Jesus

## *Un Ejemplo de Meditación en la Palabra de Dios*

*Sean gratos los dichos de mi boca y la meditacion de mi corazon delante de ti, oh Jehova, roca mia, y Redentor mio.*

Salmo 19:14

## PREPARANDO EL ESCENARIO

Maria, la madre de nuestro Señor Jesus, es una de las mujeres especiales de todos los tiempos. Dios la escogió para que a través de ella la Palabra fuera hecha carne. Esto estaba fuera de la comprension de Maria. Solo era el primero de los muchos misterios que Maria tenía que guardar en su corazon. Tambien la rodeaban las circunstancias del nacimiento de Jesus, la subita ida a Egípto, encontrar a su hijo en el templo discutiendo los negocios de su Padre, siendo ignorada mientras el ministraba, cuando la llamo "mujer" en la bodas de Cana, y lo mas duro, ver a Jesus morir en una cruz.

Quizas solo fue despues de que recibió la llenura del Espíritu Santo en el dia del Pentecostes, despues de la muerte y resurrección de Jesucristo, que Maria tuvo algunos de sus "por ques" contestados. Aun asi, ella se sometio a la voluntad de Dios para su vida. Ella sufrio mucho dolor mientras vivia muchas cosas que ella no entendia.

Tenemos a Jesus, la Palabra de Dios escrita, y el don del Espíritu Santo que nos ayuda a comprender la Palabra de Dios. Pero para recibir revelación tenemos que, como Maria, meditar en lo que El ha dicho, y examinar sus enseñanzas en nuestros corazones. Esto toma tiempo, disciplina, quietud, expectación, y sensibilidad al Espíritu Santo. El resultado puede ser convicción de pecado, necesidad de intercesion, deseo de cantar alabanza, o una dedicación mas profunda al Señor. Verdadera meditación crea adentro sensibilidad hacia Dios a quien tenemos que obedecer a la luz de lo que hemos recibido.

## EL ÉXITO DE MARIA

(Basado en Mateo 1; 12: 46-50; Lucas 1; 2; Juan 2:1-11; 19:25; Hechos 1:14)

Maria la madre de Jesus, es probablemente la mujer mas conocida de la Biblia; sin embargo es la menos conocida como persona. Muchas cosas pasaron en su vida, pero no se nos dice como se sintio o que penso. Solo sabemos que ella tenia mucho que reflexionar mientras aceptaba lo que venia en su vida.

Por ejemplo, en eventos concernientes al nacimiento de Jesus, podemos imaginarnosla teniendo tales preguntas como: "¿Que quiere decir que voy a concebir del Espiritu Santo y tener el hijo hunigenito de Dios?" ¿"Como lo criare, especialmente ya que no estoy casada"? "¿Por que fui escogida para ser la madre de este niño?" "¿Por que anuncio Dios su nacimiento a unos pastores y no a la gente mas prominente?" ¿"Por que aparecieron angeles en el cielo?" "¿Que quiere decir Simeon cuando declaro que Jesus seria luz para revelación a los gentiles, y gloria de tu pueblo

Israel?" "¿Cuales son los negocios de su Padre" Podemos continuar, pensando de preguntas que tendriamos en nuestro corazon y mente si una de estas cosas nos hubieran sucedido a nosotros.

Cuando Jesus solo era un bebe siendo presentado al Señor en el templo, Simeon le dio a Maria una profesía en la cual reflexiono en su corazon muchas veces. El le dijo a ella que los pensamientos de muchos corazones serian revelados a través de Jesus, y que una espada traspasaría su alma.

Imaginese el sufrimiento que Maria experimento mientras veia que Jesus se daba mas a los negocios de su Padre, como fue ridicularizado y enjuiciado. Imagine su agonia mientras miraba como desnudaban a su hijo primogenito, golpeado, clavado y colgado en una cruz hasta que murió.

Maria era igual que el resto de nosotros con la naturaleza pecadora. Como parte de la humanidad caida, ella reconocio su necesidad de liberación del pecado y culpabilidad cuando canto, antes del nacimiento de Jesus, "Mi espíritu se regocija en Dios mi Salvador." Maria fue fiel, humilde y mujer piadosa que necesitaba un Salvador.

Dios, en su gran amor y misericordia, permitio que ella estuviera presente para el derramamiento del Espiritu Santo. Como el Consolador y Espíritu de Verdad abrio sus ojos, probablemente recibió revelación y respuestas a sus muchas reflexiones que estaban por mucho tiempo en su corazon.

## LECCIONES DE MARIA

### Soledad

Hay una soledad que acompaña "cavilar cosas en nuestro corazon." La clase de preguntas que no reflexionamos son las que nadie entiende.

No hay duda de que Maria y Elisabet hablaron mucho, mientras compartian tres meses comunes de embarazo. Esta era la misericordia de Dios para ambas.

¿Quien mas podia comprender su situación particular, dejar quietos sus sentimientos y preguntas? Maria probablemente podia compartir algunas cosas con Jose, aunque parece que Jose murió cuando Jesus tenia entre 12 a 30 años de edad.

Sin embargo con uno o dos que pudiera comprender, permanecian intimos, reflexion propia de quien nadie tiene la respuesta sino solo Dios. Para conocer las respuestas, tenemos que estar solos con El.

Dios sabe esto, El a veces arregla circunstancias para que pueda estar a solas con los Suyos — especialmente con los que el quiere usar. El quiere que dependamos de El y que conozcamos Su voz. No podemos hacer eso cuando hay otra persona con quien hablar. (Vea Miqueas 7:5-7).

Mire en las Escrituras a otros que fueron puestos en lugares solitarios y tuvieron tiempo de meditar en cosas de su corazon y recibieron la respuesta de Dios.

**Génesis 22:1-6** Aunque Abraham, muchas veces reflexionó si habia o no habia oido a Dios correctamente, el tiempo mas significante tuvo que haber sido cuando Dios le pidio a su hijo que le dio milagrosamente, y lo llevara a una montaña y lo ofreciera como un sacrificio. Se imagina usted en ¿Que preguntas reflexionó Abraham durante su viaje a la montaña?

**Génesis 32:23-32** Jacob estaba regresando a su tierra despues de casarse con dos esposas y criar algunos hijos. Tambien se estaba preparando para encontrarse con Esau despues de que tuvo que huir de el muchos años atras. Mientras mandaba a su familia adelante, el se quedo atras para luchar con un hombre toda la noche. Esta confrontación con Dios dejo de Jacob un hombre quebrantado. Aun se le dio un nombre nuevo. ¿Que piensa usted que meditaba Jacob en su corazon mientras alcanzaba a la caravana?

**Génesis 43:30-33** Jose experimento muchos tiempos solitarios en su vida. Pero el cenit de su soledad vino cuando sus hermanos vinieron a Egípto para conseguir alimentos porque habia hambre. Jose hospedo a sus hermanos mientras esperaba el tiempo perfecto para revelar su identidad. ¿Que piensa usted que fueron algunas de sus meditaciones de su corazon durante este tiempo?

**Éxodo 32:11-20** Moises tambien experimento mucho tiempo la soledad, incluyendo 40 años en el desierto antes que Dios lo llamara a ser un lider de su gente. Mas tarde cuando el bajo del monte Sinai despues de recibir los diez mandamientos, el encontro gente danzando alrededor de un becerro de oro. ¿Cual pudo haber sido la meditación del corazon de Moises en el lugar solitario del liderato?

**I de Reyes 19:1-14** Elias acaba de venir de un enfrentamiento en el monte Carmelo con 450 profetas de Baal. Sin embargo despues de toda la demostración del favor y poder de Dios, el se encontro solo en el desierto por el enojo de la Reina Jezabel. ¿Cuales serian las meditaciones del corazon de Elias durante este tiempo?

**Salmo 40** Uno mira a través de los Salmos y sabemos que David experimento mucha soledad, cuando Saul lo perseguia y cuando fue rey. Este Salmo nos da algunas respuestas de la experiencia de David cuando estaba solo en un pozo y la meditación que hizo cuando el estaba alli. ¿Cual fue el resultado?

**Nehemias 2:11-16** Nehemias fue enviado de Dios para regresar a Jerusalen y reedificar lo muros de la ciudad. ¿Que se imagina usted que pensaba este hombre, cuando estaba solo de noche mirando la ciudad?

**Jeremias 15:10-18** La gente se habia olvidado de Dios, Dios estaba enojado con la gente. Y Jeremias se preguntaba por que nacio. En estos versiculos el se lamentaba de su situación personal. ¿Cual era la meditación de su corazon?

**II de Timoteo 4:16-18** Como los profetas del Antiguo, los apostoles del Nuevo Testamento tambien experimentaron mucho tiempo la soledad. Ellos tambien, no fueron oídos y tuvieron que sufrir persecucion. Pablo habla de esto una vez en una carta a Timoteo. ¿Cuales eran algunas de las cosas que Pablo meditaba durante sus tiempos de soledad?

**Galatas 1:15-18** ¿Que podemos asumir que paso a Pablo durante este tiempo de soledad en su vida?

## Meditación

Consideramos la meditación del corazon causado por las cosas que pasan, y la soledad que lo acompaña. Veamos otro aspecto — el que lo inicia tiene que tener cuidado y meditar en la Palabra de Dios.

Nos recordamos como Maria, y otra gente en la Biblia, fueron dejados solos para meditar en las cosas de Dios. Jesus no esta incluido en esta lista. El era uno que buscaba estar solo y meditar en la voluntad del Padre. En Mateo 26:36-45 lo encontramos solo yendo a orar en el Getsemani poco antes de su crucifixion. Durante este tiempo agonizante, El tenia que meditar en las cosas que iban a suceder, mientras se sometia a la voluntad de Su Padre Celestial.

Cada uno de nosotros, como discipulos de nuestro Señor Jesucristo, tomamos la iniciatíva de estar a solas con El para que podamos meditar en la Palabra de Dios. Es durante estos tiempos que nuestra fortaleza es renovada y nuestros espiritus refrescados. Solo entonces podemos enfrentarnos con el mundo y su vacío, aspereza, y confusion y siempre tener la victoria de Dios para nosotros. Somos investidos con Su fortaleza, con Su poder y con Su fe.

¿Que dice la Palabra de Dios concerniente a meditar y contemplar con quietud las verdades espirituales?

**Josue 1:8** Tenemos que meditar _____

para _____

**II de Cronicas 20:12** Josafat, determino buscar a Dios, reconoció que lo necesitaba _____

**Isaias 40:31** Pero los que esperan a Jehova tendran _____

**Salmo 119:18** Queremos nuestros ojos abiertos para _____

**Salmo 119:97** La ley de Dios debe ser nuestra meditación _____

**Salmo 119:99** De la meditación recibimos _____

**Salmo 119:148** Esperamos las vigilias de la noche para _____

**Salmo 1:2 y 3** El hombre piadoso medita _____

el resultado es _____
_____
_____

**Salmo 49:3** De la meditación de nuestros corazones _____
_____
_____

**Salmo 63:5 y 6** El resulatado de meditar en Dios es_____
_____
_____

**Salmo 19:14** Necesitamos orar para que la meditación de nuestro corazon sea_____
_____
_____

**Salmo 77:11 y 12** Debemos de meditar en _____
_____
_____

**Salmo 104:34** Nuestra meditación en Dios sera _____
_____
_____

**Salmo 143:5** Nos debemos de acordar _____
_____
_____

**I de Juan 2:27** Mientras meditamos en la Palabra der Dios _____
_____
_____

Conocer a Cristo y meditar en la Palabra de Dios son necesidades diarias. Los siguientes pasos son sugestiones que le ayudaran a hacer esto:
1. Encuentre un lugar quieto y privado.
2. Prepare su corazon (confiece pecado, ate al enemigo, pidale al Espiritu Santo revelación).
3. Enfocar en algunos versículos de la Escritura
4. Lea despacio y deliberadamente, meditando cada palabra.
5. Escriba que dice Dios a traves de su Palabra.
6. Aplique los versículos a su propia vida.
7. Si hay oportunidad, comparta su revelación con alguien mas.

Una Precaución

Un estudio sobre de meditación no estaria completo sin un aviso. Este concepto tambien es usado popularmente hoy con falsos propositos que incluye lo siguiente:

**Meditación Trascendental** Aun la ceremonia inicial es una ceremonia religiosa pura Híndu ortodoxa. Cada vez que un estudiante de M.T. ínvoca una palabra secreta (o mantra), el actualmente invoca un espiritu para que lo posea. Con su enfasis en meditación, el uso de la mantra y concentracion en un solo, objeto es simplemente una variante de la practica del Yoga Híndu.

**Yoga** De la raíz sanscrita "Yug" Yoga literalmente significa juntar o unir el alma humana con el espiritu universal. Yoga, a través de su disfraz como un ejercicio físico, busca liberar al individuo del "ciclo del renacimiento" o Reencarnación, que para el Híndu constituye salvación.

**Drogas** A través de las historia, el hombre ha tratado de escapar de la tension, mal humor, librado de ansiedad con cosas artificiales. Pero en ni un tiempo el hombre ha venido a depender de la droga como hoy. Usualmente esos que estan en drogas son por quienes nos preocupamos. Sin embargo millones de gente "normal" estan adictos a la droga. Y esto afecta la mente de uno a veces de tal manera que meditar en la Palabra de Dios es casi imposible. Buscar la paz mental a través del uso de tranquilizadores y pastillas para el dolor es normal para ellos en vez de buscar la paz mental y fortaleza de Dios a través de Su Palabra.

**Television** Nadie se va a quedar afuera, tenemos que considerar el uso de la television como uno de los grandes enemigos de nuestra meditación en la Palabra de Dios. No solo consume tiempo que podemos darle a la meditación de la Palabra, sino llena nuestras mentes y corazones con mensajes contrarios a la Palabra de Dios. Nos encontramos meditando en esas cosas aun cuando no estamos viendo television.

# RESUMEN

Maria la madre de Jesus, se habla de que ella siempre "guardaba las cosas en su corazon." Muchas cosas le pasaron a ella que no entendia. Ella guardaba eso, meditando en lo que podia ser. Tenemos que hacer esto con la Palabra que Dios nos da. Haciendo esto, Dios nos puede dar revelación adicional. Maria estaba presente en el dia de Pentecostes cuando el Espiritu Santo lleno a los creyentes que estaban esperando por su venida. Asi, cuando recibimos la llenura del Espiritu, tendremos nueva revelación, porque Su Espíritu es el Espíritu de Verdad y nos guiara a la verdad.

# EJEMPLO MODERNO

En meditación Cristiana, comenzamos con una Palabra o con un principio Escritural y examinamos las maneras de aplicar su verdad a nuestras vidas diarias. O podemos mirar incidentes en nuestras experiencias diarias y pedirle al Señor que nos muestre verdades Escriturales para segar de ellas.

Lo siguiente es un ejemplo que el Señor le mostro a uno de sus hijos despues de recoger nueces de macadamia en Hawaii.

Los arboles de nueces de macadamia no conocen temporada. Continuamente florece, tienen frutos, y se caen las nueces maduras en el suelo. Cosechar estas nueces es un proceso continuo hecho por trabajadores que recogen las nueces del suelo.

El reino de Dios tampoco conoce temporada. El Padre permite que las almas que estan maduras sean recogidas. El "cosechador' tiene que pasar tiempo sobre sus rodillas.

La nuéz "mac" madura es dificil de encontrar, especialmente si las ojas y despojos no han sido limpiadas con sopladores de gas. Los trabajadores tienen que estar vestidos apropiadamente con mangas largas, pantolones largos y guantes para protegerce de los espinos y ojas punzantes. Asi tambien, las almas maduras son dificiles de encontrar, escondidas bajo los despojos del mundo a menos que el desorden sea removido. Como trabajadores en la viña del Señor, tambien, tenemos que estar bien vestidos — con toda la armadura del Señor — sino seremos enredados con las tretas del diablo. Tambien necesitamos discernimiento para saber cuales almas estan "listas" para recoger.

Las nueces de macadamia pueden engañarte. Pueden mirarse bien, tiradas en el piso, pero tienen que ser revisadas cuidadosamente cuando son levantadas. Aun el agujero mas paqueño indica que la carne ya ha sido comida, y solo es una cascara vacia. Tambien nosotros tenemos que ser cuidadosos sino seremos engañados. Mucha gente confiesa el nombre de Jesus y aparentan ser religiosos, pero por falta de una relacion con El. La apariencia puede estar cubriendo un corazon vacío.

Los trabajadores tienen diferentes tecnicas cuando cosechan esta nuéz de macadamia. Algunos les gusta revisar debajo de las rocas; otros gatean debajo de los arbustos con la esperanza de encontrar mas nueces y las mejores. Trabajadores Cristianos tambien tienen diferentes maneras de cosechar almas. Dios da distintos dones para que muchos sean alcanzados. ¡No encontraremos el fruto que Dios intenta para nosotros si estamos ocupados mirando a otros como hacen su trabajo!

Las nueces de macadamia son dificiles de rajar. Estan encerradas en dos cascaras protectivas. La cascara externa es suave y puede ser removida con la mano. Pero la segunda cascara es tan dura que la nuéz tiene que ser echada en un horno donde lo caliente evapora el agua adentro. Aqui, se asan hasta que la carne se encoge de la cascara. Luego se ponen entre unos barriles largos de metal que ejercen presion de 300 libras por nuez. Despues de rajadas, las nueces caen en un movimiento de agua donde las cascaras flotan y son removidas, Finalmente, la carne de las nueces son separadas, saladas y ¡listas para consumir como un delicioso festín!

Es tentador pensar que, una vez que nuestra cascara de afuera sea removida y ya somos "salvos," y que, esto es todo lo que Dios ha designado para nuestras vidas. Sin embargo el proceso de refinamiento tiene que seguir hasta que la fruta deliciosa aparesca. Para obtener este resultado final, Dios permite que seamos echados en el horno refinador hasta que esas cascaras duras y amargas, enojo y rencor son rajados. Los barriles de metal de la presion de Dios nos desenmascara. Despues, a traves del lavamiento de la Palabra, el hombre viejo sale a la superficie y es removido. Finalmente, estamos listos para ser usados — algunos para ser empaquetados y ser enviados en todo el mundo, otros para ser salados y ser dejados afuera en un plato para que mordisquen esos que estan cerca. Ya sea que esamos dejados simples, o guardados en una caja de chocolate, el escogimiento no es nuestro. Somos de El.

## ¿QUE PIENSA USTED?

1. ¿Le da usted tiempo a la meditación de la Palabra de Dios diario? ¿Cuando y como? _____
   _____
   _____

2. ¿Puede usted compartir una revelación reciente en la Biblia que vino a usted a través de la meditacion? _____
   _____
   _____

3. ¿Alguna vez usted ha practicado el tipo de meditación erronea? (como Meditación trascendental) ¿Como ha tratado con esto? _____
   _____
   _____

## EVALUACIÓN PROPIA

1. ¿De que manera esta usted implementando los principios aprendidos de Maria? _____
   _____
   _____

2. ¿En que forma esta usted fallando en implementar los principios aprendidos de Maria?___
   _____
   _____

3. ¿Que necesita hacer usted para cambiar? _____
   _____
   _____

4. ¿Como lo hara? _____
   _____
   _____

*Lección 24*
# Maria y Marta

## *Un Ejemplo de Amigos — Familia*

*Ya no os llamare siervos, porque el siervo no sabe lo que hace su Señor; pero os he llamado amigos, porque todas las cosas que oi de mi Padre, os las he dado a conocer.*

Juan 15:15

*Dios hace habitar en familia a los desamparados.*

Salmo 68:6

## PREPARANDO EL ESCENARIO

Despues de que Jesus dejo su casa en Nazaret para entrar en su ministerio publico, las Escrituras no dicen mucho si el regreso a su familia, o no aun solo si para visitar. No sabemos, sin embargo, muchas veces fue a la casa de Maria, Marta y Lazaro. Estas dos hermanas y un hermano, vivieron en Betania, un pueblo cerca de Jerusalen. Jesus fue aqui, para descansar y compartir una comunion agradable con sus amigos. Fue con ellos que El tuvo una comida conmovedora poco antes de su entrada triunfal en Jerusalen.

Aunque el nombre de las dos mujeres van usualmente juntos, ellas son reconocidas como un contraste. Marta es conocida como la "afanada estas con muchas cosas," mientras hacia trabajo de buena anfitriona. Maria, en el otro lado, es reconocida como la que "escogio la buena parte," sentada a los pies de Jesus para aprender de El. Ellas estaban unidas por la preocupación por su hermano Lazaro, cuando se enfermó y murió. Jesus ministro a cada una de estas mujeres en una manera unica. Esta lección enfocara en la relación que tenian una con la otra. Tambien consideraremos su hospitalidad, mientras le expresaban su amistad a Jesus.

Jesus nos ha llamado a ser Sus amigos (Juan 15:14). Tambien quiere que nos relacionemos unos a otros como amigos. Esta lección tambien cosiderara lo que las Escrituras dicen concerniente a algunos de los beneficios y costos de la amistad. Entonces, ya que Jesus se gozaba de la comunion de esta familia especifica, veremos lo que Dios intenta para nuestra familia natural y tambien la familia de la cual somos parte cuando aceptamos a Jesus como nuestro Salvador.

## EL ÉXITO DE MARIA

(Basado en Lucas 10:38-41; Juan 11; 12:1-8)

### Desarrollando una Relacion

Maria y Marta eran la una para la otra como Cain y Abel, Jacob y Esau. Ellos, tambien, eran opuestos en muchas maneras. Marta ocupada en tareas de la casa, era una persona muy practica dada a la hospitalidad. Maria, en el otro lado, parecia preferir sentarse pacifica y quietamente a los pies de Jesus, empapandose de las verdades que El enseñaba. Ella queria aprender todo lo que pudiera acerca de su Maestro y amigo. Estas dos hermanas tenian sus propios talentos apropiados, y cada uno servia a su amigo, Jesus, a su manera.

Maria parecía ser una persona mas sensitiva. Por ejemplo, aunque ambas Maria y Marta amaban a su hermano leemos que solo Maria estaba llorando cuando el murio. Aunque Marta fue a saludar a Jesus cuando vino para estar con ellas, Maria fue la que se tiro a sus pies y lloro. Y Jesus lloró con ella, antes que resucitara a Lazaro.

Una noche antes que Jesus hiciera su entrada triunfal a Jerusalen, menos de una semana antes de que fuera crucificado y sepultado, un banquete fue hecho en la casa de Simon el leproso. De gratitud por lo que Jesus habia hecho por su familia, Maria tomo una botella de perfume y ungio los pies de Jesus, y los enjugo con sus cabellos. Mientras la fragancia saturaba la casa, Jesus la elogio. Aunque Maria no sabia los eventos futuros, Jesus sabias y vio que era una preparación para su sepultura. Para Maria fue un acto de amistad hacia uno que habia venido a ser como de la familia.

# EL ÉXITO DE MARTA
(Basado en Lucas 10:38-41; Juan 11; 12:1-8)

## Hospitalidad Practica

El primer vislumbre que tenemos de Marta es su hospitalidad cuando recibe a Jesus en su casa (Que sugiere que ella pudo haber sido la dueña). La provision de esta casa significaba mucho para Jesus. Un dia El dijo "El hijo del hombre no tiene donde recostar su cabeza." Pero el proximo dia, la Biblia dice *"El vino a Betania... y Marta le hizo una cena."* Fue en esta casa, solo fuera de Jerusalen, que Jesus venia de vez en cuando para ser ministrado y refrescado fisicamente. Para Marta, las responsabilidades de la casa nunca eran una monotonía. Ella siempre estaba lista para recibir a aquellos que se refugiaban bajo su techo hospitalario.

Lucas, que quizas acompañó a Jesus a la casa, noto que Marta "estaba muy ocupada sirviendo," mientras probablemente se encontró en conflicto con sus que haceres. Ella amaba a Jesus y queria que todo estuviera listo para El. Especialmente le irritaba ver a Maria nada mas sentada y escuchando a Jesus mientras ella estaba muy ocupada preparando la comida. Ella le rogo a Jesus que le pidiera a Maria que la ayudara para que las cosas practicas estuvieran listas. Jesus reconocio que su trabajo era para El, pero tambien le recordo que estaba permitiendo que sus actividades externas estorbaran su espiritualidad.

Juan continua donde Lucas lo dejo y con mucho detalle habla de la Marta practica. Despues de la enfermedad y muerte de Lazaro, muchos amigos vinieron a cosolar a las hermanas adoloridas mientras ellas esperaban la llegada de su amado amigo. Finalmente cuando Jesus llego, Marta fue la primera en recibirlo. Ella lo reprendio por no haber venido antes. Al mismo tiempo, en fe, ella declaro que Jesus podia hacer un milagro. Luego siguio una conversación en la cual Marta confeso su fe en la Resurreccion. Jesus declaro que El es la Resurrección y la vida. Jesus no explico su tardanza en venir, pero le aseguro a Marta que su hermano resucitaria.

En el sepulcro, Marta dio lugar a sus sentimientos otra vez, implicando que seria imposible traer a su hermano a la vida porque ya hacia cuatro dias que estaba muerto. Pero sucedio un milagro y Lazaro resucitó, para gozo de Maria y Marta. El milagro fisico resulto en milagros espirituales, porque otros creyeron.

La ultima mencion de Marta fue en la cena cuando celebraban la resurrección de Lazaro. Como siempre, ella servia. Ella no hizo ni una oposicion cuando Maria ungio los pies de Jesus con el prefume costoso. Ya no estaba distraida con sus tareas, sino calmada y confiada, parecia estar de completo acuerdo con el acto de amor y devoción de su hermana hacia su maestro y amigo.

# LECCIONES DE MARIA Y MARTA
## Amistad

Las Escrituras no registran si Jesus regreso a su casa natural despues de que comenzó su ministerio publico. Como sea, cuando estaba cerca o en Jerusalen, vemos que varias veces fue a la casa hospitalaria de Maria y Marta en Betania. Fue aqui que el se retiraba para encontrar refrigerio y comunion con sus amigos.

Antes de considerar algunos aspectos de amistad, miremos a otros amigos mencionados en la Biblia.

**Santiago 2:23  Isaias 41:8** Abraham era considerado amigo de _____
_____
_____

**Rut 1:16-18** Como parte de la amistad entre Rut y Noemi, ella se dedico a Noemi por _____
_____
_____

**I de Samuel 18:1** Aunque el rey Saul odiaba a David, su hijo Jonatan _____
_____
_____

**II de Reyes 2:1-4** Elias y Eliseo demostraron su amistad el uno al otro con _____
_____
_____

**Job 42:10** ¿Que paso cuando Job oro por sus amigos?_____
_____
_____

Varios Proverbios nos instruyen concerniente a la amistad:

**Proverbios 27:6** _____
_____
_____

**Proverbios 27:10** No dejes a tu amigo, n _____
_____
_____

**Proverbios 17:17** En todo tiempo _____
_____
_____

**Proverbios 18:24** El hombre _____
_____

**Juan 15:12-15** Describa la amistad que Jesus desea tener con nosotros. ¿Que envuelve esto?
_____
_____
_____

**II de Timoteo 1:16-18** Pablo tenia un amigo llamado Onesiforo que _____
_____
_____

**Romanos 16:1 y 2** Pablo animaba a los santos en Roma a _____
_____
_____

porque _____
_____
_____

**Romanos 16:3 y 4** Pablo declara su amistad con Priscila y Aquila diciendo que _____
_____
_____

**Romanos 16:6-16** Pablo nombra otros amigos en Roma _____
_____
_____

**II de Corintios 16:15-20** Pablo anima a los amigos de Corinto a _____
_____
_____

porque ellos tienen _____
_____
_____

**Efesios 6:21-24** Saludos finales de Pablo a sus amigos en Efeso fueron _____
_____
_____

**Filipenses 4:14-23** Pablo recomiendo a su amigo en Filipos porque _____
_____
_____

**Colosenses 4:7-15** Pablo dice de sus amigo en Colosas _____
_____
_____

**II de Timoteo 4:19-21** Pablo dijo lo siguiente de sus amigos a Timoteo _____
_____
_____

**Tito 3:12-15** Pablo tenia que decir lo siguiente de sus amigos a Tito _____
_____
_____

**Filemos 22-24** Cerrando su carta a su amigo Filemon, Pablo le dijo _____
_____
_____

## Hospitalidad

Uno de los frutos de la amistad es ser hospitalario.

**Romanos 12:13** Como Cristianos se nos manda _____
_____
_____

**Hebreos 13:2** Es mas, nuestra hospitalidad debe de ir mas alla de nuestros amigos, debemos _
_____
_____

**I Timoteo 3:2** Uno de los requisitos de un obíspo es que debe de ser _____
_____
_____

**Mateo 25:35-40** Una de la maneras que ministramos como al Señor es _____
_____
_____

**Lucas 7:44 y 45** Hospitalidad en los dias de Jesus incluye _____
_____
_____

En los siguientes pasajes Escriturales, describa la hospitalidad demostrada. ¿Por quien? ¿A quien? ¿Que paso?

Genesis 18:1-8 _____
_____
_____

Genesis 19:1-11 _____
_____
_____

Genesis 24:31-33 _____
_____
_____

Genesis 43:31-34 _____
_____
_____

Josue 2:1-16 _____
_____
_____

II de Samuel 9:7-13 _____
_____
_____

Hechos 16:14-15, 40 _____
_____
_____

Hechos 28:12-15 _____
_____
_____

Apocalipsis 3:20 _____
_____
_____

## Jesus y la Familia

Los 30 años que Jesus paso con su familia terrenal fue una preparación en lo que se refiere a su corto tiempo de ministerio. La palabra familia nunca se menciona en sus enseñanzas, pero su enfasis en la familia es evidente en su amor de Dios el Padre, en su reverencia por la maternidad, en su ternura hacia los niños, y en su asociacion con la vida familiar.

Mire las siguientes Escrituras y escriba que ocurrio mientras Jesus se relacionaba a una familia o situacion hogareña.

Juan 2:1-11 _____

Marcos 1:29-34 _____

Mateo 9:9-13 _____

Lucas 7:36-50 _____

Lucas 10:38-42 _____

Juan 12:1-11 _____

Aunque Jesus enseño que lealtad a El trasciende al de una familia, el continuaba demostrando comprension a las ataduras humanas de padre, madre, hijo y niños. Es mas, estos terminos familiares le dieron palabras con las cuales explicar relaciones espirituales concerniente a Dios Padre. Jesus elevo la maternidad al reconocimiento mas alto de la historia. En su camino a la cruz, Jesus hablo a las hijas de Jerusalen y les dijo que lloraran por sus hijos. Durante su ministerio, un numero de madres trajeron a sus hijos a El para oracion y bendicion. El estaba tan interesado en los niños que dijo, *"Y cualquiera que haga tropezar a alguno de estos pequeños que creen en mi, mejor le fuera que se colgase al cuello una piedra de molino de asno, y que se le hundiese en lo profundo del mar"* (Mateo 18:6).

## Familias

Maria y Marta no solo eran amigos de Jesus, ellos eran familia tambien, porque eran hermanas en la carne. La familia pertenece a Dios. El la creo. El determino su estructura. El decreto su proposito. El la usa como un campo de entrenamiento en la tierra para prepararnos para el reino de los cielos. Dios piensa tanto en la Familia, que en el Salmo 127:1 dice, "Si Jehova no edificare la casa, en vano trabajan los que la edifican." Salmo 68:6 nos recuerda que "Dios hace habitar en familia a los desamparados."

Normalmente usamos el termino familia para decir padre, madre e hijos viviendo juntos como una unidad. Pero hoy tenemos otros tipos de familias — familia de padres solteros, familias mezcladas (el resultado de familias rotas), tambien muchos solteros que viven solos o juntos sin el beneficio del matrimonio que Dios intenta traer para que sean una familia.

La familia en la sociedad actual ha sido grandemente minada. Las escuelas publicas han tomado el lugar de la educación de la Iglesia, instrucción religiosa ha sido dejada a la Iglesia, y hay una tendencia de dejar que el gobierno provea muchos servicios que tradicionalmente eran provístos por la familia. Aun, en la vista de Dios, la familia debe de ser:

1. Un lugar donde la gente son cuidados desde la infancia hasta adulto — y hasta la muerte.
2. Un centro de creatividad, donde los niños no solo son traídos a ser, pero son nutridos para que sean los individuos que Dios quiere que sean.
3. Un trasmisor de valores, que viene mejor dia a dia a través de la interrelación cercana.
4. Un lugar donde Dios puede ser glorificado. Es un campo de entrenamiento para prepararnos con nuestras relaciones con Su cuerpo y con El como cabeza.

Dios respeta a la familia que dos de sus diez mandamientos lo conciernen (Vea Exodo 20:12 y 14).

## Mas alla de la Familia

Jesus tiene poco que decir acerca de relaciones entre hermanos naturales. Su enfasis estaba en una hermandad de todo hombre. Para alcanzar esto, El dice que el hombre tiene que nacer de nuevo. Amor de la hermandad era importante para los seguidores de Jesucristo. Ellos creian que era la evidencia de que la persona amaba a Dios (Vea I de Juan 4:20).

Amor de hermanos vino a ser una virtud extraordinaria en la Iglesia. Pablo escribe a los Romanos, "Amaos los unos a otros con amor fraternal" (Romanos 12:10. Y de Pedro "Finalmente, sed todos de un mismo sentir, compasivos, amandoos fraternamente, misericordiosos, amigables" (I de Pedro 3:8).

Hubieron muchas veces cuando Jesus predico una lealtad a El mas elevada que a la familia. El sabia que la verdad era mas importante que armonia domestica y que solo el reino de Dios tiene valores finales. ¿Como expresan esto los siguientes versiculos?

Mateo 10:34-37 _____

_____

_____

Lucas 14:26 _____
_____
_____

Marcos 3:32-35 _____
_____
_____

Juan 1:13 _____
_____
_____

## RESUMEN

Jesus tenia amigos especiales, dos eran hermanas, Maria y Marta. Quizas eran mas como "familia." El se quedaba muchas veces en su casa cuando estaba en el area de Jerusalen. La Escritura nos da guianza y amistad, tambien instrucciones concerniente a la familia — ambas la natural y la "nueva familia" que tenemos en el Señor.

## EJEMPLO MODERNO

Un dia en Enero recibimos una llamada de las evangélicas hermanas María pidiéndome a mi y a mi esposo preguntado si podíamos hospedar a uno de sus "hermanos" de Alemania. Conocíamos su ministerio mientras vivíamos en el área de Phoenix, pero ahora estábamos viviendo en el centro de California. Nos dijeron que el hermano Rufino tomaría fotos de la costa de California para usarlo en la televisión. Seria probable que el vendría a la casa después de que oscurezca, ya que queria fotos del crepusculo; y se iria temprano. Marcamos esa fecha en nuestro calendario.

En ese tiempo mi hermana y yo estabamos cuidando a nuestros padres ancianos quienes vivian en su casa en la misma ciudad. Pero la salud de nuestra madre de 93 años fallo y la tuvimos que poner en un hospital de ancianos. Por dos semanas cuidamos a papa quien se quedo en su casa, y nos turnabamos para alimentar a mama en el hospital.

Una tarde recibemos una llamada del hospital de ancianos diciendonos que si queriamos ver a nuestra madre viva, que fueramos al hospital inmediatamente. Mi hermana, su esposo y yo fuimos rapidamente mientras mi esposo se fue a quedar con mi papa en su casa. Entonces recordamos — esta era la noche en que debiamos de hospedar al hermano Rufino. No habia manera de hacer contacto con el, ya que estaba en "algun sitio" junto a la playa a 30 minutos.

Un vecino Cristiano ofrecio quedarse en mi casa y darle la bienvenida a nuestro huesped cuando llegara. Sucedio que el llego a nuestra casa, en el mismo momento que mi madre dio el ultimo suspiro, pasando de muerte a vida. Por supuesto hubo un tiempo familiar de pena con papi, y llamadas y arreglos que hacer. Ya era muy tarde cuando regresamos a casa esa noche. Pero nuestro huesped permanecio despierto, no solo para expresar su pesame sino para ministrarnos en compasion y oracion. Entonces, Despues de unas horas de dormir, el estaba en su camino otra vez.

Dios, en su tiempo perfecto, nos permitio hospedar lo que parecia ser un "angel desconocido." Nunca hemos visto al caballero antes, ni despues. El solo estuvo en este pais por un tiempo corto. Pero nuestro Padre en el cielo sabia que pasaria esa noche. Nos dio una oportunidad de abrir nuesta casa a uno que es parte de esta gran familia (El cuerpo de nuestro Señor Jesucristo) para que nosotros recibieramos ministración en tiempo de necesidad.

## ¿QUE PIENSA USTED?

1. ¿Que parte juegan sus amigos en su vida? _____
_____
_____

2. ¿Como muestra amistad a otros? _____
_____
_____

3. ¿Es importante la familia para usted? ¿Como muestra esto? _____
_____
_____

4. ¿Como se relaciona y comparte con sus hermanos en el Señor?_____
_____
_____

## EVALUACIÓN PROPIA

1. ¿De que manera esta usted implementando estos principíos aprendidos de Maria y Marta?
_____
_____

2. ¿En que forma esta usted fallando en implementar estos principios aprendidos de Maria y Marta? _____
_____
_____

3. ¿Que necesita usted hacer para cambiar? _____
_____
_____

4. ¿Como lo hara? _____
_____
_____

*Lección 25*

# Mujer de Samaria, Viuda de Nain, y la Mujer de Sirofenicia

## Un Ejemplo de los Recipientes en el Ministerio de Jesus

*Recorria Jesus todas las ciudades y aldeas, enseñando en las sinagogas de ellos, y predicando el evangelio del reino, y sanando toda enfermedad y toda dolencia en el pueblo.*

Mateo 9:35

### PREPARANDO EL ESCENARIO

Juan 21:25 dice, *"Y hay tambien otras muchas cosas que hizo Jesus, las cuales si se escribieran una por una, pienso que ni aun en el mundo cabrian los libros que se habrian de escribir."*

Uno se pregunta por que tenemos las historias de ciertos incidentes en el ministerio de Jesus. ¿Por que oímos acerca de una mujer que El ministro y no a otras? Dios tiene una razón que solo El conoce.

Tenemos las descripciones de su encuentro con tres mujeres sin nombre: (1) La mujer Samaritana (2) La viuda de Nain (3) y la mujer Sirofenicia. Estas fueron mujeres especiales de ciudades diferentes, que fueron tocadas por Jesus, cada una de una manera unica. Quizas ellas tambien representan necesidades de mujeres en general.

La mujer Samaritana no solo era una extranjera, de acuerdo a los Judíos, pero estaba viviendo en adulterio. Ella necesitaba limpieza de pecado. Cuando Jesus la encontró en el pozo, el le ofreció el agua viva de salvación. Ella encontro que El era el Cristo, su Mesias, y corrio a compartir las buenas nuevas con otros.

La viuda de Nain estaba rendida de dolor. Cuando Jesus vino a su ciudad. Su unico hijo estaba siendo llevado a la sepultura. Jesus la alcanzó, trayendole consuelo cuando resucito a su hijo. Dios fue glorificado mientras la multitud reconocía a Jesus como profeta.

La mujer gentil Sirofenicia vino a Jesus con una necesidad de sanidad por su hija. Aunque de primero parecía que Jesus no la oia, el le concedio su petición por su insistencia. En cada caso, vemos como la mujer transformo un fracaso a un exito por la manera unica de como Jesus las ministro.

Jesus sigue ministrando a mujeres con necesidad hoy. Nos ofrece salvacion. Nos viene a consolar. Contesta nuestros gritos de intercesion a favor de las necesidades de nuestra familia.

### EL FRACASO, LUEGO ÉXITO, DE LA MUJER SAMARITANA

(Basado en Juan 4:5-30; 6:35)

Jesus y sus discipulos iban a la provincia de Galilea cuando Jesus decidio que entrarian a Samaria. Cuando se acercaron a la ciudad de Sicar, Jesus paro para descansar en el pozo de Jacob, mientras los discipulos fueron a la ciudad a comprar algo de comer.

*Cuadro 25a*

## MUJERES A QUIENES JESUS MINISTRO

| | **Mujer de Samaria**<br>Juan 4:5; 6:35 | **Viuda de Nain**<br>Lucas 7:11-17 | **Mujer de Sirofenicia**<br>Mateo 15:21-28;<br>Marcos 7:24-30 |
|---|---|---|---|
| ¿Cual era el pasado de la mujer? | | | |
| ¿Donde y como se encontro son Jesus? | | | |
| Describa la condición de esta mujer. | | | |
| ¿Cual era su necesidad? | | | |
| ¿Cual era la actitud de Jesus hacia la mujer? | | | |
| ¿Como la ayudo Jesus? | | | |
| ¿Cual fue el resultado del ministerio de Jesus a la mujer? | | | |

Pronto una mujer Samaritana vino a sacar agua. Jesus le pidió agua. Ella estaba sorprendida, pero Jesus le dijo, que si solo supiera quien era El, ella le pediria agua viva. Comprendiendo que estaba confundida, Jesus le explicó que el agua que le podia dar seria en ella una fuente de agua que salte para vida eterna.

Cuando la mujer contesto que queria algo de esa agua, Jesus le dio un mandamiento extraño. Le dijo que trajera a su esposo. Ella le dijo que no estaba casada, y Jesus la sorprendio diciendole que no solo no era casada con el hombre con quien estaba viviendo, pero que cinco maridos habia tenido antes. A esto, la mujer declaro, tu tienes que ser proféta.

Luego tuvieron una conversación concerniente a la verdadera adoración, que los guio a una discusion del Mesias.

Cuando Jesus se revela a ella como el Mesias la mujer Samaritana dejo su cántaro y corrió a la ciudad a decirle a todos.

Y vinieron a ver a Jesus mientras los discipulos regresaban con algo de comida. Jesus les dijo que su "comida" era hacer la voluntad de su Padre. Muchos de la ciudad creyeron en El por la palabra de la mujer que decia El me dijo lo que he hecho.

El hecho de que Jesus encontrara a esta mujer era un acto de Dios. En esos dias los Judíos no viajaban a través de Samaria, aunque era el camino mas corto entre Galilea y Jerusalen. Odio racial separaba a los Judíos y Samaritanos. Pero mientras los Judíos no tenian tratos con los Samaritanos, Jesus si. Y el escogio ir a traves de Samaria.

La mujer que Jesus encontro no solo era una enemiga de los Judíos, pero tambien era pobre, la evidencia era que estaba alla sacando agua. (No se oia que un maestro Judío hablara a una mujer en publico.) La gente local evitaba a esta mujer por su reputación, que probablemente se explica porque vino al medio dia a buscar agua, mientras otras mujeres estaban preparando almuerzo en sus casas.

El agua que Jesus ofrecía no era para su necesidad fisica, pero era una fuente que calmaba la sed espiritual. Tambien le fue revelado la unica base para la verdadera adoración, y tambien la verdad de que era el Mesias. Su respuesta fue que dejo todo y corrió a decirle a otros las buenas nuevas.

## LECCIONES DE LA MUJER SAMARITANA
### Salvación

La primer necesidad para cualquier persona viva es salvación. "Por cuanto todos pecaron, y estan destituidos de la gloria de Dios" (Romanos 3:23) Unalo con II de Pedro 3:9 que dice que Dios no quiere que nadie perezca, y podemos comenzar a comprender porque Jesus escogió salirse de su camino para encontrase con la mujer Samaritana con su necesidad por "agua viva" ella necesitaba la salvación y el Espíritu de Dios desesperadamente para morar en ella y Jesus deseaba sinceramente que lo tuviera.

En una lección anterior aprendimos la necesidad de arrepentirnos para que podamos confesar nuestros pecados y aceptar el perdon que Dios ofrece. Mientras hacemos esto y creemos en Jesus como nuestro Salvador, recibimos salvacion. No solo somos salvos de la pena de nuestros pecados, sino somos hechos sanos y salvos para vida eterna. (Entonces viene el Espíritu Santo a morar dentro de nosotros.)

En la historia de la mujer Samaritana en el pozo, somos introducidos al termino "agua viva." Significa que puede calmar la sed espiritual donde la hay. El agua en el pozo solo puede satisfacer sed fisica. Jesus queria que la mujer "bebiera de El." Para que ella pudiera experimentar todo lo que implica la salvación. Tal agua es un regalo Divino.

**Jeremias 17:13** Jeremias dice que el Señor es _____

_____

_____

**Jeremias 2:13** Dios dice que su gente lo dejaron, la _____

_____

_____

y tienen para si _____

**Isaias 12:3** Con gozo, podemos _____

_____

_____

**Isaias 55:1-3** Nuestra sed espiritual puede ser satisfecha por _____
_____
_____

**Ezequiel 47:8 y 9** Ezequiel nos dice de un rio que fluye del templo de Dios. En esta aguas, hay
_____
_____

**Juan 7:37-39** Mientras creemos en Jesus y bebemos de El (Tomamos de su vida) _____
_____
_____

Jesus le decia a la gente de _____
_____
_____

El cual no habia sido dado, porque Jesus no habia sido glorificado _____
_____
_____

**Apocalipsis 22:17** El llamado final para la salvación, en la Escritura, es cuando el Espíritu y la novia (La Iglesia) dicen _____
_____
_____

**Mateo 5:13** Los que han bebido del agua viva deben de _____
_____
_____

para que otros tengan sed tambien _____
_____
_____

## EL FRACASO, Y LUEGO EL ÉXITO, DE LA VIUDA DE NAIN

(Basado en Lucas 7:11-17)

Un dia despues de que Jesus sano al sirviente del centurion, El y sus discipulos ministraron alrededor del mar de Galilea. Mientras viajaban, las multitudes los seguian. Mientras se acercaban a la ciudad de Nain, podian ver sepulturas en las cavernas de ambos lados del camino.

De pronto, se encontraron con un cortejo funebre consistiendo de una mujer llorando y algunos amigos de la familia. La mujer era viuda e iba a sepúltar a su unico hijo.

Aunque Elias y Eliseo a través del poder de Dios, habian resucitado gente de la muerte, Jesus aun no habia hecho eso. Esa era la primera ocasion para ese tipo de milagro en su ministerio.

En el momento que vio a la madre llorando junto al ataud, El tuvo compasion por ella. Ella ni miro para ver lo que pasaba. Ella solo sabia que estaba llorando. Jesus simplemente le dijo "No llores." Entonces toco el ataud — un acto prohibido para un Rabi, que no debian de tocar los muertos por contaminación ceremonial. Le hablo al muerto y el joven se incorporo hablando. Y Jesus se lo dio a su madre. La gente de Nain estaba abrumada del milagro de su resurrección. Gran temor vino sobre de ellos, y glorificaron a Dios.

## LECCIONES DE LA VIUDA DE NAIN
### Consuelo

Jesus comprende el orden de las emociones humanas. El era el verbo hecho carne. El podia identificarse con nosotros porque El vivio en la tierra como hombre. Jesus nos conoce, y El tiene compasion de nosotros. El quiere consolarnos.

En una Escritura muy consoladora, Isaias describe como Dios tomara para atras a su amado Israel, aunque Israel tiene mucha pena. *"Porque como a mujer abandonada y triste de espiritu te llamo Jehova, y como a la esposa de la juventud que es repudiada, dijo el Dios tuyo. Por un breve momento te abandone, pero te recogere con grandes misericordias. Con un poco de ira escondí mi rostro de ti por un momento; pero con misericordia eterna tendre compasion de ti, dijo Jehova tu Redentor"* (Isaias 54:6-8).

La viuda de Nain no clamo a Jesus. Ella probablemente no esperaba que el la notara en la multitud, aunque ella supiera quien era El. Jesus vino a ella, y permitió que la ministrara con palabras de consuelo su alma adolorida. Ella permitió que se acercara tanto que pudo susurrar en su oído, "No llores." Asi como Dios volverá a El al oprimido Israel, asi Jesus tomo la iniciativa en ministrar a la viuda de Nain.

**II de Corintios 1:3 y 4** Dios es la fuente de todo consuelo, que _____
_____
_____

**Mateo 9:22** Jesus ofrece consuelo a _____
_____
_____

**Romanos 15:4** A través de el consuelo de las Escrituras _____
_____
_____

El Espíritu Santo, como Consolador, viene a nosotros en diferentes maneras:
**Juan 14:26** El _____
_____
_____

**Juan 14:26** El _____
_____
_____

**Juan 15:26** El _____
_____
_____

**Juan 16:7-11** El _____
_____
_____

**Salmo 30:5** Por la noche _____
_____
_____

y a la _____
_____
_____

**Salmo 30:11 y 12** Dios cambia nuestro lamento en baile por _____
_____
_____

**Mateo 5:4** Los que lloran ellos _____
_____
_____

**Apocalipsis 7:17; 21:4** Un dia, Dios _____
_____
_____

**Isaias 61:1-3** El Espíritu del Señor puede cambiar nuestro aflicción en _____
_____
_____

y nuestro espíritu angustiado por _____
_____

## Viudas

Una viuda en ocasiones ha estado en necesidad de consuelo hasta cierto punto. Porque ella habia perdido a su marido. Entre las muchas viudas de Israel, varias pasaron por el camino de Jesus. Parecia que El tenia un cuidado especial por estas mujeres.

El grupo de viudas, que desde tiempos antiguos usaban una vestimenta especial (Genesis 38:14 y 19), era generalmente precaria. Por lo tanto ellas eran aceptadas bajo el cuidado especial de Dios. (Vea Salmo 68:5; 146:9; y Proverbios 15:25). Viudas sin hijos regresaban a casa de sus padres (Levitico 22:13). A los que maltrataban a una viuda eran castigados (Vea Exodo22:22-24; Deuteronomio 14:29; II de Samuel 14:4-10; II de Reyes 4:1; Isaias 1:17, 23 y 24; Jeremias 7:6 y 7).

La Iglesia primitiva cuidaba a sus viudas, especialmente si se sabia que hacian buenas obras. (Vea Hechos 6:1; I de Timoteo 5:4, 9, 10 y 16; Santiago 1:27). Quizas la viuda mas conocida en la Biblia es la pobre que puso dos blancas en la ofrenda, dandolo todo.

## EL FRACASO, Y LUEGO EL ÉXITO, DE LA MUJER DE SIROFENICIA
(Basado en Mateo 15:21-28; Marcos 7:24-30)

Esta mujer persistente vivia en la costa de Tiro y Sidon, una region dada a la idolatría. Por que Jesus hizo este viaje no usual fuera de Palestina no se sabe. Quizas fue que queria alejarse un tiempo. Pero Su fama lo seguia y noticia de Su llegada llego a esta madre turbada. Ella lo encontro y le conto su triste historia.

Primero, Jesus estaba en silencio, parece que le volvio la espalda a esta mujer que sufria. Quizas este silencio queria decir que estaba probando su fe. ¡Y lo hizo!

Persistente, ella habia determinado no aceptar "no" por respuesta. Ella sabia que Jesus podia curar a su hija, y ella iba a recibir ayuda.

Asi que ella importuno a los discipulos para otra audiencia con Jesus. Esta vez, Jesus le dijo que no habia sido enviado a los gentiles, sino a las ovejas perdidas de Israel.

Aun esta represion no la paro de caer a sus pies y dijo "Señor, ayudame" ella mendigó misericordia. Cuando despues se lo nego diciendole que no era bueno tomar el pan de los hijos y echarlo a los perros, ella continuo rogando.

Ella no habia pedido una barra de pan, ella dijo, las migajas que caen de la mesa al piso. Jesus, quien habia sido muy duro, fue movido por la insistencia de la mujer, quien tenia fe en El. En respuesta, El sano a su hija, desde la distancia. Porque cuando regreso a casa, la mujer Sirofenicia encontro a su hija en su mente sana, acostada quietamente en su cama.

## LECCIONES DE LA MUJER DE SIROFENICIA
### Necesidades

Hemos visto que, como mujeres, necesitamos salvación y la investitura de Cristo como *agua viva* en nuestras vidas. Tambien necesitamos que nos consuelen y ministren para nuestras necesidades personales. Necesitamos el ministerio de Jesus mientras traemos las necesidades de otros a El. El esta, aun hoy, sentado a la mano derecha del Padre intercediendo por nosotros (Romanos 8:34; Hebreos 12:2). Tenemos acceso a este trono por la sangre de Jesus, para hallar gracia en nuestro tiempo de necesidad (Hebreos 4:16).

La persistencia de la mujer Sirofenicia muestra nuestra parte. Tenemos que buscar a Jesus, andemos en fe mientras hacemos nuestras peticiones, e insistamos reclamando Su Palabra hasta que la respuesta llegue. Veamos otros ejemplos de persistencia.

**Genesis 32:24-32** Jacob luchó con _____

hasta _____

**Deuteronomio 8:1-10** Dios impidio que los Hebreos entraran a la tierra prometida inmediatamente para _____

**Lucas 18:1-8** Esta viuda vino al juez por justicia y _____

**Mateo 7:7-11** Cuando pedimos algo al Señor, debemos de _____

# RESUMEN

Jesus ministro a muchas personas, incluyendo a tres mujeres sin nombre de diferentes pasados y situaciones. El sabia como suplir necesidades especificas de individuos, como tambien el de las multitudes. Muchas veces, Lo encontramos ministrando a mujeres. Mujeres hoy, tambien tienen muchas necesidades. Jesus, quien es el mismo ayer, hoy, y por los siglos, puede ministrarnos. Solo necesitamos desear recibir de El salvación, consuelo, salud, verdad, paz, y mas.

# EJEMPLO MODERNO

A través del impedimento de Ver, nos conocimos. Una victima de polio, ella tenia dificultad en caminar por los musculos atrofiados en sus piernas. Ella usaba un andador para transportarse sola del apartamento a la Iglesia, que estaba a una cuadra de lejos.

Yendo para su casa en Domingo en la mañana, ella se cayo. Dos de mis amigos estaban estacionados cerca, y saltaron de su carro para ver como la podian ayudar. Al mismo tiempo, dos jovenes pararon su vagoneta, salieron, la levantaron en sus pies, ¡y se fueron! Despues mis amigos llevaron a Vera a su casa. Mientras estaban alli, la invitaron a un estudio Biblico que yo enseñaba. Desde esa vez Vera ha sido un miembro fiel. Hasta hoy, ella declara que el Señor permitio que " resbalara en la banqueta," envio dos "angeles" que la levantaran, y la junto con una mujer especial para que encontrara una nueva y vital relación con Jesus, a traves del Espíritu Santo. Mis ojos fueron abiertos para ver como nuestro Padre Celestial obra, es mas, el tiene su oído y oye el clamor de la viuda.

Vera ha estado viviendo en nuestra ciudad solo por un corto tiempo, se movió para estar cerca a una hija. Su esposo murió hace poco, pero ella quiere conservar su propia casa, aunque estaba fisicamente incapacitada. El apartamento cerca de la iglesia y del centro era la respuesta. Sin embargo, ella tambien puso su nombre en una lista para un "apartamento para incapacitado" en un proyecto de casa baratas cerca de alli.

El Señor proveía para ella en muchas maneras milagrosas mientras continuaba viviendo en estos apartamentos por varios años. Semana tras semana, en nuestro estudio Biblico, ella daba testimonio como el Señor la protegia, proveia, y la sanaba de los resultados de varias caidas.

Mientras, se volvio mas dificultoso caminar distancias. Ella comenzo a buscar una silla-carro electrica, que podia ser manejada en la banqueta y en las caminos de bicicleta. Ella tambien busco al Señor concerniente a la cantidad grande de dinero que iba a necesitar. Despues de unos meses de esto, de pronto tenia una urgencia de conseguir la silla. Hizo la llamada y ordeno aunque no tenia un lugar done penerla cuando no estuviera en uso.

Ella sabia que lo tenia que tener aunque iba a tardar varias semanas para ser enviado a través del pais. Ella acababa de poner la orden cuando sono el telefono. Era el proyecto de casas preguntandole si se interesaba en un apartamento para incapacitado que pronto estaria disponible. Aunque estaba sorprendida de la llamada, ella les dijo que si. Luego se sento para reflexionar ¡en la cadena de eventos! Ella podia ver la mano del Señor en ellos, porque para moverse al nuevo apartamento necesitaba alguna clase de transportación. Ahora tenia un sitio ideal para guardar su nueva silla-carro. Lo que no sabia entonces era que, en el tiempo perfecto de Dios, su primer viaje en el carro nuevo iba a ser de su apartamento viejo al nuevo.

Dios favorece a la viuda, Jesus puede ministrar a cada una en una forma unica.

## ¿QUE PIENSA USTED?

1. Puede usted recordad un tiempo especifico cuando Jesus suplio su necesidad? ¿Que sucedio?
   _____
   _____

2. ¿Que necesidad especial tiene usted hoy? ¿Puede usted dejar que Jesus lo ministre allí?
   _____
   _____

3. ¿En que forma somos las manos, pies, oídos, ministrando a otros en su nombre? _____
   _____
   _____

## EVALUACIÓN PROPIA

1. ¿En que forma esta usted implementando los principios aprendidos de esta tres mujeres?
   _____
   _____

2. ¿En que forma esta usted fallando en implementar los principios aprendido de ellas? ____
_____
_____

3. ¿Que necesita usted hacer para cambiar? _____
_____
_____

4. ¿Como lo hara? _____
_____
_____

*Lección 26*
# La Mujer con la Condición de Sangre

## *Un Ejemplo de Sanidad*

*Quien llevo el mismo nuestros pecados en su cuerpo sobre el madero, para que nosotros, estando muertos a los pecados, vivamos a la justicia; y por cuya herida fuisteis sanados.*

I Pedro 2:24

## PREPARANDO EL ESCENARIO

En el Antiguo Testamento, encontramos que el Señor Dios es proclamado como Jehova-Rafa, el que sana. Los evangelios mencionan a muchas personas que Jesus sano. A través del poder del Espiritu Santo, muchos son sanados hoy.

La mujer con la condición de sangre es una de las personas que Jesus sano durante su ministerio terrenal. Por 12 años, ella fue angustiada por una enfermedad que no solamente la debilito, sino que la hizo vivir como una rechazada por la sociedad (vea Levitico 15:19-31). Por lo tanto, ella probablemente necesitaba sanidad interna como sanidad física.

Un dia, cuando ella oyo que Jesus iba a estar en su ciudad, ella se olvido de su orgullo, su reputación, su debilidad, y persevero contra todos los obstáculos que estaban en su camino. Ella se acerco suficientemente para tocar el manto que el tenia puesto, y su fe de mostaza fue recompensada. En ese instante, ella fue completamente sana.

Como creyentes en el Señor Jesucristo, tenemos la misma promesa de sanidad a través de Su Palabra. Pero tenemos que conocer la Palabra, creerla, y aceptarla para que sea manifestada en nuestras vidas. Esto se hace por la fe que viene a través de oir la Palabra. En esta lección, vamos a estudiar las Escrituras que tienen que ver con la sanidad. Tal vez estas edificaran una fe que crea en la sanidad que Jesus nos ha dado.

## EL ÉXITO DE LA MUJER CON LA CONDICIÓN DE SANGRE

(Basado en Lucas 8:43-48)

Todos nos sentimos fracasados cuando estamos enfermos, especialmente cuando la enfermedad tarda. Tal era el caso de la mujer en Lucas 8. Por 12 años ella sangro. Aunque iba de doctor a doctor, no encontro alivió. La perdida continua de sangre la dejo tan debil que era un gran esfuerzo irse de su casa. Ademas, ella estaba decepcionada y sin dinero. Y si esto no fuera suficiente, su enfermedad la hizo una rechazada. Su flujo de sangre la hizo inmunda (Levitico 15:25-27). Jesus vino al Mar de Galilea para enseñar, sanar, y ministrar a las multitudes que le seguian. El liberó a un hombre con un espiritu inmundo y su fama se divulgó. Todos estaban emocionados. Una gran multitud vino a la orilla.

Ellos querian ver el que habia hecho tantos milagros. Hasta Jairo, uno de los principales de la sinagoga, corrió para encontrarse con Jesus. La hija de Jairo se estaba muriendo y el queria que Jesus fuera para imponer sus manos sobre ella para sanarla.

Sin que la multitud se diera cuenta, esta mujer se acercaba poco a poco a Jesus. Ella tenia fe que El la podia sanar, y con toda la fuerza que tenia, ella se arrastro hacia El hasta que toco el borde de su manto (Mateo 14:36). Si uno estudia mas, uno descubre que el borde del manto de Jesus tenia un significado grande. Como un maestro Judío, es posible que El tenia cuatro borlas conectadas por un hilo azul al borde de su manto. Estas servian como un recuerdo de la ley mencionada en Numeros 15:37-41. A tocarlas, uno se acordaba del pacto de Dios y las provisiones en el.

Cuando su mano toco el borde de su manto, ella supo que estaba sana. A la misma vez, Jesus sintio que poder para sanar salio de El y queria saber quien le habia tocado.

Si la mujer lo hubiera admitido, sin duda la multitud habria gritado "inmunda." Todos la hubieran dejado, y tal vez, Jesus tambien. En su lugar, ella se postro ante Jesus y confesó que ella le habia tocado. Ella se humilló ante El, dispuesta de ser rechazada por la multitud y, tal vez, por El.

Su denuedo y fe agrado a Jesus. El le dijo que su fe en El la sano. Ella fue totalmente sanada porque estaba dispuesta a tocar a Jesus, sin tener en cuenta la opinion de los demas. Su fracaso en salud se convirtió en exito por su fe en el ministerio de Jesus.

## LECCIONES DE LA MUJER CON EL FLUJO DE SANGRE
### La Provision de Dios para Sanidad

El nombre especial por lo cual Dios deseaba ser conocido por su pueblo era Yahveh o Jehova (vea Exodo 6:3 y 4). Jehova era nombrado por dos o mas nombres en situaciones de crisis, para que El pueda manifestarse como El que satisface esa necesidad particular. La primera vez que Dios se revela es como Jehova-Rafa (el sanador), en Éxodo 15:26. Los hijos de Israel habian sido librados de 400 años de esclavitud en Egípto por un acto sobrenatural de Dios. El dividio el Mar Rojo para que ellos escaparan y entonces ahogo los enemigos que les seguian. Despues de un tiempo de regocijo, se encontraron cerca de otras aguas. Esta vez, eran amargas. La gente tenia sed y empezaron a murmurar. Moises oro. Entonces Dios le mostro que hacer. El tenia que tomar un arbol y echarlo en las aguas. Las aguas se endulzaron. A través de un acto de obediencia que parecia ridículo, la gente fue dada agua para beber.

Entonces Dios hizo un pacto de sanidad con Su pueblo. Lea Éxodo 15:26 y escriba las cuatro condiciones de esta promesa:

1) _____
2) _____
3) _____
4) _____

Cuando Dios le dio a Su pueblo las leyes en Éxodo 23:25-27, El les acordo que quitaria toda enfermedad de en medio de ellos si _____

Por muchos años Dios era el unico medico de Israel. Salomón, a través de sus matrimonios con Egipcias, probablemente trajo los primeros medicos a la tierra. No se menciona ninguno hasta Asa, el tercer rey de Judá (II Cronicas 16:12).

La primera sanidad en las Escrituras ocurre en Genesis 20:17. Aqui encontramos a Abraham orando por Abimelec, su esposa, y sus siervas, porque Dios habia cerrado toda matriz de la casa de Abimelec. Dios hizo esto para proteger a Sara. El iba a cumplir su promesa y darle un hijo — Isaac.

Porque somos injertados y somos parte del pueblo de Dios a través de Jesucristo, nosotros tambien podemos reclamar las promesas de Dios. Las promesas de Dios son irrevocables. El es fiel en cumplir Su Palabra cuando nosotros cumplimos nuestra parte.

### Sanidad a través de Jesus

Como Dios hecho carne, Jesus es tambien la fuente de salud. El poder de traer sanidad al cuerpo y a la mente existe en Dios y es transmitido por Jesus en Su Palabra, Su tacto, y Su autoridad.

La profesia en Isaias 53:4 y 5 nos dice que la redención y la sanidad fueron cumplidas por el Mesías. "Ciertamente llevo el nuestras enfermedades y sufrio nuestros dolores; y nosotros le tuvimos por azotado, por herido de Dios y abatido. Mas el herido fue por nuestras rebeliones, molido por nuestros pecados; el castigo de nuestra paz fue sobre El, y por su llaga fuimos nosotros curados."

De esa manera Jesus se hizo nuestro macho cabrío (vea Levítico 16:22). El llevó todos los pecados del mundo en Su sufrimiento y muerte en la cruz, para que el los pueda quitar.

La profesia de Isaias quiere decir que en el sacrificio expiatorio del Mesías, Jesus llevo nuestras enfermedades y tambien nuestras transgresiones e iniquidades.

En la cruz Jesus lucho con el poder de la enfermedad, el pecado, y la muerte. Los que aceptan la obra propiciatoria de la cruz y reciben a Jesus como Salvador, reciben perdon de pecados, sanidad del cuerpo, y mente sana.

Cuando Jesus se levanto de los muertos, El comisionó a sus discipulos a predicar, enseñar, y sanar (Marcos 16:15-18). Les fue dado poder, a traves del Espíritu Santo. Despues que la plenitud del Espíritu fue dada en el dia de Pentecostes, los discipulos empezaron a ministrar sanidad mientras testificaban del Señor Jesucristo. Provision fue dada para el ministerio de sanidad para la Iglesia antigua. Santiago les dijo a los creyentes que llamaran a los ancianos y que fueran ungidos con aceite si estaban enfermos (Santiago 5:16).

Con el paso de tiempo, la Iglesia empezo a dispersarse y olvidarse de algunos de los mandamientos. Sin el enfasis en la sanidad espiritual vino el uso de la medicina. Reclamando la provision de Dios por fe fue debilitado.

En el siglo 20, ha habido un nuevo movimiento del Espíritu Santo y el redescubrimiento del ministerio de la sanidad. Ahora muchos mas ven la tarea de la iglesia local — predicar y enseñar sanidad, y ayudar a la gente reclamar su legitimo herencia de sanidad a través de oración.

**Mateo 4:23** Cuando Jesus camino en la tierra, El sanó _____
_____
_____

**Mateo 10:1-8** Cuando Jesus envio a sus discipulos, El les dio poder para _____
_____
_____

**Mateo 13:58** Hubo ocasiones cuando Jesus no pudo hacer muchos milagros porque _____
_____
_____

### Sanidad Interna

Muchos desean sanidad para el cuerpo, y hemos visto que Dios ha provisto para sanidad. Pero de importancia similar o de mas importancia es la sanidad de nuestras almas, sanidad interna.

El hombre es un ser que tiene tres componentes — cuerpo, alma, y espíritu. La caida de Adan y Eva afectaron estas areas. El espíritu del hombre murió por el pecado. El alma fue cargada con tristeza, dolor, desesperación, temor y otras cosas. El cuerpo ahora es vulnerable a la enfermedad, el dolor, y la muerte.

Nuestros espiritus resucitan cuando aceptamos la salvación de Jesus. En la cruz, Jesus tambien llevo nuestras enfermedades y dolencias y conquistó a la muerte. Pero Dios tambien ha provisto para la sanidad del alma — la mente y las emociones.

Isaias 53:3 nos dice que Jesus fue despreciado y desechado. Podemos tener sanidad interna porque El sufrio este rechazo.

Es interesante lo que la Biblia nos dice acerca del sufrimiento de Jesus cuando estaba en Getsemani y su sudor era como grandes gotas de sangre. La Biblia solamente menciona Su sufrimiento fisico en la cruz. A través de estas dos experiencias, el pago el precio para nuestra sanidad física e interna. El llevo nuestra agonia emocional y por sus llagas, El llevo nuestro dolor físico.

En Exodo 15 vemos el relato de Moises y los Israelitas y las aguas amargas de Mara donde Moises echo un arbol en las aguas. Este arbol representa la cruz. Por lo tanto, cuando nos encontramos en situaciones amargas (que pueden causar heridas en necesidad de sanidad interna), debemos echar la cruz en medio de ellas. Cuando nos rendimos a toda la obra de la cruz, conoceremos la sanidad interna que Dios ha provisto y el pacto que nosotros tenemos con El.

### Las Personas que Jesus Sanó

Encuentre las siguientes escrituras y conteste las preguntas.

#### Juan 5:1-5 *El paralitico de Betesda*

¿Por que le hizo Jesus una pregunta cuando podia ver su problema? _____
_____
_____

¿Como contesto el hombre? ¿Respondio en fe? _____
_____
_____

¿Por que quiso Jesus que el hombre tomara su lecho y andara? _____
_____
_____

La sanidad, ¿Como afecto al hombre y a los demas? _____
_____
_____

¿Que pecado cometio este hombre? (Vea versiculo 14) _____
_____
_____

**Lucas 5:17-26; Marcos 2:1-12** *El hombre paralitico*

¿Quien deseaba mas la sanidad, el hombre o sus amigos? _____
_____
_____

¿Que tuvieron que hacer los cuatro hombres para traer su amigo al Maestro? ¿Que nos dice esto acerca de la intercesion por los demas? _____
_____
_____

¿Cual fue la primera necesidad que Jesus vio en el hombre? _____
_____
_____

¿Cual es la relación entre perdon y sanidad? _____
_____
_____

El milagro, ¿como afecto al hombre, los cuatro amigos, y la multitud? _____
_____
_____

**Juan 9:1-41** *El hombre ciego*

¿Cual es la relación entre el pecado y la enfermedad? ¿Nos envia Dios enfermedad para castigarnos?
_____
_____

¿Que tiene Satanas que ver con la enfermedad? _____
_____
_____

¿En que manera unica sano Jesus a este hombre? _____
_____
_____

¿Cual fue la reacción de los Fariseos, los padres, y el hombre? _____
_____
_____

**Marcos 3:1-5; Mateo 12:9-13; Lucas 6:6-10**  *El hombre de la mano seca*

Los Fariseos y Escribas, ¿como estaban tratando de acusar a Jesus? _____
_____
_____

¿Que le pidio hacer Jesus? _____
_____
_____

¿Es un tipo de sanidad mas dificil de conseguir que otro? Compare, por ejemplo, enfermedades adquiridas en contraste con defectos de nacimiento (aparentemente lo que tenia este hombre __
_____
_____

**Mateo 8:5-13; Lucas 7:1-10**  *El siervo enfermo del centurion*

¿Cual era el trabajo de un centurion? _____
_____
_____

¿Que caracteristica buena vio Jesus en el que ayudo con la sanidad? _____
_____
_____

¿Cual es la relación entre aceptar autoridad y tener fe para sanidad? _____
_____
_____

**Juan 8:1-11**  *La mujer adultera (sanidad interna)*

¿Cual fue la actitud de los acusadores hacia la mujer, hacia Jesus, y hacia ellos mismos? _____
_____
_____

¿Que hizo Jesus? ¿Como respondio ella? _____
_____
_____

¿Como ayudo este incidente para que ella fuera sanada internamente de su pasado? _____
_____
_____

**Juan 4:46-54** *El hijo del noble*
En esta segunda señal en Galilea, ¿como sabia el noble que era Jesus que habia sanado a su hijo?
_____
_____

Esta sanidad, ¿como afecto al noble y su familia? _____
_____
_____

¿Es verdad que milagros, señales, y prodigios siempre guian a tener fe en Jesus? _____
_____
_____

**Lucas 17:11-19** *Los diez leprosos*
¿Tiene significado el lugar donde ocurrio este milagro? _____
_____
_____

¿Que medios uso Jesus para sus sanidades? _____
_____
_____

¿Quien reconocio la verdadera fuente de sanidad? ¿Que hizo? _____
_____
_____

**Mateo 8:14-17; Marcos 1:29-34; Lucas 4:38-41** *La suegra de Pedro*
¿Como la sano Jesus? ¿Cuanto tiempo tomo para que ella quedara bien? _____
_____
_____

¿Tiene que ser una sanidad instantaneo para que sea del Señor? _____
_____
_____

**Marcos 9:14-29** *El muchacho endemoniado*
Segun el padre, ¿que problema tenia su hijo? _____
_____
_____

¿Por que no pudieron los discipulos sanar al niño? _____
_____
_____

Segun Jesus, ¿que tiene que hacer una persona para liberar a un tal endemoniado? _____
_____
_____

**Lucas 13:11-17** *La mujer con el espíritu de enfermedad*
¿Que mal habia con la mujer? _____
_____
_____

¿Como esta Satanas vinculado con la enfermedad? _____
_____
_____

¿Por que fue Jesus reprendido cuando la sano? _____
_____
_____

Hay mas relatos de sanidad que no vamos a estudiar. Pero si usted esta interesado, podria encontrar Mateo 9:23-26, la sanidad de la hija de Jairo; Mateo 9:27-31, la sanidad de los dos ciegos; y Lucas 14:1-6, la sanidad del hidropico.

### ¿Como Podemos Recibir Sanidad para Nosotros Mismos?

**Salmos 107:20** Tenemos que creer la Palabra de Dios, porque _____
_____
_____

**Mateo 8:8** El centurion sabia que Jesus podia sanar a su siervo porque _____
_____
_____

Por lo tanto, sabemos que necesitamos _____
_____
_____

**Proverbios 4:20-22** Debemos estar _____
_____
_____

porque la Palabra de Dios _____

_____

_____

**Jeremias 30:17** Aqui aprendemos que _____

_____

_____

**Marcos 16:18** La quinta señal que seguira a los creyentes es _____

_____

_____

**Santiago 1:6 y 7** Cuando pedimos algo del Señor, debemos pedir con _____

_____

_____

**Santiago 5:13-16** Si estamos enfermos, debemos _____

_____

_____

**Romanos 8:11** Podemos reclamar la Palabra que _____

_____

_____

**Hebreos 4:2** La manera de obtener beneficios de las promesas de las Escrituras _____

_____

_____

**Santiago 1:22** No solamente debemos oír la Palabra de Dios, sino _____

_____

_____

## RESUMEN

La mujer con la condición de sangre es un ejemplo de todos los milagros que Jesus hizo durante Su ministerio. Los evangelios no solamente tienen relatos especificos de sanidad, pero tambien muchas veces dicen que El sanaba dondequiera que iba. Como creyentes en el Señor Jesucristo, tambien tenemos la promesa de sanidad. Si conocemos la Palabra de Dios, la creemos, y la aceptamos para nosotros, tambien podemos tener sanidad en nuestro cuerpo.

## UN EJEMPLO MODERNO

Cuando nuestra hija Laurie vino a casa para las vacaciones de Navidad, nos fijamos que ella estaba muy cansada. No estabamos muy preocupados. Diciembre habia sido un mes muy ocupado con las actividades de Navidad para la escuela Cristiana donde ella enseñaba. Pero cuando ella regreso a la escuela, todavia estaba cansada. Ella hizo una cita para ver al doctor. Mientras tanto, en tres diferente ocasiones, II Corintios 4:7-18, "siempre estamos entregados a muerte…sabiendo que el que resucitó al Señor Jesus, a nosotros tambien resucitará porque esta leve tribulacion momentanea produce en nosotros un cada vez mas excelente y eterno peso de gloria," venia a su mente. No dandose cuenta como Dios la estaba preparando, ella recibio los resultados del examen. Ella estaba sufriendo de mononucleosis y tambien tenia un tumor, que era del tamaño de una naranja, en un ovario. El doctor estaba muy preocupado. El queria operar inmediatamente, pero no podia por la enfermedad mononucleosis. El entonces le informo acerca de la posibilidad de malignidad — noticias dificiles para una mujer de 24 años. El le dijo que en dos semanas le iban a operar y la mando a la casa para dormir.

Porque vivia solamente 100 millas de nosotros, yo decidí quedarme con ella. Pasamos el tiempo estudiando mucho la Palabra de Dios — leyendo la Biblia, escuchando cintas de cantos biblicos, leyando un libro que se trataba de como Jesus durante Su ministerio terrenal sano a todos los que vinieron a El — y luchando espiritualmente. Nuestra fe aumento despues de oir tanto la Palabra. Aumento aun mas cuando supimos que estabamos totalmente en las manos de la misericordia de Dios. El doctor no habia dicho que no podia hacer nada. Por supuesto nos quedamos animados cuando nos visitaban nuestros amigos y oraban por nosotros.

Porque mi esposo iba a venir el fin de semana, hicimos planes para que viniera el pastor de Laurie, algunos de los ancianos de la iglesia, y el director de la escuela para que oren y ungan a Laurie con aceite como las Escrituras dicen. Despues, porque Laurie se sentia mejor y tenia unas compañeras de cuarto para vigilarla, regresamos a casa.

Aunque Dios nos dio fe para reclamar la sanidad de Laurie, estabamos sorprendidos cuando la proxima semana recibimos su llamada despues de visitar al doctor. El le habia dado otro ultrasonido y estaba totalmente confudido. El tumor habia desaparecido, y el mononucleosis se habia ido — y muy raro para una enfermedad que normalmente dura semanas. Ni se tenia que decir que ella estaba sumamente contenta y sus padres tambien.

En la asamblea de la escuela la proxima semana, Laurie compartio lo que le habia ocurrido y le dio gloria a Dios. Los niños escuchaban con mucho interes. Cuando ella termino, hubo silencio — y, entonces, un grito espontaneo. A la misma vez, los niños alzaban sus manos en el aire y gritaban, "¡Si, Dios!" Sin duda, muchos regresaron a casa para decirles a sus familias, como Dios sobrenaturalmente sano a una de sus maestras.

## ¿QUE PIENSA USTED?

1. ¿Ha usted experimentado una sanidad sobrenatural? _____
_____
_____

2. ¿Cual es la relación entre los doctores y drogas y la sanidad? _____
_____
_____

3. ¿Como puede usted reclamar sanidad para si mismo o un ser querido? _____
_____
_____

¿Que cosas puede usted hacer para ayudar el proceso?_____
_____
_____

4. ¿Comparte usted la disponibilidad de la sanidad divina con otros? _____
_____
_____

## EVALUACIÓN PROPIA

1. ¿En que forma estas implementando los prindipios aprendidos de esta mujer? _____
_____
_____

2. ¿En que forma estas fallando in implementar los principios aprendidos de ella? _____
_____
_____

3. ¿Que tienes que hacer para cambiar? _____
_____
_____

4. ¿Como lo harás? _____
_____
_____

*Lección 27*
# Erodias y la Esposa de Pilato

## *Un Ejemplo de Venganza — Sueños*

*Mia es la venganza, yo dare el pago, dice el Señor.*

Hebreos 10:30

*Porque de la mucha ocupación viene el sueño, y de la multitud de las palabras la voz del necio.*

Eclesiastes 5:3

## PREPARANDO EL ESCENARIO

Una esposa, especialmente la esposa de un gobernador, esta en una posición estrategica. Su relación con su esposo a veces tiene efectos que alcanzan la vida de otros. Esto era verdad en el caso de Herodes y Herodias, y tambien la esposa de Pilato.

Una mirada a ambas parejas traerá luz a algunas realidades interesantes, pero tambien nos enseñara concerniente a otros dos temas — venganza y sueños. Aunque parece que no estan relacionados, ambos, venganza y sueños a veces dictan nuestras acciones.

Herodias queria deshacerse de Juan el Bautista por acusarla de vivir en pecado con Herodes su cuñado. Venganza la motivó a pedir la cabeza de Juan cuando su esposo le ofreció a su hija un favor. Herodes cumplio y Juan fue puesto a muerte.

La esposa de Pilato, en el otro lado, trato de influenciar en su esposo para hacer lo que fuera necesario para que no mataran a Jesus. Por un sueño que tuvo, ella aviso a su esposo de no condenar a Jesus a muerte. Pilato no obedeció y Jesus fue crucificado.

## EL ÉXITO FALSO DE HERODIAS
(Basado en Mateo 14:1-12; Marcos 6:14-29; Lucas 3:19 y 20)

De acuerdo a los historiadores, Herodias fue la hija de Aristobulo, quien era hijo de herodes el grande, y Mariane, quien era la hija de Hircano. El primer esposo de Herodias era Felipe I el hijo de Herodes el Grande y Marianne; asi que ella se caso con su tio, de quien tuvo una hija, Salome.

Cuando Herodes Antipas (Uno de los sucesores de herodes que gobernaba en Palestina en favor de Roma) visito Roma y fue entretenido por Felipe y Herodias. El robo su cuñada real, se divorció de su propia esposa, e hizo a Herodias reina en su lugar.

Cuando Juan el Bautista le dijo que estaba mal estar viviendo con Herodias, Herodes lo encarcelo. Herodias odiaba al hombre que habia perturbado a su esposo, y en el cumpleaños de Herodes ella tuvo la oportunidad de vengarse. A Salome la hija de Herodias, se le pidio que danzara ante los invitados para esta ocasion festiva. Ella emociono tanto a la audiencia que Herodes prometió darle lo que quisiera. Ella consultó con su madre, su complice quien le dijo que pidiera la cabeza de Juan el Bautista.

Herodes lo sintió inmediatamente, pero tenia que cumplir su palabra. Asi que envió a uno de su guardaespaldas a la prisión para que le cortara la cabeza a Juan y luego que la trajera en un plato. Asi, Herodias al fin se vengó y acabó con Juan.

¿Que le paso a ella? De acuerdo al historiador Josefo, ella fue la ruina de Herodes. Celosa del poder de Agripa, su hermano, ella empujó a Herodes que demandara de Caligula el emperador, el titulo de rey. Agripa aseguro, que esta demanda fuera rechazada, y Herodes desaparecio de verguenza y exilio. El orgullo de Herodias la forzo a ser fiel a Herodes, aun en la desgracia y mala suerte que ella misma habia causado parcialmente, a través de su venganza.

## LECCIONES DE HERODIAS

### Venganza

Los diccionarios definen venganza como devolviendo daño; tomando venganza.

El instinto natural del hombre (su naturaleza vieja) quiere venganza cuando ha sido herido en cualquier forma. Quiere empatar la puntuación y regresar mal por mal.

Herodias era que queria tomar revancha. Cuando Juan el Bautista señalo el pecado de Herodes viviendo fuera de la ley con la esposa de otro, fue con el proposito de llamarlo a arrepentimiento. Herodias como quiera, se sintio culpable. Para justificar su relación, ella busco vengarse de Juan.

Ella no es la unica en la Escritura que tomo venganza. Lea lo siguiente y sumarize estas preguntas. ¿Quien tomo venganza? ¿Por que? ¿Como lo hizo?

Genesis 34:1-31 _____

_____

_____

Jueces 16:23-30 _____

_____

_____

I de Reyes 19:1-3 _____

_____

_____

Ester 3:1-15 _____

_____

_____

La necesidad de revancha es nacida de un deseo de ser el Juez. Viene de la falta de arrepentimiento y rencor en la vida de uno. Asi que uno se pone a la altura de Dios, a quien verdaderamente le pertenece la venganza.

## Dios Es Juez

**Genesis 18:25** Dios es Juez de _____

**Deuteronomio 32:36** El Señor juzgara _____

**Salmo 9:8** El juzgara al mundo _____

El juicio de Dios incluye cualidades y el de nosotros no _____

Romanos 2:2 _____

Romanos 2:6 _____

Romanos 2:11 _____

Romanos 2:16 _____

De acuerdo a I de Corintios 3:12-15, *"La obra de cada uno se hara manifiesta."* Dios permitira que nuestras obras sean probadas por fuego para ver si son de oro, plata, piedras preciosas, o de madera, heno, y hojarasca.

Ya que Dios es Juez, es tambien su prerrogativa de tomar venganza (para imponer las consecuensias adecuadas por el pecado). Hebreos 10:30 (Una cita de Deuteronomio 32) dice, *"Mia es la venganza, yo dare el pago, dice el Señor. y otra vez: El Señor juzgara a su pueblo."* David reconoce la prerrogativa de Dios cuando dice en el Salmo 94:1, *"Jehova, Dios de las venganzas, Dios de las venganzas, muestrate."*

Aunque individuos han sido el recipiente del juício de Dios (Tales como Ananias y Safira en Hechos 5), hay tambien grupos grandes de gente que saben el resultado de esta venganza.

**Genesis 6:1-8** La primer vez que muestra la ira de Dios ocurrió en el tiempo de Noe. Esto se debio a _____
_____
_____

**Genesis 6:17; 7:10-12** Dios _____
_____
_____

**Genesis 11:1-9** Aqui, encontramos a Dios desagradado porque _____
_____
_____

asi El _____
_____
_____

**Genesis 18:20; 19:12, 13, 24 y 25; Ezequiel 16:49; Judas 7** Dios destruyó Sodoma y Gomorra porque _____
_____
_____

El hizo esto con _____
_____
_____

**Jeremias 15:6 y 14** A través de este profeta (y otros), Dios declaró que El _____
_____
_____

porque _____
_____
_____

**II de Cronicas 36:16-21** Esto se cumplió cuando _____
_____
_____

Junto con venganza, Dios tambien da una promesa que, de acuerdo a Isaias 35:4-10 era _____
_____
_____

**Lucas 21:6-28** Lucas dice del tiempo que la ira de Dios vendra. esto incluye _____
_____
_____
_____

Esto sera porque _____
_____
_____

Aunque, quizas, pasemos a través de muchas pruebas y persecusiones, ¿Como podemos escapar de la ira final de Dios?

De acuerdo a I de Pedro 1:17, juicio de todo hombre es solo el oficio de Dios el Padre. Sin embargo, En Juan 5:22 y 23, Cristo revela que el Padre ha escogido dar todo juicio al hijo. Encontramos que Jesucristo transfirio la autoridad final del juicio de su propia persona a la Palabra de Dios. El dice en Juan 12:47 y 48, *"Al que oye mis palabras, y no las guarda, yo no le juzgo; porque no he venido a juzgar al mundo, sino a salvar al mundo. El que me rechaza, y no recibe mis palabras, tiene quien le juzgue; la palabra que he hablado, ella le juzgara en el dia postrero."* Por lo tanto, si dejamos que la Palabra de Dios nos juzgue ahora, si la aceptamos, la creemos, y la obedecemos, nosotros tambien, como los que ya han nacido de nuevo, tomar parte en el primero de los tres juicios finales que la Biblia describe. Esto es el tribunal de Cristo, como se menciona en Romanos 14:10 y mejor descrito en II de Corintios 5:10, que dice, *"Porque es necesario que todos nosotros comparezcamos ante el tribunal de Cristo, para que cada uno reciba segun lo que haya hecho mientras estaba en el cuerpo, sea bueno o sea malo."* En este tiempo nuestras obras seran manifiestas, y recompenzas (o coronas) seran dadas de acuerdo. Por lo tanto, mientras permitimos que la Palabra de Dios nos juzgue ahora, escaparemos de la ira final de Dios, necesitamos solo pararnos ante el tribunal de Cristo para el juicio de obras, no para salvación eterna.

Esos que no permiten que la Palabra de Dios los juzgue en esta vida hay un juicio esperandolos. Es el juicio del gran trono blanco de Apocalipsis 20:11-15. Esos son los que sus nombres no fueron escritos en el libro de la vida del Cordero fueron juzgados y lanzados al lago de fuego.

## Si Dejamos la Venganza a Dios, ¿Que Debemos Hacer?

Lucas 6:35-38 _____
_____
_____

Mateo 5:38-48 _____
_____
_____

Mateo 5:11 y 12 _____
_____
_____

I de Pedro 3:8-11 _____
_____
_____

Efesios 4:31- y 32 _____
_____
_____

I de Corintios 5:11-13 _____
_____
_____

I de Corintios 4:3-5 _____
_____
_____

Romanos 14:4; 10-13 _____
_____
_____

## EL FRACASO DE LA ESPOSA DE PILATO
(Mateo 27:15-30)

Mientras la Biblia no nos dice quien fue la esposa de Pilato, el libro Apocrifo, el evangelio de Nicodemo, la identifica como Claudia Procula, una nieta del Emperador Agusto. Este libro dice tambien que ella era una proselita al Judaísmo, estando entre las mujeres de la clase alta sobre la cual la religion Judía tenia considerable influencia. En el unico versiculo que habla de ella, vemos que ella tuvo un sueño y le rogo a su esposo que no condenara al prisionero que estaba ante el. Nadie sabe lo que soño, ni tampoco porque tal sueño no le fue dado a Pilato.

Cuando Pilato le pregunto a Jesus si El era el rey de los Judíos, Jesus no respóndio como esperaba. Pilato decidio dar a la multitud una oportunidad de soltar a Jesus o a otro prisionero, Barrabas. Mientras se sentaba en la silla de juicio, Pilato recibió el mensaje de su esposa que lo avisaba de no tener nada que ver con este hombre justo (Jesus).

Pero los principales sacerdotes y los ancianos persuadieron a la multitud que pidieran a Barrabas. Cuando Pilato les pregunto que se debia de hacer con Jesus, llamado el Cristo, la multitud demando Su crucifixion. Pilato vio que esto era lo que querian. El tomo agua y simbolicamente, lavo sus manos de todo el caso. La esposa de Pilato hizo lo que pudo, aunque falló en su intento de cumplir el mensaje que ella recibio en un sueño.

# LECCIONES DE LA ESPOSA DE PILATO
## Sueños

De Genesis a Apocalipsis, Dios usa sueños y visiones como un medio de comunicación con el hombre. Solamente una vez esta archivado que una mujer tuvo un sueño, y todo lo que sabemos acerca de este sueño esta en un versículo, Mateo 27:19. Cualquiera que haya sido el sueño, su mensaje no fue tomado con el corazon por el que podia hacer algo.

Se nos dice que en los ultimos dias, sueños y visiones ocurrira mientras Dios derrama de su Espiritu sobre toda carne (Hechos 2:17). Tenemos que realizar, como sea, que no todos los sueños contienen mensajes de Dios.

Sueños pueden ser causados por incidentes durante el dia, o por haber comido antes de ir a la cama. Satanas tambien puede influenciar nuestro sueño — especialmente si produce miedo, que no es de Dios.

¿Como sabemos que nuestros sueños son de Dios? Como todo mensaje del Señor (tal como profesia), tienen que ser probados. Dios no da un mensaje y se contradice en otro. ¿Esta de acuerdo el sueño con la Palabra de Dios? ¿Como lo toman otros creyentes? ¿Ya le hemos pedido a Dios sus dones de discernimiento, sabiduria, y ciencia? ¿Nos acerca a Dios (Tal como en la oracion)? Dios raras veces da instrucciones especificas sin preparar al oídor antes.

Finalmente, no tenemos que hacer que un sueño se realiza. Si es de Dios, El lo hara.

Debemos abrirnos a la dirección de Dios a través de sueños, pero no deben de ser nuestras unicas fuentes de guianza. Sí, como la esposa de Pilato, sentimos que oímos de Dios a través de un sueño, y pasa todas las pruebas de un mensaje verdadero, podemos decirlo a otros. Si no creen el mensaje, eso es la resposabilidad de ellos. Dios avisó a Pilato a través de un sueño dado a su esposa. Se hizo cierta historia porque Pilato escogió no escuchar.

**Job 33:14-17** En sueños, Dios puede _____

**Hechos 2:17 y 18** En los ultimos dias _____

**Judas 8** Algunos sueños son descritos como _____

**Deuteronomio 13:1-5** Somos avisados concerniente a interpretación de sueños que _____

**I de Samuel 28:6** Evidentemente Dios contesta al hombre por _____
_____
_____

tambien por Urim y por los profetas.

**Jeremías 23:25-32** Algunos profetas que tienen sueños son _____
_____
_____

**Jeremias 27:9 y 10** No debemos siempre prestar oído a _____
_____
_____

porque _____
_____
_____

**II de Timoteo 1:7** Dios no da _____
_____
_____

sino _____
_____
_____

**II de Corintios 13:1** En la boca de _____
_____
_____

la Palabra de Dios sera establecida.

**Jeremias 23:16** Necesitamos determinar si el mensaje es _____
_____
_____

o _____
_____
_____

Vea el Cuadro 27a.

# Cuadro 27A

## Dreams in Scripture

**Enpareja la persona persona al sueño.**

| | |
|---|---|
| Ejemplo — Faraón | A el le dijeron de restaurar una esposa su marido. |
| Daniel | El vío una escalera de angeles que alcanzaba de la tierra a los cielos. |
| Nabucodosor | El soñó con carbos salpicados y rayados. |
| Salomón | El vió varios haz inclinarce a una gavilla de grano. |
| Jose (Esposo de Maria) | Vivas de tres vigas fueron espainidas en una copa, y pajáros comen de una canasta sobre la cabeza de un hombre. |
| Jose (Viejo Testamento) | Siete vacas flacas se comieron siete vacas gordas. Siete pequeñas mazorcas de maíz destruyeron siete mazorcas completis de maíz. |
| Mayordoro y Panadero | Un enorme pan vino y golpeó la caseta y la destrozó. |
| Magos | Dios le preguntó a este hombre lo mas que queria de este mundo. |
| Abimelec | Vío una gran imagen. Partes del cuerpo eran hechas de oro, plata, pasto, hierro y barro. |
| Un Hombre | Un alto y florecente arbol fué cortado y solo la estaca permaneció. |
| Nabuconodosor | El vío cuatro grandes bestias estrañas que salieron del mar. |
| Jacob | Le dijeron que oyera a otra nacíon. |
| Jose (El padre de Jesus) | Le dijeron a donde y cuando viajar. |
| Jacob | Le advirtieron de no ver a una persona en particular. |

273

## RESUMEN

Estos dos temas no parecidos, Herodias (esposa de Herodes), y la esposa de Pilato (llamada Claudia por algunos comentarios), vienen juntos solo porque son consideradas las esposas de dos gobernadores. Un gobernador era prominente al principio del ministerio de Jesus; el otro al final. Porque Juan el Bautísta acusó a Herodes de matrimonio ilegal con Herodias, ella busco revancha y vio que muera. La esposa de Pilato tuvo un sueño donde ella trato de avisar a Pilato.

## EJEMPLO MODERNO

Una mujer que vive en Israel tuvo un sueño que El Señor uso para salvar la vida de un hombre. Beverly trabajaba para una estación de televisión cristiana en Israel, donde enseñaba a los niños del lejano oriente cosas de television.

Ella se desperto de un sueño que la perturbo la mañana de Marzo 10 de 1985. Al principio, no podia recordar mucho de los detalles del sueño — solo que seguia viendo la cara de Ken, un joven productor para la cadena de TV. Los trabajadores incluyendo la familia de Ken y la de Beverly, viven cerca de la frontera del Líbano, uno de los lugares mas volátiles del mundo. Beverly comenzo a orar por su familia, por los trabajadores y especialmente por Ken. Aun fue a un vecino, quien estuvo de acuerdo especificamete por la seguridad de Ken.

Esa tarde temprano, Ken subitamente cambio sus planes de ir a través de la frontera a la estación de TV en Líbano, y en vez de eso se sento a comer su almuerzo.

Mientras tanto, un camion con una tropa Israelíta cruzaba la frontera. Un terrorista, en un acto suicida, choco su carro lleno de explosivos contra el camion. Doce soldados Israelítas murieron y muchos otros heridos.

Mas tarde cuando Beverly oyó lo que paso tenia razón para regocijarce mucho. Si Ken no hubiera cambiado sus planes, el hubiera estado en la frontera al mismo tiempo de la explosion.

A través de un sueño, una mujer sintió la necesidad urgente de orar que El Señor protegiera a un compañero de trabajo y salvara su vida.

## ¿QUE PIENSA USTED?

1. ¿Alguna vez a sentido el deseo de vengarse? ¿Que hizo? _____

2. ¿Como describe usted la venganza de Dios? _____

3. ¿Ha tenido usted algun sueño significante? ¿Que hizo usted con el? _____

4. ¿Que precaución toma usted para interpretar sueños — suyos y de otros? _____
_____
_____

## EVALUACIÓN PROPIA

1. ¿De que manera esta usted implementando los principios aprendidos de Herodias y la esposa de Pilato? _____
_____
_____

2. ¿En que forma esta usted fallando en implementar los principios aprendidos de ellas? ____
_____
_____

3. ¿Que necesita hacer usted para cambiar? _____
_____
_____

4. ¿Como lo hara? _____
_____
_____

*Lección 28*
# Maria Magdalena, Juana y la Otra Maria

## *Un Ejemplo de Mujeres que Ministraron con Jesus*

*Estaban alli muchas mujeres mirando de lejos, las cuales habian seguido a Jesus desde Galilea, sirviendole.*

Mateo 27:55

## PREPARANDO EL ESCENARIO

Aunque muchas otras mujeres quizas estuvieron presentes en el Calvario y presenciaron la crucifixión de Jesus; la Biblia solo nombra cinco — Maria, la madre de Jesus; Maria Magdalena; la "otra" Maria; Juana y Salome. Otras lecciones presentan Maria la madre de Jesus y Salome. En esta lección consideraremos las otras tres — Maria Magdalena, la "otra" Maria, y Juana — mientras miramos las funciones de estas mujeres en este gran evento de la historia. Descubriremos tambien, los ministerios que Dios provee para las mujeres de hoy.

Las tres mujeres de esta lección estan incluidas en la usada frase, la mujeres de Galilea. Ellas son de esta area que siguieron y ministraron con Jesus. Cada una de ellas recibió ministerio personal de El, asi como ellas ministraron con El y a El. Note el prominente papel dado a las mujeres al tiempo de la crucifixión de Jesus, como tambien al de la mañana de su resurrección. Ellas fueron las primeras en esparcir las buenas nuevas que Jesus resucitó.

## LAS MUJERES DEL CALVARIO

(Basado en Mateo 27:55, 56 y 61; 28:1; Marcos 15:40 y 47; 16:1-13; Lucas 8:1-3; 23:55; 24;10; Juan 19:25; 20:1-18)

En vez de pensar en estas mujeres como fracasos o exitos ahora, simplemente escuche lo que pudo haber sido sus pensamientos mientras presenciaban la crucifixión de quien habian servido — sus temores, desilusion y luego, gozo supremo cuando en la tumba ellas descubrieron que su Señor habia resucitado como El habia dicho.

Juana parada como parte de la multitud en el camino mientras Jesus carga su cruz al Calvario. La "otra" Maria se para bajo la cruz donde una selección de cinco se juntan. Maria Magdalena esta en camino a la tumba en la mañana de Resurrección.

**Juana** "No entiendo esto, ¿Que ha pasado? Primero Jesus habla de su propia muerte. Ahora el habla del juício que vendra. El dice que no lloremos por El, sino por nosotras. No puedo detenerlo. Yo solo puedo llorar hoy por El.

"Parece solo que hace un corto tiempo que yo fuí sanada por Jesus y me consagre a seguirlo. Cuando me di cuenta, me uní a las otras mujeres para servir a El y a sus discípulos, mientras ministraban de lugar en lugar. El deseaba tanto alcanzar a los perdidos. Aun hizo milagros de sanidad y liberación para que la gente viera el poder de Dios. ¿Porque alguien queria rechazarlo, mucho menos crucificarlo?

"Sin embargo, yo se que El rechazo toma lugar. Recuerdo cuando mi esposo, Chuza, perdio su trabajo de intendente de Herodes porque vine a ser una seguidora de Jesus y compartia con otros en la casa alli. Herodes no solo queria tener al primo de Jesus, Juan el Bautista, decapitado como un favor para su esposa, ¡Pero ahora se ha unido a Pilato en permitir que Jesus fuera puesto a muerte!

"Ahora mi corazon esta roto — no solo por mis amigos y otros que han rechazado a mi amado Jesus, pero tambien por El en Su sufrimiento de hoy. Oh Dios ¿Donde esta tu misericordia? ¿Donde esta tu justicia?

**La "otra" Maria** "¡Oh Dios mio! ¡Oh mi amado Jesus! Oh Maria, mi pobre hermana y madre de mi Señor. Maria, Maria Magdalena, ¿Que podemos hacer? Mi corazon esta roto; estoy enojada; muy perpleja. Estoy muy confundida. Algunos me llaman Maria, la hermana de la madre de Jesus; que si lo soy. Algunos me llaman la esposa de Cleofas; que si lo soy. Algunos me llaman la madre de Santiago y Juan; que si lo soy. Otros simplemente me llaman la "otra" Maria. Lo unico que se es que deseo que se me llame una seguidora de Jesus, aunque no entiendo lo que quiere decir ahora. ¿Que debemos de hacer?

¿Como puede continuar su trabajo con El colgando muerto de una cruz?"

**Maria Magdalena** Recuerdo la primer vez que vi a Jesus. Tenia miedo de El. Yo, que estaba perturbada mentalmente y emocionalmente, como me veía cuando el me vío. Mi cabello alborotado, mis ojos deslumbrantes, y mi pomulos hundidos demostraban a cualquiera que yo estaba atada y completamente poseída de demonios. Pero, gloria a Dios, Jesus me trajo liberación y paz de la mente y del corazon. Nunca podre agradecerle lo suficiente. ¡No, jamas!

"Los años que pasé ministrando con El no fueron suficientes. Tengo que atender a sus necesidades, aun ahora.

"Esas horas bajo la cruz fueron pura agonia. Ver a su madre llorando tanto y saber que nuestro Padre Celestial estaba sufriendo tambien ¿Como se sentiria ver a su hijo morir en tan espantosa manera?

"¿Viviria Cristo otra vez? ¿Resucitara como el dijo que lo haría? No importa. Yo ire a la tumba. Nada es tan importante como estar lo mas cerca que se pueda de El."

Maria Magdalena fue una de las primeras en la tumba en la mañana de la Resurrección. Estaba afuera de la tumba, llorando. Mientras lloraba, ella se inclino para mirar dentro de la tumba y vio dos angeles en blanco, sentados donde estaba el cuerpo de Jesus, uno a la cabeza y el otro a los pies.

Le preguntaron a ella, "¿Mujer por que estas llorando?" y ella contesto que habian llevado a su Señor, aunque ella no sabia donde le habian puesto. Ella se volvió a el y vío a Jesus parado, pero no lo reconocio. Pensando que era el jardinero, ella le dijo, "Señor, si tu lo has llevado, dime donde lo has puesto, y yo lo llevare."

Jesus le dijo a ella, "Maria." Ella se volvió a El y grito, "¡Raboni!" (que quiere decir maestro).

Jesus respondio, "No me toques, porque aun no he subido a mi Padre; mas vé a mis hermanos, y diles: Subo a mi Padre y a vuestro Padre, a mi Dios y a vuestro Dios."

Asi, Maria Magdalena con las otras mujeres, corrieron a decirle los otros discípulos del evento gozoso que habia tomado lugar. ¡Jesus esta vivo! ¡El ha, sí, ha resucitado de los muertos!

# LECCIONES DE JUANA, MARIA MAGDALENA Y LA "OTRA" MARIA
## Calvario

Cuando hablamos de Calvario, queremos decir la experiencia de Jesus sufriendo y muriendo en la cruz cuando era sacrificado como el Cordero de Dios por nuestro pecados,

El sitio del Calvario no esta muy lejos de los muros de Jerusalen donde Cristo fue crucificado y cerca de donde fue sepultado. La palabra latina *calvaria* es una traducción de la palabra Griega *kranion* que quiere decir *calavera*. La explicación comun es que el nombre se debía a la forma cranial del monte.

El sitio exacto del Calvario es un tema de debate. Dos sitios pelean por ser aceptados, ambos son visitados por turistas en la tierra santa. Una es la Iglesia de la Santa Sepultura. Dentro de los muros de la ciudad antigua presente; La otra esta fuera de la puerta de Damasco y es mejor conocida como la Tumba del Jardin, o Calvario de Gordon.

El lugar de la agonia y arresto de Jesus es el huerto de Getsemaní, tambien fuera de la ciudad antigua, pero enfrente del valle de Kidron en el monte de los olivos. Dentro de este jardin, permanecen hoy parados, ocho arboles viejos de aceítunas. La palabra Getsemaní quiere decir molino de aceite. Esto es significante en que Jesus fue "molido" como paso la noche en oración agonizante poco antes de su arresto.

Es muy difícil para nosotros, como hombres finitos, comprender el sufrimiento de Jesus, Dios encarnado. Nunca sabremos que significa para Dios estar metido en un cuerpo terrenal. Solo fue por Su amor agape hacia nosotros que Dios pudo humillarse a si mismo. Sin embargo Hebreos 12:2 nos recuerda que fue por el gozo puesto delante de El, sufrio la cruz, menospreciando la verguenza. Nos ama tanto que El estaba deseoso de dar su vida por la expiación de nuestro pecados.

Parte de sus sufrimientos tiene que haber venido de estar con sus discípulos que parecian que no entendian por que tuvo que haber venido y que iba a suceder. Y aunque El sabia que su Padre no lo habia abandonado, Jesus sabia que era muy difícil hacer su voluntad. No hay duda de que Satanas lo atormentó tambien. Sin embargo la noche larga en el jardin, solo fue un preludio a las tres horas del dolor agudo fisico que soporto en la cruz hasta que dio el Espiritu.

**Isaias 52:13-53:10** Nombra algunas formas, dichas aquí, que Jesus sufriria _____
_____
_____

**Mateo 16:21-23** Jesus El mismo, dijo algunas de las cosas que sufriria _____
_____
_____

**Marcos 10:42-45** Jesus vino a _____
_____
_____

**Mateo 26:14-16 y 47-50** Aun uno de Sus doce discipulos, Judas, _____
_____
_____

**Mateo 26:56** Luego todos sus discipulos _____
_____
_____

**Mateo 26:69-75** Pedro _____
_____
_____

**Mateo 27:1 y 2** Jesus fue _____
_____
_____

**Mateo 27:22-31** Aquí, ante Pilato, El fue sentenciado a muerte _____
_____
_____

**Marcos 11:18** Cuando Jesus limpio el templo, los Escribas y principales sacerdotes _____
_____
_____

**Marcos 14:32-42** Aunque El pidio que pasara de El esa copa de sufrimiento, El estaba dispuesto a _____
_____
_____

**Marcos 14:60-6** Cuando Jesus les dijo que regresaria, la respuesta fue _____
_____
_____

**Lucas 11:53 y 54** Cuando Jesus denunció a los Escribas y Fariseos, ellos _____
_____
_____

**I de Pedro 3:18** Cristo padeció por los pecados que _____
_____
_____

**Hebreos 5:7 y 8** A través de pruebas y sufrimiento, Jesus aprendió _____
_____
_____

**Mateo 27:32-50** Describa alguno de los sufrimientos de Jesus aqui _____
_____
_____

## Que Logro la Crucifixion de Jesus

**I de Corintios 2:2** Como Pablo, la cosa mas importante que queremos saber es_____
_____
_____

**Romanos 3:3** _____
_____
_____

pecaron y estan destituidos de la gloria de Dios

**Romanos 6:23** La paga del pecado es_____
_____
_____

**I de Corintios 15:3** Cristo murió _____
_____
_____

**Isaias 53:8** Fue herido por _____
_____
_____

**I de Pedro 2:24** Llevo nuestro pecados sobre de la cruz _____
_____
_____

**Efesios 2:1-7** A través de la muerte de Jesus sobre la cruz, _____
_____
_____

**II de Corintios 5:14 y 15** Porque Cristo murió _____
_____
_____

**Galatas 2:20**  Estoy _____
_____
_____

Y ya no _____
_____
_____

**Romanos 6:4-11**  Por la muerte y resurrección de Cristo, _____
_____
_____

**Colosenses 1:12-14**  Por la muerte de Jesus, tenemos _____
_____
_____

**Colosenses 1:20-23**  A través de la sangre de Jesus _____
_____
_____

**Colosense 2:13-15**  En la cruz, Jesus _____
_____
_____

**Efesios 2:13-18**  A través de la sangre derramada de Jesus, _____
_____
_____

**Galatas 6:14**  Podemos gloriarnos en la cruz de Jesus porque _____
_____
_____

**Filipenses 3:8-10**  La cosa mas importante que podemos conocer es ____
_____
_____

## Las Mujeres del Calvario

Aunque las escrituras no mencionan estas mujeres (excepto por Maria, la madre de Jesus) otra vez, podemos asumir que ellas estaban activas participando en la Iglesia primitiva.

Como sea, si nos muestra la parte prominente que las mujeres tenian en los eventos alrededor de la muerte, sepultura y Resurrección de Jesus — el evento mas grande en toda la historia.

La mujeres fueron:

1. Recipientes de las unicas palabras archivadas habladas por Jesus en su camino a su crucifixion.
2. Las unicas personas nombradas (Excepto por Juan) paradas bajo la cruz de Jesus.
3. Las primeras que testificaron la Resurrección de Jesus.
4. Las que llevaron las buenas nuevas de la Resurrección a los otros discípulos.

¡Gloria a Dios por las mujeres del Calvario!

## Ministerio para la Mujer de Hoy

A través de este estudio, vimos varias mujeres de la Biblia envueltas en ministrar a otros por amor de Dios. Repasando, miremos la mujer y el ministerio en el que participaron (Sea reconocido como tal o no):

**Jocabed** — crió a sus hijo en el temor de Dios.

**Miriam** — Dirigio al pueblo de Israel en alabanza y adoración

**Debora** — tuvo una posición de liderato, ungida por Dios

**Abigail** — ministro paz en una situación critica

**Viuda de Sarepta** — abrió su casa a una persona necesitada

**Sirvienta de la esposa de Naaman** — compartió las buenas nuevas con otra persona

**Hulda** — compartió la Palabra de Dios en profesía

**Ana** — ministro a Dios en oración y ayuno

**Marta** — abrió su casa en hospitalidad

**Mujer Samaritana** — vino a ser la primer misionera

**Viuda con las dos blancas** — dió todo su dinero

**Dorcas** — uso su habilidad de costurera para vestir al necesitado

**Febe** — sirvió como diaconísa en su iglesia

**Priscila** — enseñó la Palabra de Dios

¿En cual de estos ministerios se ha envuelto usted?

¿A que ministerio cree que Dios la esta llamando?

## Mujer Virtuosa

Tejido en 22 versiculos de la Escritura estan las cualidades que, en los ojos de Dios, hacen a una mujer digna de alabanza. Lea Proverbios 31:10-31 y considere lo sigeuinte.

*Su caracteristica:*

Diligente _____

_____

Industriosa _____

_____

Compasiva _____
_____

Belleza interna _____
_____

***Sus atributos como esposa:***
Versiculo 11 _____
_____

Versiculo 12 _____
_____

Versiculo 23 _____
_____

***Sus atributos como una madre:***
Versiculo 15 _____
_____

Versiculos 18 y 19 _____
_____

Versiculos 21 y 25 _____
_____

Versiculo 27 _____
_____

***Sus recompenzas:***
Sus hijos _____
_____

Su marido _____
_____

Sus obras _____
_____

Su Señor _____
_____

# RESUMEN

La mujer jugo un papel muy importante en la hora de la crucifixión de Jesus. Algunas se pararon bajo la cruz donde Jesus colgaba. Algunas miraron de lejos. Algunas fueron a la tumba para preprarar el cuerpo para la sepultura. Algunas fueron las primeras en testificar la Resurrección. Es mas son pocos los hombres que se mencionan en estos acontecimientos; se nos dice que los discipulos huyeron.

## EJEMPLO MODERNO

Velma Barfield, la primer mujer en 22 años de ser sentenciada a muerte en los Estados Unidos, vino a comprender el verdadero significado de la cruz de Jesus mientras estaba en la carcel. Entonces uso el resto de su vida sirviendole de un ministerio unico.

Velma nació en Carolina del Norte, en una familia de nueve hijos. Su niñez no fue feliz. Su padre siempre golpeaba a su familia mientras estaba borracho.

A los 16, se unió a una Iglesia Bautista a través de la influencia de unos amigos. Cuando tenia 17 se fugo. Aunque ella dejo su casa de niñez porque estaba en tratamiento medico y tenia deseo de ser amada, Velma vivio el resto de su vida culpandose por sus heridas y dolores recibida de otros.

Ella y su esposo tuvieron dos hijos. Tambien tenian muchos problemas, incluyendo accidentes y mala salud, mucho beber de parte de el, y desempleo. Finalmente, Velma se derrumbo con un ataque de nervios. Esa fue la primer vez que tomo un tranquilizante. Pronto estaba adicta.

Poco despues, su esposo murió en un fuego porque cuando estaba borracho y fumando su cama se quemo. Velma se caso otra vez. Su vida se consumió usando drogas y robando dinero.

Durante este tiempo enveneno a cuatro personas, incluyendo a su nuevo esposo y su madre. Desde entonces, Velma entraba y salia de la carcel, al mismo tiempo, iba a la iglesia cuando podia.

Un Sabado en la noche mientras estaba en la carcel, Velma se acostó en su catre escuchando el radio del guardia, que estaba en una estación Cristiana. A las 11 P. M., un nuevo programa comenzó. Ella estaba intrigada por la musica. Subitamente paró y un predicador declaro, "¡Donde estas en esta noche, Dios te ama! Velma sintió que Dios le estaba hablando directo a ella y, despues de escuchar al predicador del radio presentar el evangelio y explicar el plan de salvación, ella se abrió y comenzo a llorar por casi dos horas. Ella sabia, sin duda, que Jesus habia pagado el precio por su pecado sin importar que tan mala haya sido la persona.

Despues de su juicio, ella fue a la prision. Alli, pastores, amigos Cristianos, y el capellan de la prision le ministraron.

Con la ayuda del Señor, y un programa de drogas, ella fue libre de drogas. Muy agradecida por lo que la muerte y la resurreccion de Jesus habian hecho por ella, ella comenzo a mostrar el amor de Dios alrededor de ella. Ella oraba, tenia estudios biblicos, y ministraba a compañeras de prision.

La fecha original para su muerte era en 1979, pero Dios lo extendieo para que ministrara en Su nombre. Cuando ejecutaron a Velma en Noviembre 2 de 1984 dos grupos de gente se unieron fuera de la prision central de Raleih. Un pequeño grupo dio ovaciones cuando anunciaron que estaba muerta. Un grupo grande, como de 200 personas, tenian velas encendidas, y cantaban el himno "Sublime Gracia" antes de disolverse. Con lagrimas en los ojos, recordaban una mujer con un ministerio unico en favor de su Señor Jesucristo.

## ¿QUE PIENSA USTED?

1. ¿Esta aprendiendo a apreciar mejor el papel de una mujer a través de la Escritura, especialmente en la vida de Jesus? _____
   _____
   _____

2. ¿Que funciones unicas de la mujer parecen que nos hace mas sensitivas al corazon de Dios?
   _____
   _____

3. ¿Cual es tu reacción cuando ves que _____
   _____
   _____

4. ¿Que significa la crucifixión de Jesus para ti? _____
   _____
   _____

## EVALUACIÓN PROPIA

1. ¿De que forma esta usted implementando los principios aprendidos de las mujeres del Calvario? _____
   _____
   _____

2. ¿En que forma esta usted fallando en implementar los principios aprendidos de estas mujeres?_____
   _____
   _____

3. ¿Que necesita hacer usted para cambiar? _____
   _____
   _____

4. ¿Como lo hara? _____
   _____
   _____

*Lección 29*
# Salome y Rode

## *Un Ejemplo de Sufrimiento Persecusión y Rechazo*

*Y tambien todos los que quieren vivir piadosamente en Cristo Jesus padeceran persecución.*

II de Timoteo 3:12

## PREPARANDO EL ESCENARIO

Jesus hizo a la madre de Santiago y Juan (conocida como Salome) la pregunta que eventualmente le hizo a cada uno de sus discípulos. "¿Podeis beber del vaso que yo he de beber y ser bautizados con el bautismo con que yo soy bautizado?" En otras palabras, ¿podemos participar de Su sufrimiento como parte de nuestra dedicación a El?

Por el gozo que estaba ante El, Jesus soportó la cruz y la verguenza. Al conocer bien a Jesus, tenemos que experimentar el poder de su Resurrección, y tambien participar de su sufrimiento. Si sufrimos con Cristo, tambien reinaremos con El. Tenemos que estar crucificados con Cristo, para que El viva en nosotros. Eso es muerte del Yo.

Tenemos que estar preparados para sufrir como Cristianos, asi como debemos de esperar persecución de parte del mundo. A veces es difícil de llevar, el rechazo que experimentamos de otros creyentes y tener que estar sola, como Rode.

Aunque Dios no se deleita en el sufrimiento del hombre, el hombre pecó y tiene que vivir en este mundo con sus consecuencias de su pecado. Pero Dios hace que todas las cosas ayuden para bien, puede usar el sufrimiento que experimentamos, para bien. Es parte del proceso de refinamiento de la Iglesia, que la hace una novia en forma para Su hijo, Jesucristo. Ya sea sufrimiento o persecución tenemos que soportarlo y un dia va a valer la pena.

## EL FRACASO DE SALOME

(Basado en Mateo 20:20-24; 27:56; Marcos 15:40 y 41; 16:1 y 2)

Salome era la esposa de Zebedeo, un pescador prospero en el mar de Galilea. Lo unico que sabemos de el es con su bote, remendando las redes, cuando Jesus vino y llamó a sus dos hijos a seguirlo, no hubo accion de parte de Zebedeo para detenerlos.

Leyendo entre las lineas, uno puede estar de acuerdo en esta familia de Capernaum concerniente a su respuesta al llamado de Jesus.

Salome, una de las mujeres santas que seguian y ministraban con Jesus, parece que era una de las discipulas desde el principio de su ministerio publico. Ella no tenia duda de que era el Mesías.

Ella permaneció una discipula fiel de Jesus hasta el final.

Ella estaba presente en la crucifixión, cuando sus hijos se habian escondido. Tambien ella estaba entre las mujeres que fueron a la tumba y encontraron que Jesus habia resucitado de los muertos.

Todavia, Salome no entendia lo que Jesus queria decir por el Reino de Dios. Asi, como una madre ambiciosa, ella pidió por sus hijos que fueran puestos una a la derecha y el otro a la izquierda cuando el reino fuera una realidad. Jesus explico que estas posiciones no eran de El darlo. Jesus le pregunto que si ella y sus hijos estaban dispuestos a soportar el sufrimiento que se requeria. En efecto, Jesus le pregunto que si podian beber de la copa del martirio, que al final, ellos hicieron. Santiago fue el primer apostol martirizado, y Juan el ultimo. Esta madre busco posición instantanea para sus hijos. Pero por perder sus vidas por amor a Cristo, ellos ganaron honor mas grande en el cielo.

# LECCIONES DE SALOME
## El Sufirmiento de los Apostoles

Todos los apostoles fueron perseguidos por el enemigo de su Maestro. Todos murieron la muerte de un martir. Vea lo que la tradición e historia dice:

**Mateo** Sufrió martirio siendo muerto con una espada en Etiopia.

**Marcos** Murió en Alejandria, Egipto, despues de haber sido arrastrado por las calles.

**Lucas** Fue colgado en un árbol de aceitunas en Grecia.

**Juan** Fue puesto en un caldero de aceite caliente. Y escapo de una manera milagrosa, y fue despues que desapareció en Patmos (Donde recibió El Apocalipsis).

**Pedro** Fue crucificado en Roma con su cabeza para abajo.

**Santiago, el grande** Fue decapitado en Jerusalen.

**Santiago, el menor** Fue tirado desde el pinaculo de un templo y luego golpeado hasta la muerte.

**Bartolome** Fue desollado vivo.

**Andres** Fue amarrado a una cruz, donde continuo predicando hasta que murió.

**Tomas** Fue atravesado por una lanza en las Indias Orientales.

**Judas** Lo mataron con flechas.

**Matias** Primero lo apedrearon, y luego lo decapitaron.

**Bernabe** Lo apedrearon a muerte en Salonica.

**Pablo** Despues de varia torturas y persecuciones, fue eventualmente decapitado en Roma por Neron.

## Persecuciones de la Iglesia

Desde el principio, la Iglesia paso sufrimiento y persecución. Aun en el dia de Petecostes, cuando nació, los discipulos fueron burlados y acusados de estar borrachos mientras Dios derramaba la llenura del Espiritu Santo sobre de ellos para darles poder para el trabajo. Porque Roma estaba en poder y no simpatizaba con su causa, los Cristianos eran grandemente perseguidos.

El gobierno Romano tenia temor de ser derrocado. Los Romanos odiaban a los Cristianos porque los Cristianos despreciaban los dioses falsos de Roma. Le echaban la culpa a los Cristianos por lo desastres que ocurrian, como terremotos, hambres, guerras, sequias. Durante el tiempo de los emperadores, el coliséo fue edificado en Roma para entretenimiento. La gente iba allí como un deporte recreativo, a ver los gladiadores matar bestias y animales salvajes.

Poco despues, los Cristianos eran arrojados a los leones. Los espectadores se divertian viendo cientos siendo destrozados hasta la muerte.

El libro de los martires por Foxe, contiene historias de muchos que dieron sus vidas por los siglos por su fé y creencia en Jesus. Ignacio, un obispo de Antioquia, fue enviado a Roma porque profesaba ser Cristiano, y fue dado a las bestias salvajes para ser devorado. Policarpo, el obispo de Esmirna, fue quemado vivo por amor a Cristo. Tal persecución continuo hasta el tiempo de Constantino.

Constantino el Grande fue emperador en Roma desde el 312 hasta el 337 d. C. Su reinado fue marcado por dos grandes eventos — tremendo crecimiento de los Cristianos y el movimiento de de la capital del imperio de Roma a Constantinopla (Ahora Estambul, Turkía).

Lo anterior ocurrió porque Constantino se convirtió al Cristianismo y proclamo tolerancia de religion para los Cristianos. Constantino estableció tan bien la paz de la Iglesia que por espacio de mil años, no hubo persecución de los Cristianos (Hasta el tiempo de Juan Wycliffe).

Durante los años de intervención, la religion se corrompió. Cristo vino solo a ser un nombre a muchos Cristianos. El mundo Cristiano, que habia olvidado el poder vivo de la Palabra de Dios, estaba ciego en sus ceremonias externas y tradiciones humanas. Wycliffe percibió que habia pasado y protestó publicamente. Juan Wycliffe, un maestro en Oxford, Inglaterra, comenzo a traducir la Biblia al Ingles para que pudiera ser leida por los laícos y no solo por la jerarquia de la Iglesia. Ya que no habia imprenta, el enlisto cien escribas para hacer copias del Nuevo Testamento, que el ya habia traducido. El trató de llamar a la Iglesia de su idolatria, especiamenmte en el tema del sacramento del cuerpo y la sangre de Cristo. El fue perseguido hasta la muerte, en ese tiempo su cuerpo fue quemado y sus cenizas fueron esparcidas.

Foxe nombra otros martires — Caballero Juan Oldcastle, Juan Huss y William Tyndale, solo algunos — todos quienes dieron sus vidas por su fe en Jesucristo. Uno de los mas notables fue Martin Lutero, quien clavó sus 95 objeciones de indulgencia en la puerta de la Iglesia para que clericos, ciudadanos, y estudiantes leyeran su protesta contra la Iglesia Catolica que regia entonces. No hay necesidad de decir, el sufrió gran persecución y fue excomulgado por el Papa. Como resultado tenemos lo que es conocido como la Iglesia Protestante. Al mismo tiempo, la imprenta fue descubierta y La Palabra fue hecha disponible a la gente comun. Mientras la gente empezaba a leer la Palabra para ellos mismos, mas fueron forzados a dar su vida por su fé en Jesus.

Muchos de nosotros no estamos conscientes del sufrimiento y persecución de Cristianos en muchas partes del mundo hoy.

Quizas muchos de nosotros comenzamos a estar mas conscientes de esto cuando, despues de la segunda Guerra Mundial, oimos de la aniquilación de seis millones de Judíos en Alemania. Historias como la de Corrie Ten Boom *Lugar Secreto* dice de Cristianos que trataron de proteger Judíos y como aun ellos mismos fueron arrojados en campos de concentración. Siempre hay historias de tortura en campos de labor comunista y otras persecuciones detras de la Cortina de Hierro y en China. Muchos libros estan disponibles sobre este tema. Nos ayudaran apreciar la fé y fortaleza que el Señor da en tiempo de gran sufrimiento y persecución.

## El Misterio del Sufrimiento

Como hemos mencionado durante este estudio, Dios esta llamando y preparando una compañera eterna llamada la *novia* que se va a sentar con Su hijo en Su trono y gobernar con El en las siglos por venir. Para poder cualificar para esta posición exaltada, la novia debe de estar lo mas posible parecida al hijo. Si van a gobernar juntos, tienen que compartir la naturaleza de Dios. Porque no hay madurez de caracter sin sufrimiento, sufrimiento es una preparación necesaria para gobernar.

El hombre pecador es muy egocentrico, y egocentrismo es lo opuesto al amor que se sacrifica por otros (incluyendo a Dios). Para traer al hombre a la semejanza de Jesus, Dios tiene que descentralizarlo. Esto comienza con la experiencia de la salvación y continua, mientras el hombre lo permite a través del proceso de la santificación. Filipenses 1:6 dice, *"Estando persuadido de esto, que el que comenzo en vosotros la buena obra, la perfeccionara hasta el dia de Jesucristo."*

Aprendemos de la Escritura que pesar, sufrimiento, tribulación, y dolor que viene al creyente, no necesariamente por castigo, sino para prepararlo para reinar.

La historia de Israel ilustra este punto. En prosperidad, dejaban a Jehova por idolatria. Solo con castigo ella fue guiada a arrepentirse y regresar a Jehova. Por siglos, mientras Dios buscaba un remanente puro a través del cual pudiera traer al Mesías, era la misma rutina — properidad, apostasia, castigo, arrepentimiento, regreso a Dios.

Lo que es maravilloso es que era parte del plan de Dios que Jesus sufriera. Hebreos 2:10 dice, *"Porque convenia a aquel por cuya causa son todas los cosas, y por quien todas las cosas subsisten, que habiendo de llevar muchos hijos a la gloria, perfeccionase por aflicciones al autor de la salvacion de ellos"* y, *"Aunque era hijo, por lo que padeció aprendió la paciencia"* (Hebreos 5:8). Por lo que sufrió, el ahora esta totalmente equipado para servir como autor de la salvación del hombre.

El sufrimiento de Cristo solo maduro y perfeccionó su experiencia humana. No purgo nada de El porque no tenia pecado. Pero con el hombre, a través del sufrimiento somos refinados como oro, y tambien se esta formando la natulaleza de Cristo en nosotros. La Iglesia tiene que sufrir para que se parezca a Jesus para que ella, como su novia, pueda reinar con El. (vea I de Pedro 4:1 y 2).

Consideremos lo que las Escrituras dice concerniente al sufrimiento y a la persecución.

**Mateo 5:10-12** Cuando somos perseguidos por el bien de la justicia debemos _____

_____

_____

**Mateo 5:38-47** Para amar a nuestros enemigos, debemos _____

_____

_____

**Mateo 13:19-21** Cuando viene la persecución y uno cae, es porque _____

_____

_____

**Mateo 10:17-20** Debemos _____
_____
_____

**Mateo 10:22** Seremos _____
_____
_____

pero _____
_____
_____

**Mateo 10:24-36** Debemos de temer solo a _____
_____
_____

**Marcos 10:28-30** Dedicación de todo corazon a Jesus traera _____
_____
_____

**Lucas 9:23 y 24** Si alguno sigue a Jesus _____
_____
_____

**Lucas 12:49-53** Jesus vino a traer _____
_____
_____

**Juan 15:18-20** Seremos odiados porque _____
_____
_____

**Juan 16:33** En el mundo tendremos _____
_____
_____

**Hechos 5:41** Los apostoles se gozaron porque _____
_____
_____

**Hechos 14:22** Entramos en el Reino de Dios a _____
_____
_____

**II de Corintios 4:11-17** Siempre estamos _____
_____
_____

esta leve tribulación _____
_____
_____

**II de Corintios 11:23-28** Pablo sufrio a través _____
_____
_____

**II de Tesalonicenses 1:4** Asumimos que los creyentes _____
_____
_____

**II de Timoteo 3:12** Todos los que quieren vivir piadosamente _____
_____
_____

**I de Pedro 1:6 y 7** La prueba de nuestra fe traera _____
_____
_____

**I de Pedro 2:18-24** La diferencia entre sufrimiento por nuestras faltas y sufrimiento por Cristo es
_____
_____

**I de Pedro 3:13-18** El resultado de sufrimiento por la justicia es _____
_____
_____

**Apocalipsis 2:10** Se asume de que _____
_____

pero, _____
_____

## EL ÉXITO DE RODE
(Basado en Hechos 12:1-19)

La mayoria del tiempo, cuando pensamos de persecución pensamos que viene de los incredulos. Sufrimos principalmente porque ellos no entienden.

Otro tipo de persecución, a lo menos, y probablemente mas duro de llevar, es el que viene de otros Cristianos. A veces nuestros hermanos y hermanas en la fe no nos entienden y rechazan lo que decimos. Quizas ellos no ven al Dios vivo hoy y nos ridiculizan cuando hablamos de milagros. Rode, una muchacha sirvienta, tuvo la experiencia de ser rechazada por creyentes cuando les estaba diciendo la verdad. Pero ella se sostuvo en lo que ella sabia que era verdad.

Durante los dias de persecución terrible, los santos de Jerusalen se reunian regularmente en la casa de Maria para leer la Palabra de Dios y orar por los santos afijidos. Una noche particular, sus oraciones se concentraron en Pedro, a quien Herodes habia puesto en la carcel y decreto que seria el proximo apostol para morir.

Los creyentes se pasaron la noche en intercesión. Dios oyó sus oraciones y sobrenaturalmente libró a Pedro enviando un angel para romper sus cadenas. El angel lo sacó de la prision y fueron a través de las calles sin que nadie viera lo que pasaba. De pronto, el angel desaparecio y Pedro se encontró parado junto a la puerta de Maria.

Cuando toco, Rode, la muchacha sirvienta, corrió a abrir la puerta. Pero cuando oyó la voz de Pedro, se olvido de abrir la puerta y corrió adentro a decirle a los que estaban en la casa quien era. Con gozo abundante, ella trato de explicar quien estaba en la puerta. Pero para su sorpresa, ellos respondieron que ella estaba loca. Ella continuaba afirmando la verdad, y ellos continuaban incredulos. Mientras tanto Pedro continuaba tocando. Cuando finalmente decidieron abrir la puerta, ellos estaban atonitos. Primero pensaron que era su angel. Pero Pedro los calló con la mano, indicando que tenian que estar quietos, para decirles como el Señor lo habia libertado de la prision.

Aunque oraron ferviente, los creyentes no podian creer a Dios que contestara su oración milagrosamente, y cuando Rode les trajo las nuevas, se burlaron de ella. Aunque fue corto el rechazo y persecución, tuvo que haber sido, dificil de llevar.

## LECCIONES DE RODE

### Parandose Sola

Tenemos que estar preparadas para pararnos solas cuando escogemos lo que dice Dios sobre lo que digan otros, aun hermanos Cristianos. ¿Como nos guia las siguientes Escrituras en hacer este escogimiento?

Proverbios 1:7-19 _____
_____
_____

Daniel 1:1-17 _____
_____
_____

Colosenses 2:8 _____
_____
_____

Proverbios 19:27 _____
_____
_____

Proverbios 14:7 _____
_____
_____

II de Tesalonicenses 3:14 y 15 _____
_____
_____

Romanos 12:2 _____
_____
_____

II de Corintios 6:14 _____
_____
_____

Efesios 5:11 y 12 _____
_____
_____

## RESUMEN

En la ultima lección, consideramos los sufrimientos de Jesus. En esta, vimos el sufrimiento y persecución que sus seguidores debian esperar y soportar. Salome fue confrontada por Jesus cuando pregunto si ella podia beber de la copa y ser bautizado con el mismo bautismo de El (Queriendo decir sufrimiento).

Rode, una muchacha sirvienta, fue burlada por creyentes cuando trataba de decirles del milagro que Dios habia hecho. Sufrimiento y persecución de los Cristianos ha habido mucho desde el tiempo de Jesus y probablemente crecera hasta que el regrese.

## EJEMPLO MODERNO

Julie de dieciocho años estaba emocionada mientras tomaba la carta de Bob del buzón. Siendo introducidos por un amigo de ambos, se estaban escribiendo por bastante tiempo, aunque nunca se habian visto. Pronto estaria fuera de la Marina y se conocerian al fin. Ella abrió la carta, y sí, le pidio una cita.

Aunque tenia que viajar mucho para verla, se encontraron para la cena y se divirtieron mucho repasando las cosas que aprendieron uno del otro a través de sus cartas. Sin embargo, Bob pensaba que eso le daba licencia de ser muy cariñoso. Julie realizó que el queria algo mas serio, mas rapido que ella. Subitamente, el sueño que ella vivia por cartas se hizo real. Y ella tuvo miedo. Asi que ella le dijo a el que no estaba lista para algo serio, y el la dejó fuera de su vida.

Asi comenzo una serie de relaciones con jovenes. Diez años largos de preguntarse quien es el que el Señor tenia para ella, mientras se paraba en lo que creia. Julie estaba activa en el programa juvenil de la iglesia durante su preparatoria. No solo habia recibido Escrituras de enseñanza, pero ella estaba consagrada al Señor por este tiempo.

Durante los años de su lucha, sus padres decidieron estar en silencio, principalmente porque ellos se casaron jovenes y nunca se enfrentaron a una situación como la de ella. Dos de sus hermanos le dijeron que ellos pensaban que la mayoria de los muchachos querian mas que amistad de una muchacha. Su hermana mas joven la hízo sentir anormal porque no encontraba un hombre. Cuando oyó a su hermano decir a su madre que no queria ser un quedado como su hermana Julie, eso le dolió.

Cuando Julie terminó la Universidad y empezo a enseñar, encontro pocos hombres en su vida. Se hízo miembro de un club de solteros en su iglesia, pero la primera persona con quien salió del club la llevo a su apartamneto y le mostro su cama.

Conocio a Bill, ella se sintio muy atraida a el y salio con el por un tiempo. Pero cuando ella descubrió que el habia estado casado antes, ella se sintio mal y terminó la relación.

Por este tiempo, Julie habia decididó que, quizas el Señor queria que ella permaneciera soltera el resto de su vida. Asi que ella decidio olvidarse de los hombres y concentrarse en su carrera. Ella aplicó para un trabajo en otro continente, cuando en el ultimo minuto, ella acepto la invitacion de un amigo para ir a un "club de gente alta" ella era 5' 10" de estatura y era un problema, pero ella permanecia lejos de tal club porque pensaba que solo iban gente mundana. Eso era verdad — excepto por un joven especial que termino siendo su marido.

¿Valio la pena esperar? ¿Valio la pena esperar sola por lo que creia? ¿Valio la pena todo el dolor experimentado? ¿Valio la pena guardarse pura sexualmente? Dieciseis años despues y cinco hijos, Julie responde, sin duda, "¡si, valio la pena!"

## ¿QUE PIENSA USTED?

1. ¿Ha sufrido alguna clase de persecución por lo que usted cree? ¿Cuando y donde? _____
_____
_____

2. ¿Conoce usted a alguien que ha soportado mucho sufrimiento por su fe? _____
_____
_____

3. ¿Esta usted dispuesto a sufrir por Jesucristo? _____
_____
_____

4. ¿Alguno vez se ha sentido burlado por otros creyentes? ¿Cuando y como? _____
_____
_____

## EVALUACIÓN PROPIA

1. ¿En que forma esta usted implementando los principios aprendidos de Salome y Rode? _____
_____
_____

2. ¿En que forma esta usted fallando en implementar los principios aprendidos de Salome y Rode? _____
_____
_____

3. ¿Que necesita hacer usted para cambiar? _____
_____
_____

4. ¿Como lo hara? _____
_____
_____

*Lección 30*
# La Viuda con dos Monedas y Safira
## Un Ejemplo de Mayordomia (Administración)

*Mas buscad primeramente el Reino de Dios y Su justicia, y todas estas cosas os seran añadidas.*

Mateo 6:33

## PREPARANDO EL ESCENARIO

Podemos encontrar un contraste interesante entre la viuda con los dos óblos y Safira en cuanto a sus posesiones — actitud y responsabilidad. La primera mujer, una viuda pobre, dió todo, sin pensar en ella misma. La segunda, Safira, aparentemente dio lo que debia, pero secretamente trató de esconder parte para ella misma.

Cuando Dios creó la tierra, le dió a Adán y Eva dominio sobre todas las cosas, ademas de suplir todas sus necesidades. Por el pecado, el hombre perdió lo que le habia dado, y fue forzado a trabajar por su pan de cada dia. Cuando el tiempo llegó, Dios dió un regalo sin valor, Su Hijo unigénito, como un sacrificio por el pecado para que el hombre, una vez mas, pueda tener su herencia completa y hacerse coheredero con Jesucristo.

Cuando nos hacemos Sus hijos (a través de la sangre de Jesus), reconocemos que todas las cosas pertenecen a El, incluso nuestras vidas y posesiones (Salmos 24:1). Por nuestra gratitud a Dios por lo que El ha hecho, queremos cambiar nuestras actitudes y prioridades concerniente a las cosas que poseemos. Las vemos como un prestamo de parte de Dios para cumplir Su proposito, ademas de beneficiar Su trabajo en el mundo. Cumplimos nuestro deseo cuando devolvemos a Dios, a través de diezmos y ofrendas (Las primicias de lo que El nos ha dado) de nuestro tiempo, talentos, y posesiones. Vamos a considerar en esta lección nuestra actitud y responsabilidad hacia nuestras posesiones.

## EL ÉXITO DE LA VIUDA CON LOS DOS ÓBLOS

(Basado en Marcos 12:41-44; Mateo 6:1-4)

Jesus habia enseñado en el templo todo el dia y estaba cansado. Se sento a lado del cuarto donde la gente ponia sus ofrendas en el arca al lado de la pared. Algunos echaron mucho, otros, poco.

Mientras que estaba sentado, penso en los acontecimientos de esa mañana. Los Fariseos habian tratado de prenderle en Su enseñanza sobre sumision al gobierno. Entonces los Saduceos le preguntaron acerca de la resurrección y el matrimonio en el cielo. Aun los escribas entraron en la discusion con sus preguntas. Todo lo que el compartio esa mañana estorbó a alguien.

Era la semana de la Pascua. Personas de todos lados iban al templo para dar sus ofrendas. Muchos de los ricos no trataron de ocultar sus ofrendas.

Mientras que Jesus miraba, una mujer de edad se acercó al arca y echo dos óblos. El vio el sacrificio. Las dos monedas representaban todo lo que ella tenia — cien por ciento.

Sin duda El se acordo cuando un joven rico vino a El, queriendo saber como recibir la vida eterna. El era un joven sincero que habia obedecido los mandamientos. Pero cuando Jesus le dijo que tenia que vender todo, tomar su cruz, y seguirle, el joven se fue triste.

Pero hoy El vio a alguien dispuesto a cumplir eso. El vio a una viuda pobre dar todo lo que tenia a Dios.

## LECCIONES DE LA VIUDA CON LOS DOS ÓBLOS
### Dios Quiere Bendecir a Sus Hijos

Dios ha dado a Sus hijos muchas promesas en Su Palabra concerniente a prosperidad. El no solo desea que no tengamos necesidades, sino que seamos bendecidos abundantemente, para que nosotros podamos bendecir materialmente a otros. Algunas de esas promesas son:

Deuteronomio 14:22 _____

Deuteronomio 15:4-6 _____

Deuteronomio 28:8 _____

Deuteronomio 28:11-13 _____

Josue 1:8 _____

Deuteronomio 29:9 _____

I Cronicas 29:11 y 12 _____

Filipenses 4:19 _____

Mateo 6:33 _____
_____
_____

III Juan 2 _____
_____
_____

Salmos 23:1 _____
_____
_____

Salmos 34:10 _____
_____
_____

Salmos 84:11 _____
_____
_____

Salmos 37:4 _____
_____
_____

Proverbios 3:9 y 10 _____
_____
_____

## Nuestra Actitud Hacia Nuestras Posesiones

Aunque Dios ha provisto para nuestra prosperidad, tambien nos dio cierta condiciones para cumplir. Por ejemplo, en Deuteronomio 28, hay varias promesas de abundancia que el Señor nos quiere dar. Pero son condicionales. El versiculo 1 y dicen _____
_____
_____

En el Nuevo Testamento, Mateo 6:33 lo reafirma. La condición es: _____
_____
_____

El joven rico es un ejemplo de una persona que no esta dispuesta a poner a Jesus sobre sus posesiones materiales. El resultado fue (Mateo 19:16-24) _____
_____
_____

Tambien en una parábola Jesus menciona a un rico insensato (Lucas 12:16-21). Este relato nos enseña que _____
_____
_____

En otra parábola de Jesus, "El Sembrador" (Mateo 13:3-9;18-23), vemos que los espinos ahogan la Palabra de Dios, y no da fruto. Los espinos representan _____
_____
_____

En I Corintios 7:34, Pablo dice que aun el matrimonio puede impedir nuestro compromiso al Señor porque _____
_____
_____

Es interesante que Salomon, segun I Reyes 10:23, excedia "a todos los reyes de la tierra en riquezas y sabiduria." Pero lo perdio todo porque (I Reyes 11:1-11) _____
_____
_____

Jesus, por contraste, creo todas las cosas (Colosenses 1:16). Todo le pertenece. Pero, durante Su vida terrenal, El decidio (Mateo 8:20) _____
_____
_____

## La Codicia

Uno de los problemas de posesiones es que somos tentados a codiciar. Se desarrolla en nosotros un deseo para ganancias mundanas. No estamos alegres con lo que tenemos; si tenemos mas, queremos mas. O, queremos lo que otros tienen.

Segun la Palabra de Dios, la codocia produce lo siguiente:

| El robo | Josué 7:21 | La falsedad | Hechos 5:1-10 |
| La mentira | II Reyes 5:20-27 | La codicia | I Timoteo 6:8, 9 |
| El homicidio | Proverbios 1:18-19 | La apostasia | I Timoteo 6:10 |

**Ezequiel 33:31** Podemos mostrar amor con la boca, pero a la misma vez, _____
_____
_____

**Efesios 5:1-5** La codicia nos excluye de _____
_____
_____

**Lucas 12:15-21** Debemos guardarnos de la codicia porque _____
_____
_____

**Coloseses 3:2-5** Debemos poner nuestra mira en _____
_____
_____

y poner a muerte _____
_____
_____

## EL FRACASO DE SAFIRA
(Basado en Hechos 4:32 - 5:11)

Safira era una de las Cristianas de la Iglesia primitiva. Despues de que el Espíritu Santo fue derramado sobre los 120 hombres y mujeres en el aposento alto, el Señor se movia a través de milagros, señales, y prodigios. Mas de 3.000 se convirtieron en un dia despues de oír la predicación de Pedro, inspirado por el poder y la unción del Espíritu Santo.

Los conversos estaban totalmente consagrados a Dios y vendieron todo sus posesiones y tenian en comun todas las cosas. Trajeron todos sus recursos materiales y lo pusieron a los pies de los apostoles, para los necesitados.

Lucas nos dice que estos Cristianos eran de un corazon y alma; estaban de acuerdo con este arreglo de compartir con todos. Esta unidad de corazon y alma, sin duda, vino del Señor, porque solo El puede traer tal unidad.

Un dia Ananias y su esposa Safira vendieron una heredad y trajeron parte del dinero a los apostoles. Ellos fingieron que entregaron todo el dinero, aunque los dos sabian que no era asi.

Pero a Pedro le fue dado una palabra de ciencia y el les pregunto por que habian dejado que Satanas llene sus corazones para que mintiesen al Espíritu Santo. Cuando Ananias oyó la acusación, cayo al piso, muerto. Todos temieron. Los jovenes lo envolvieron, lo sacaron, y lo sepultaron.

Tres horas despues, Safira se encontro con el mismo grupo sin saber lo que le habia pasado a Ananias. Cuando Pedro le pregunto si habian vendido la herencia por tanto, ella dijo que si. Entonces Pedro le dijo lo que le habia ocurrido a su esposo y ella se cayo al piso, muerta tambien. La sacaron y la sepultaron junto a su esposo, mientras que vino temor sobre los que vieron y oyeron todo.

La cantidad de dinero que esta pareja no entrego no era de importancia; era la renuencia de ser honestos que entristecio al

Señor. Sus posesiones eran de mas importancia que confiar en El para suplir sus necesidades. No sabemos por que Dios los castigos tan severamente. Pero si podemos estar seguros que nadie trato de hacer lo mismo por mucho tiempo.

## LECCIONES DE SAFIRA
### Nuestra Responsabilidad a Nuestras Posesiones

Mientras que la Iglesia crecia, Pablo hizo varios viajes misioneros para establecer nuevas iglesias. El dar dinero era animado entre los creyentes. No solo les ayudaba a ser menos egoistas, pero tambien ayudaba a los necesitados. Tambien fortalecia la relación de "hermanas y hermanos" en el Señor.

Podemos fijarnos de un contraste significante entre dos iglesias que Pablo ayudo establecer — la iglesia en Filipos y en Corinto. Pablo le escribio a la iglesia de Filipos en una prision, diciendoles que le daba gracias a Dios acordandose de ellos (Filipenses 1:3-5). El tambien dice (4:15) que ellos fueron la unica iglesia que le enviaron ofrendas una y otra vez. La iglesia de Filipos, la mayoria de ellos siendo esclavos y de clase baja, tenian gozo — porque el Señor les amaba y El les habia liberado de la idolatria. Ellos querian compartir ese amor con otros; era su manera de dar gracias a Pablo por su parte de traer las buenas nuevas a ellos.

La iglesia de Corinto, por contraste, se encontraba en una ciudad de riquezas. Sus miembros todavia no conocian el gozo en dar. En la segunda carta de Pablo a los Corintios, capitulo 8, el les dice que las iglesias de Macedonia (donde estaba Filipos) le dieron, aun estando en prueba de tribulación. El tambien les dice a la iglesia de Corinto que necesitan aprender a dar, y con gozo. El les acuerda que cuando ellos dan, Dios puede darles lo que necesitan y aun mas, para que no solamente haya suficiente para sus necesidades, sino tambien para las necesidades de los demas. Dos cosas resultaran los necesitados seran ayudados, y Dios sera alabado.

Aunque en la iglesia hoy no tenemos en comun todas las cosas, si tenemos la responsabilidad de dar (para que no seamos egoistas y para beneficiar la obra del Señor en las vidas de otros).

Las Escrituras nos mandan a dar. Es parte de nuestra obediencia al Señor.

I Corintios 16:1 y 2 _____
_____
_____

II Corintios 9:7 _____
_____
_____

Malaquias 3:10 _____
_____
_____

Levitico 27:30 _____
_____
_____

## La Administración

La Palabra nos dice claramente varias cosas acerca de la administración de nuestra posesiones — como las conseguimos, nuestra actitud hacia ellas, nuestro uso de ellas, y los beneficios que ellas deben de ser para nosotros y otros.

**I Corintios 6:19 y 20** No somos nuestros; fuimos _____
_____
_____

Por eso _____
_____
_____

**I Corintios 4:2** Se requiere de los administradores _____
_____
_____

**Santiago 4:1-3** No tenemos lo que necesitamos porque _____
_____
_____

**I Timoteo 6:6-10** Nos acuerda que _____
_____
_____

**Filipenses 4:11 y 12** Nos acuerda que _____
_____
_____

**II Corintios 8:1-9** Aprendemos que _____
_____
_____

Pablo nos acuerda que Jesus _____
_____
_____

para que _____
_____
_____

**Lucas 16:1-13** Aprendemos de esta parabola del mayordomo infiel que _____
_____
_____

**Lucas 16:19-31** La relación entre nuestras riquezas y la vida eterna es _____
_____

**Salmos 49:16 y 17** Nos dice _____
_____
_____

**II Corintios 9:6-9** Cuando damos _____
_____
_____

**I Timoteo 5:17 y 18** El obrero es digno de su _____
_____
_____

**Hechos 20:35** Jesus nos enseña que _____
_____
_____

## El Diezmo

El diezmo significa diez o el decimo. La historia nos demuestra la practica del diezmo coma la tarifa a pagar como tributo a los lideres y tambien como regalo por labores religiosas. Esta practica exista en la antigua Bablionia, Persia, Egipto y China. Es moy cierto fue Abraham conocía este principio cuando emigró de Ur de Chaldis. El es primero mencionado in las Escrituras el cual dío un diezmo a un Somo Sacerdote. (Genesis 14:17-20)

Pasó mucho tiempo antes fue requisitos legaleo y definidos fuenan establecidos en cuanto al diezmo, asi que el pago del diezmo varió. Al principio, los diezmadores fueron comandados a diezma a los Levítas (Deutoronomio 14:22-29). Si un Hebreo vivía muy legos del templo para llevar su diezmo, el en ambio podia venderlo y usar el dinero quando para comprar suplentes en el templo (Deuteronomio 14:24-26). Esta practica eventualmente llevo a los sacerdotes a abusar, tal y como vemos que ocurrío en los tiempos de Jesus (Mateo 21:12-13.)

Los metodos desarrollados para pagar los diezmos se complicaron cuando se añadieron los recien-nacidos de los reballos como parte de las primicias del diezmo (Ecodo 13:12 y 13). Cuando el sisterma Livítico fue establecido, proviciones para el sosten de los hijos de Leví fue hecho a través de los diezmos (Numeros 18:21-24). Los Levítas, en cambio, díeron del diezmo para proveer para los sacertodes (Numero 18:25-32). Reglas y reglamentos variaron hasta, que para el tiempo de Cristo, la ley Romana habia afectado la economia de la vida Judéa. Por consiguiente, fue dificil el diezmar para la gente, aunque la ley del diezmo aun era observada, cuando posible ((Lucas 18:9-14).

Jesus nos comienda a dar una porción de nuestros ingresos en Lucas 11:41 y 42; El tambien nos dice en fue manera hacerlo en Mateo 6:1-6. En realidad, la palabra *limosna* es usada en mas ocaciones en el Nuevo Testamento que la palabra *diezmo. Dar limosnas* era de dos tipos, limosnas de comida y dinero, recibido diariamente para distribución, y la limosna del cófre monedas recibidas los Sabados para viudas, huérfanos destituídos pobre. os díaconos distribuyen las limosnas (Hechos 6:1-3).

En la Iglesia primitiva, el dar limosnas no es nombrado como tal. En vez, un espiritu de compartir sacrificial con otros era estimulado. Mas importante que el diezmos es el compromiso total de uno mismo pocesiones para el Señor, para Su uso, no importando la necesidad.

## RESUMEN

Un estudio de dos mujeres nos demuestra un punto interesante en la actitud y responsabilidades uno tieno que tener concerniendo la administración o mayordomía de nuestras posecions. Al principio una pobre viuda, sacrificalmente, lo dio todo sin importarle su propia necesidad. La segunda, Safira, solo dio lo que era requerido de ella, pero secretamente trato de beneficiarce así misma. Todo pertenece a Dios, nosotros solo somos Su mayordomo. Con gratitud, debemos de dar de vuelta a El, gozosos, por lo menos las primicias de lo que El nos ha dado.

## EJEMPLO MODERNO

La nublada agua de lavar los platos reflejaba el sentir dismal de Susana. Ella hecho otro plato al jabón y suspiró cuando miro alrededor de sus gabinetes y también en su piso pegajoso debajo de sus pies. El apartamento era un desastre y ella estaba molesta.

Susana y Jim habían estado fuera en un viaje misionero con el grupo Juventud Con Una Misión. Fue una experiencia con gran recompensa, liderando varios equipos de jóvenes en un verano de servicio. Dios proveyó con las finanzas, buena salud y hasta con un buen amigo para cuidarle la casa mientras estaban fuera.

Mientras Susana abría las gavetas de la cocina, ella se enfurecía mas y mas. De una, sacó su surtido de servilletas e individuales. Partes de sus surtido faltaban. Ella abrió y cerro las gavetas. Su mantel estaba manchado con té. "Hay Dios mío", Susana dijo. ¿Porque dejaste que esto pasara? Pensamos que Tu proveíste tan bien con el arreglo que alquien se quedara aquí en la casa. Ahora vengo a casa y la encuentro un desastre. ¿Esto es lo que me llevo por servirte a ti?

Susana continuo abriendo gavetas. Ella encontró un delantal al fondo de una de ellas. Lo sacó y la examinó. Estaba sin usar y el bordado que una vez fue blanco, ahora era crema. Otro pedazo color rosa, ahora estaba opaco. De momento ella realizó que las cosas nuevas pierden su brillo de todas maneras.

Ella se puso el delantal y empezó a trabajar en el mantel. Mientras trabajaba, Dios empeso a tocar su corazón y pensamientos empezaron a surgir en su mente. ¿Ella no le había pedido al Señor por un hogar el cual estuviera abierto a gente? ¿Ella no había entregado toda sus posesiones, al igual que su vida al Señor? Y que del pobre el cual le habían ministrado durante el verano? ¿La frustración sobre algunas servilletas y un mantel manchado sobrepasaban el problema de hambre, enfermedad y pobreza?

Susana destapó el fregadero y vío el agua desaparecer. Ella sintió su amargura desaparecer con el jabón y agua. Luego, ella se sonrío y fue al teléfono. Ella entonces llamo a Peggy y le dio las gracias por cuidarle la casa todo el verano.

## ¿QUE PIENSA USTED?

1. ¿Cual es tu actitud hacia tus posesiones? ¿Eres un buen mayordomo de lo que se te ha dado? _____
_____
_____

2. ¿Codicias algo? Si lo haces, ¿que? _____
_____
_____

3. ¿Eres responsable con el dinero? _____
_____
_____

4. ¿Diezmas? ¿Porque o porque no? _____
_____
_____

5. ¿Estas dispuesta a compartir con otros? _____
_____
_____

## EVALUACIÓN PROPIA

1. ¿En que forma estas implementando los principios aprendidos de Salomé y Roda? _____
_____
_____

2. ¿En que forma estas fallando en implementar estos principios aprendidos de estas dos mujeres?_____
_____

3. ¿Que necesitas hacer para cambiar? _____
_____
_____

4. ¿Como lo vas a hacer?_____
_____
_____

*Lección 31*
# Dorcas, Lidia, Febe y Priscila

## Un Ejemplo de Siervas

*Si alguno me sirve, sigame, y donde yo estuviere, allí tambien estará mi servidor. Si alguno me sirviere, mi Padre le honrara.*

Juan 12:26

## PREPARANDO EL ESCENARIO

A través de las cuatro mujeres de esta lección — Dorcas, Lidia, Febe, y Priscila — tenemos un resplandor de la fe y dedicación de los creyentes de la Iglesia primitiva. Cada una, en su manera unica, contribuyeron al bienestar y función del cuerpo de Cristo. Todas eran mujeres que tenian el corazon de servicio. Le rindieron servicio a otros. Haciendo esto, ellas ejemplificaron una fe viva en un Señor vivo.

Aunque Dorcas tiene la distinción de ser una mujer resucitada de los muertos, ella era bien conocida por las obras que hacia. Aun en su cama de muerta, mujeres se juntaron alrededor y mostraron a Pedro los vestidos que hacia para vestir a los necesitados.

Lidia era una mujer de negocios, una vendedora de purpura, en Filipos. Cuando oyó las buenas nuevas de Pablo, ella se bautizó. Luego invito a Pablo a su casa, donde se cree, que comenzó la Iglesia de Filipos.

En solo dos versículos hablan de Febe, encontramos que era una diaconisa en la Iglesia de Cencrea. Pablo la recomienda a la Iglesia de Roma como una que ha sido de gran ayuda a muchos, incluyendo a Pablo.

Priscila y su esposo acompañaron a Pablo en sus viajes misioneros. Trabajaron tambien con Pablo en el negocio de hacer tiendas. Ellos eran colaboradores mientras todos servian al Cristo Resucitado.

En el cuerpo de Cristo hoy, tenemos muchas oportunidades para servir. Cada miembro tiene diferente función para que todo el cuerpo pueda hacer el trabajo por el cual ha sido llamado. Asi, es el deber de cada una de nosotros recibir los dones que Dios nos da a través de su gracia, y permitir que ellos sean usados para ministrar a otros. De esta manera, El puede edificar Su Iglesia, y a la misma ves cambiar Su novia a Su imagen. Es tambien el medio que tiene para traer las buenas nuevas de Jesucristo a un mundo perdido y muriendose. Mientras nosotros echamos un vistazo a cada una de estas cuatro mujeres, tambien consideraremos la manera unica y exitosa de servir la Iglesia y al Señor.

## EL ÉXITO DE DORCAS

(Basado en Hechos 9:36-42)

Dorcas (tambien llamada Tábita) vivia en Jope, un pueblo en la costa Mediterranea donde habia un grupo de creyentes.

Un dia Dorcas murió, y muchas mujeres vinieron a llorarla. Mandaron por Pedro, que estaba en un pueblo cercano, y el vino a ministrarlos. Las mujeres mostraron a Pedro los vestidos que Dorcas hacia y salieron del cuarto mientras el se arrodillaba y oraba. Volviendose al cuerpo de Dorcas, Pedro dijo: "¡Tábita, levántate!" Luego, Dorcas abrio sus ojos y se sentó.

Naturalmente hubo mucho regocijo cuando Pedro la presento viva a los que habian estado llorando su muerte. Las nuevas se regaron por todo Jope, y muchos creyeron por este milagro.

Dorcas era una mujer que suplia necesidades practicas usando sus habilidades fisicas y talentos. Dios ha dicho que *"La religion pura y sin macula delante de Dios el Padre es esta: Visitar a los huérfanos y a las viudas en sus tribulaciones"* (Santiago 1:27). Santiago 2:14-17 Dice *"Hermanos mios, ¿De que aprovechara si alguno dice que tiene fe, y no tiene obras? ¿Podra la fe salvarle? y si un hermano o una hermana estan desnudos, y tienen necesidad del mantenimiento de cada dia, y alguno de vosotros les dice: id en paz, calentaos y saciaos, pero no les dais las cosas que son necesarias para el cuerpo, ¿De que aprovecha? Asi tambien la fe, si no tiene obras, es muerta en si misma."* Mateo 25:35- 46 Tambien nos dice que juicio esta basado en que si hemos alimentado al hambriento, vestido al desnudo, y visitado a los enfermos y a los encarcelados. Dios necesitaba a Dorcas en su dia tanto que le extendio la vida. Dios todavia necesita Dorcas en Su Iglesia hoy.

## EL ÉXITO DE LIDIA

(Basado en Hechos 16:12-15 y 40)

La Escritura no nos da información del pasado de Lidia aparte del hecho de que vivia en Filipos. No hay seguridad de que ella era una descendiente Judía, es evidente cuanto menos, una proselita Judia; se nos dice que adoraba a Dios. A pesar de sus obligaciones regulares, todos los dias se iba al rio donde habia servicio de oración.

Aunque eran sinceramente religiosos, Lidia no era Cristiana. Sin embargo, ella parecia tener una profunda hambre espiritual, porque cuando Pablo vino al rio a ministrar a los que se habian juntado alli, ella oyó el mensaje y queria ser bautizada. Su conversion la dirigio a testificar a muchos. De este modo fue la primer convertida de Pablo en Europa.

La transformación de Lidia era evidente su entusiasmo de hospitalidad hacia los misioneros en su casa, que tambien vino a ser un centro Cristiano en Filipos.

Tiatira, la ciudad nativa de Lidia en Asia Menor, era conocida por el color purpura unico para teñir que producia. Cuando ella vino a Filipos, Lidia comenzó un negocio floreciente como una vendedora de purpura. Lidia era, antes que nada, una Cristiana consagrada, luego una mujer de negocios que vendia purpura.

## EL ÉXITO DE FEBE

(Basado en Romanos 16:1 y 2)

Febe es mencionada en solo dos frases en la Escritura. Ella es llamada nuestra hermana y una sirvienta de la Iglesia.

Febe vivia en la ciudad de Cencrea, un puerto a nueve millas de Corinto. Se decia que ella era un socorro de muchos. La expresión traducida socorro (ayuda) viene de un verbo con doble significado, de *dirigir* y de *cuidar*. Ambos eran obligaciones de los líderes de la Iglesia primitiva. Esto implica que Febe era una mujer de responsabilidad que su tarea era cuidar a otros. Tambien es llamada sirvienta (Diaconisa) de la Iglesia. esta palabra, *diakonos,* viene del verbo que basicamente quiere decír *servír,* como un mesero. Parece que en el tiempo de Febe, el don era un oficio. Su ministerio cargando responsabilidad y cuidando a otros, no era algo privado, pero era sancionado por la Iglesia de Cencrea. En su posición, probablemente ella velaba por las mujeres convertidas, visitaba a los enfermos y a esos en prision, hacia tambien trabajos preparando el servicio de adoracion. Eso es lo que significa una diaconisa.

Febe servia como una mensajera de la carta de Pablo enviada a la Iglesia en Roma. Al cerrar esta carta, Pablo recuerda a los creyentes en Roma que Febe era una compañera hermana en Cristo. Pablo la recomienda a ellos y les pide que la ayuden de cualquier forma. Febe estaba dispuesta a hacer lo que sea, porque tenia un corazon de servicio.

## EL ÉXITO DE PRISCILA

(Basado en Hechos 18:1-3; 18-26; Romanos 16:3 y 4; I de Corintios 16:19; II Timoteo 4:19)

Priscila y Aquila (su esposo) eran una pareja valiente que parecian ser muy exitosos en su negocio de hacer tiendas. Ellos podian costear casas tan grandes que podian ser usadas como Iglesias en Roma y en Corinto (y, quizas, en Efeso tambien). Aparentemente ellos viajaban mucho, pasaron cuando menos 18 meses en Corinto, el centro de comercio para todo Acaya. Eventualmente se quedaron en Efeso. Pablo que tambien hacia tiendas, a veces les acompañaba en su oficio, y aun vivio con ellos un tiempo.

Ambos Priscila y su marido parecia que eran maestros activos en la Iglesia primitiva. Es de significado especial que el nombre de Priscila es mencionado antes que el de su marido en la instruccion de Apolos. Las cosas que Priscila aprendio de Pablo se las enseño a Apolos. Tambien un fiel maestro.

No es usual que un Apolos elocuente fuera instruído por una mujer. Pero porque estaba bajo la autoridad de su esposo y Pablo, le fue permitido. Y Dios los bendijo a todos. Era una mujer que aprendia excepcionalmente, y el Espiritu Santo la doto con el don de enseñanza.

Priscila era flexible. Estaba dispuesta a renunciar a sus derechos e ir a donde Dios la llamaba. Pablo amonesta a los Cristianos a animarse y edificarse uno a otro (I de Tesalonicenses 5:11). Como mujer que abre su casa a otros y les enseña bien, Priscila hacia su oficio bien como una sierva en la Iglesia primitiva.

## LECCIONES DE DORCAS, LIDIA FEBE Y PRISCILA
### La Iglesia — El Cuerpo de Cristo

En la Escritura, la Iglesia es la *ecclesia,* los llamados a salirse — esos que estan lavados con la sangre, nacidos de nuevo, bautizados con el Espiritu.

La Iglesia es llamada:

1. **Un Cuerpo** — *"Vosotros, pues, sois el cuerpo de Cristo, y miembros cada uno en particular."* (I de Corintios 12:27)

2. **Un Edificio** (Un Templo Santo) — *"En quien todo el edificio, bien coordinado, va creciendo para ser un templo santo en el Señor; en quien vosotros tambien sois juntamente edificados para morada de Dios en el Espiritu."* (Efesios 2:21-22)

3. **Una Novia** — *"Para presentaros como una virgen pura a Cristo."* (II de Corintios 11:2; Efesios 5:23-27)

**El Fundamento** Cuando Pedro contesto la pregunta a Jesus, en Mateo 16:16, que *"Tu eres el Cristo, el hijo del Dios viviente,"* Jesus respondio, *"Tu eres Pedro* (Petros, una piedrita) *y sobre esta roca* (Petra, una roca grande, no Pedro) *edificare mi Iglesia."* Aquí Jesus declara que El edificará Su Iglesia con El mismo (La verdadera Roca, la confesion de Pedro) como el fundamente. Pedro mas tarde decribe esta Iglesia, en I de Pedro 2:1-10, y dice que Jesus es la piedra angular. Los creyentes son piedras vivas y Cristo es el fundamente. Vea tambien:

I de Corintios 3:11 _____

_____

_____

Isaias 28:16 _____

_____

**La Cabeza de la Iglesia** Cristo no es solo el fundamento; El es la piedra angular y la cabeza de la Iglesia (Vea Colosenses 1:18). Esta Iglesia es mas que una organización; Es un órgano con Cristo como la cabeza viviente. Esta viva con la vida de Cristo en cada miembro. Estos miembros, de acuerdo a I de Corintios 12:1-31, funciona en varias maneras, aun son importantes uno al otro. Dios pone ministerios en la iglesia, y el Espiritu Santo da los dones.

**La Organización** Hay evidencia Escritural para alguna organización en la Iglesia primitiva, pero no comunmente como lo conocemos hoy. En Efesios 4:1-13, encontramos que Dios llamó a algunos apostóles, profetas, evangelistas, pastores y maestros para la perfeccion de los santos, para la obra del ministerio, para la edificación del Cuerpo de Cristo. Vemos que algunos son ancianos, como se describe en I de Timoteo 3:3:1-7 y algunos son diáconos, como se describe en I de Timoteo 3:8-13. Pero, es el Señor quien añade a la Iglesia los que han de ser salvos (Hechos 2:47).

Las ordenanzas de la Iglesia incluye bautismo (Romanos 6:3-6), que identifica al creyente con Cristo en Su muerte, sepultura y resurrección y la santa cena (I de Corintios 11:23-26) un recordatorio de la muerte y resurrección de Jesus.

**Disciplina** La Iglesia debe de purgar cualquier mal en su membresia. El motivo por hacerlo es para disciplinar uno a otro en amor. Le meta es restaurar uno que ha pecado a comunion con su Señor y la Iglesia. (Vea Mateo 18:15-17 el tramite.)

**Adoracion y Trabajo** Para adorar hay que someterse con temor, para pagar honor a Dios con humildad, homenaje reverente. La adoración de la Iglesia tiene que ser en Espiritu y en Verdad

(Juan 4:24). El principal trabajo de la Iglesia es compartir la Palabra de Dios y amarnos unos a otros, y su fe y su esperanza con los perdidos. La siguientes Escrituras dice como esto puede ser hecho:

Mateo 28:18-20 _____

_____

_____

Marcos 16:15-18 _____

_____

_____

II de Corintios 5:1-9 _____

_____

_____

I de Corintios 3:5-10 _____

_____

_____

Romanos 12:3-21 _____

_____

_____

**Su Poder** En el dia del Pentecostes, la Iglesia recibió poder para evangelizar al mundo. El derramamiento del Espíritu Santo resulto en convicción de pecado, arrepentimiento hacia Dios, y fe en el Señor Jesucristo. Algunos fueron investidos con servicio especial, pero todos recibieron poder para testificar. Una Iglesia investida de poder evangelizara. (II de Timoteo 4:5), se reproduce a si misma (I de Pedro 1:23), cambia gente (Hechos 2:37-41), trastorna al mundo entero (Hechos 17:6). En el poder del Espíritu Santo, la Iglesia debe tambien hacer guerra (Efesios 6:10-18), correr una carrera (Hebreos 12:1 y 2) y trabajar con amor (I de Corintios 3:9).

**El Futuro** La Iglesia verdadera tiene una gloriosa futura victoria en el mundo, en el aire, en el reino, y en la eternidad. La Iglesia aparecera triunfante porque *"Somos mas que vencedores a través de El que nos amo"* (Romanos 8:35-39). La Iglesia no puede fallar porque Cristo es la cabeza; el Espíritu Santo, su poder; y la Palabra de Dios, su guia. Algun dia, la Iglesia reinara como la novia de Cristo.

## Un Corazon de Sirviente

La naturaleza de Dios, que quiere ajustarse en nosotros a través de servicio, es la de un sirviente. Juan 12:26, "Si alguno ma sirve, sigame, y donde yo estuviere, alli tambien estara mi servidor. Si alguno me sirviere, mi Padre le honrará (Vea tambien Lucas 22:27)

¿Donde esta Jesus? Esta en todos lados donde hay necesidad. Jesus sirve al hombre, pero quiere hacerlo a través de nosotros. Mientras nos convertimos en su sirviente, ¡somos mas como El!

Charles Swindoll, en su libro *Mejorando tu Servicio,* da el retrato de un sirviente. El (o ella) es un dador, un perdonador, y un olvidador. El pone el bienestar de otros antes que el propio. Tiene que desear hacer la voluntad de Dios antes que la propia. *"Como el hijo del hombre no vino para ser servido, sino para servir, y para dar su vida en rescate por muchos"* (Mateo 20:28). Para ser un sirviente de Dios, uno tiene que ser un sirviente de la gente.

Hay consecuencias y recompenzas en el servicio, como podemos ver en las Escrituras. Pablo era, quizas, uno de los sirvientes mas grandes de Dios. Sin embargo en I de Corintios 11:23-28, encontramos que el pago las consecuencias por todo lo que hizo. Algo de esto fue:

_____
_____
_____

Servicio a Dios tiene su gran recompenza. Ultimadamente, pasaremos eternidad con Dios en el lugar que el nos ha preparado. En anticipación de esto, sabemos que el ha prometido recompenzas a sus sirvientes por el trabajo bien hecho (Mateo 25:21). En todo caso, Las Escrituras no solo nos dice de recompenzas eternas, pero de recompenzas especificas que podemos recibir mientras servimos en el cuerpo hoy.

Isaias 41:10 _____
_____

II de Corintios 4:16-18 _____
_____
_____

Filipenses 4:13 y 19 _____
_____
_____

Galatas 6:9 y 10 _____
_____
_____

Lucas 17:7:10 _____
_____
_____

## El Papel de la Mujer en la Iglesia

Cuando venimos a ser parte del cuerpo de Cristo y comenzamos a seguir a Jesus, crecemos apreciando quien es El y que ha hecho por nosotros. Como resultado queremos agradarlo sirviendole en cualquier forma que podamos. Nuestro servicio es el crecimiento de nuestra fe y amor, no para ganar aceptación de El. Mientras servimos y amamos a otros, nos beneficiamos, porque nos parecemos mas a la naturaleza de Jesus.

Jesus se sometio como un sirviente a la voluntad de su Padre.

Ya hemos visto como fue puesta la mujer en un lugar de sujeción. Asi es ella designada con el papel de sierva.

En una lección anterior, consideramos algunos de los ministerios disponibles a la mujer, diseñado por las mujeres encontradas en la Biblia. En esta lección, vimos como cuatro mujeres sirvieron en varias capacidades en la Iglesia primitiva.

Dios dijo en los postreros dias derramara de su Espiritu sobre *hijas y siervas* (Vea Hechos 2:17 y 18), asi nos equípa, tambien, para servicio en su cuerpo. Ademas, El designo el papel de la mujer para ser el simbolismo de la novia de Jesucristo. Que privilegio El otorgó sobre sus hijas, y que responsabilidad para ministrar en su nombre como sirvientas.

## RESUMEN

A través de las cuatro mujeres de esta lección, ganamos un vislumbre de la fe y dedicación de los creyentes en la Iglesia primitiva. Cada uno de estas tenian un verdadero corazon de sirvienta. Ellas contribuyeron al bienestar y funcion del cuerpo de creyentes como compañeros con Dios. Para poder comprender como funcionar y servir en la Iglesia, consideraremos que es la Iglesia, y el papel de la mujer en ella.

## EJEMPLO MODERNO

En una mision de victimas de CIDA en la ciudad de Nueva York, a un centro de leprosos cerca de Calcuta, India, a cocina de sopa para el hambriento en Francia, el servicio de madre Teresa para su Señor Jesucristo alcanza alrededor del mundo.

Nació en 1910 de unos buenos padres de Albania en lo que ahora es Yugoslavia, Agnes Gonxha Bojaxhiu (Ahora conocida como madre Teresa) sabia, a los 18 años que ella era llamada a servir a los pobres del mundo. Despues de estudiar en Irlanda, ella fue enviada al pie del Himalaya, India donde comenzó como novicia como una monja católica. La escuela donde enseñaba miraba una barriada terrible. A veces despues de la escuela iba allí, a ministrar a la gente. Despues de unos años, ella obtuvo permiso para ser una monja libre afuera del claustro e iba a la barriada de Calcuta para trabajar entre los mas pobres. Allí se le unio uno que fue estudiante. Despues otros vinieron. Ellos vivian en el segundo piso de una casa larga ofrecida por un Cristiano, y mendigaban comida, medicina, tierra, y escuelas para el pobre.

La orden que ella fundó comenzó en Octubre de 1950. Ahora los trabajadores asociados ha crecido a mas de 3 millones de gente en 70 paises.

Ellos visitan los ancianos y enfermos y trabajan en cocinas de sopa y casas para los destituidos dandoles comida, ropa, y medicina para esos en necesidad.

Ganadora del Premio Novel de 1979, la madre Teresa tiene una organización que alimenta a 126,000 familias, enseña 14,000 niños, cuida 186,000 victimas de lepra y 22,000 moribundos destituidos. Cuidando personalmente a muchos de los pobres del mundo, esta santa usa horas en la mañana en oración, porque ante el trae sus necesidades y es de El que recibe el amor que da.

La madre Teresa mira su servicio como mandamiento de Dios y puede ser visto por uno de sus comentarios. Una voluntaria una vez le envió una nota a la madre Teresa diciendo que ella no pudo hacer su trabajo porque tenia fiebre. La madre Teresa regreso la nota, contestando que ella tambien, tenia fiebre, pero pensaba que era mejor quemarse en este mundo que en el proximo.

Hace a uno desear estar presente cuando un dia, Jesus diga a la madre Teresa, "Bien, hecho, mi fiél y buena sierva."

## ¿QUE PIENSA USTED?

1. ¿Que ve usted mientras funciona en el cuerpo de Cristo? _____
_____
_____

2. ¿Como sirve usted en su Iglesia? _____
_____
_____

3. ¿De que otra forma le gustaria servir al Señor? (Algo que usted no esta haciendo ahora) __
_____
_____

4. ¿Tiene usted un corazon de sirviente? si no, ¿Como puede tener usted uno? _____
_____
_____

5. ¿Cuales son algunas de las recompenzas del servicio? _____
_____
_____

## EVALUACIÓN PROPIA

1. ¿De que manera esta usted implementando los principios aprendido de estas cuatro mujeres?
_____
_____

2. ¿De que forma esta usted fallando en implementar estos principios aprendidos de ellas? __
_____
_____

3. ¿Que necesita usted hacer para cambiar? _____
_____
_____

4. ¿Como lo hara? _____
_____
_____

*Lección 32*
# Evodia y Sintique, Loida y Eunice y la Señora Elegida

## Un Ejemplo de Relaciones en el Cuerpo de Cristo

*Así que, según tengamos oportunidad, hagamos bien a todos, y mayormente a los de la familia de la fe.*

Galatas 6:10

## PREPARANDO EL ESCENARIO

En la ultima lección, vimos a cuatro mujeres que se dieron a si mismas en servicio como parte del cuerpo de Cristo. Vimos que este cuerpo, tambien llamado Iglesia, tiene muchos miembros, y cada uno tiene una funcion unica. Jesucristo es la cabeza y nosotros somos sus manos, pies, ojos, oidos, etc. Todas las partes trabajan juntas para hacer el proposito de Dios. Esto incluye alcanzar al perdido, tambien ser un medio a través del cual Dios pueda cambiar a su novia a la naturaleza de su hijo Jesucristo.

Ahora miraremos a cinco mujeres y consideraremos las relaciones que Dios quiere para nosotros mientras *"En quien vosotros tambien sois juntamente edificados para morada de Dios en el Espiritu"* (Efesios 2:22). Este simbolismo de la Iglesia encontrada en I de Pedro 2:5 es la de una casa espiritual, y sus miembros son piedras vivas, y Jesus, la piedra angular. II de Corintios 6:16 tambien nos dice que somos templo del Dios viviente, una morada para El. Evodia y Sintique ejemplifican el conflicto que aparece cuando se trabaja juntos. Loida y Eunice muestra las relaciones familiares que debemos de tener como creyentes. La señora Electa nos hace estar conscientes de las relaciones que no debemos de tener, particularmente con falsos maestros.

Comencemos con una comprensión de como somos una habitación para Dios y estar bien relacionado con El. Y luego ver que es lo que desea para nuestra relación uno con otro.

## Una Morada Para Dios

Dios creo a Adán y Eva por el placer de tener comunion con ellos, (Apocalipsis 4:11) Pero esta relacion fue rota por el pecado. Desde ese tiempo, la unica manera de reconciliarse con Dios era a través de un sistema de sacrificios y eventualmente, el último sacrificio — Jesus.

Era evidente que Dios queria morar con el hombre mientras El sacaba a su gente de Egipto y los dirigia por el desierto en su camino a la tierra prometida. Les dio una nube para seguir durante el dia, y una columna de fuego en la noche como señal de que El los guiaba. Luego le ordeno a Moises que edificara un tabernáculo, un lugar donde actualmente pudiera morar entre la gente. Encontramos los detalles de este tabernáculo, construido de acuerdo a instrucciones muy especificas, en Éxodo 25-30 y 37-40. Éxodo 40:33-38 se nos habla del trabajo terminado. Éxodo 9 40:34 y 35 dice,

*"Entonces una nube cubrió el tabernáculo de reunion, y la gloria de Jehova lleno el tabernáculo. y no podias Moises entrar en el tabernáculo de reunion, porque la nube estaba sobre el, y la gloria de Jehova lo llenaba."* Aunque el tabernáculo fue primero armado en el Sinaí, Estuvo en Kadesh por mas de 35 años. Bajo Josue, el primer sitio del tabernáculo en Canaan probablemente fue Gilgal, aunque no hay mencion directa de esto. Durante la vida de Josue, el tabernáculo fue movido a Silo para evitar pleítos y celos entre las tribus. Quizas el grado de permanecer asociado con este sitio dirigio a la designación de la estructura como un templo, (I de Samuel 1:9; 3:3). Quizas indica que el material se gasto del uso y fue reemplazado por mejor material. Lo que fuera, Silo era el santuario central hasta la captura del Arca por los Filisteos.

La siguiente historia del tabernáculo es algo obscura. Cuando David deseo instituir religion de tabernáculo en la capital que es Jerusalen, el preparo un lugar para el arca e hizo un tabernáculo en la tradición de Gibeon (II de Samuel 6:17). El altar del tabernáculo en Gibeon era usado para sacrificio de adoración hasta el tiempo de Salomón, cuando ambo fueron reemplazados por el edificio del templo. El nuevo edificio incorporo todo el resto de la adoración anterior en el tabernaculo (I de Reyes 8:4). El templo vino a ser el lugar donde la gente encontraba a Dios mientras hacian sus sacrificios por la expiacion del pecado y cantaban sus alabanzas a El.

Actualmente, tres templos se pararon en el monte Moriah (II de Cronicas 3:1) En Jerusalen. Esto incluye el templo de Salomón, el templo restaurado por Zorobabel y los Judiós siguiendo el cautiverio, y el que difico Herodes el Grande (En uso en el tiempo de Jesus). Este ultimo templo fue destruido cuando Jerusalen sucumbio bajo el ejercito Romano en el 70 d. C. Esta destrucción hizo completa y final el rompimiento entre el templo y la Iglesia. Desde entonces, Dios no ha permitido ni un templo tomar su lugar, porque El ahora mora en sus creyentes, la Iglesia de Jesucristo.

Vea el Cuadro 32a

## La Gente de Dios como su Morada

Con la muerte de Cristo y el nacimiento de la Iglesia, la morada de Dios cambio. El ya no esta mas en un edificio especifico, sino en los corazones de la gente. En I de Corintios 6:19 y 20, Pablo recuerda a los creyentes que son el templo del Espiritu Santo, y que no sois vuestros; ellos fueron comprados con el precio de la sangre derramada de Jesus, y necesitan dejar al Espiritu Santo hacer su trabajo en convicción de pecado para que puedan ser limpios y sean gente santa a Dios.

## La Iglesia como Templo

Jesus habló primero de su cuerpo y el templo en Juan 2:19 y 21, cuando fue al templo actual para limpiarlo porque se había convertido en cueva de ladrones en vez de casa de oración. El les dijo de su muerte y Resurrección, mientras hablaba del templo siendo destruido y luego resucitaría en tres dias. Y no fue sino hasta después que sus discípulos realizaron que el estaba hablando de su cuerpo como el templo. Efesios 2:13-22 nos explica eso, a través de Jesús, cuando venimos a ser miembros de la misma familia somos unidos con cuidado con Cristo como una morada del Espíritu Santo.

Se puede ver la Iglesia como una comparación única con el tabernaculo original en Hebreos 7-10 vemos tambien en I de Pedro 2:7 que Jesus es la piedra angular de la nueva morada, su pueblo, *"Acercandoos a El, piedra viva, desechada ciertamente por los hombres, mas para Dios escogida y preciosa, y vosotros tambien, como piedras vivas, sed edificados como casa espiritual"* (1 de Pedro 2:4 y 5).

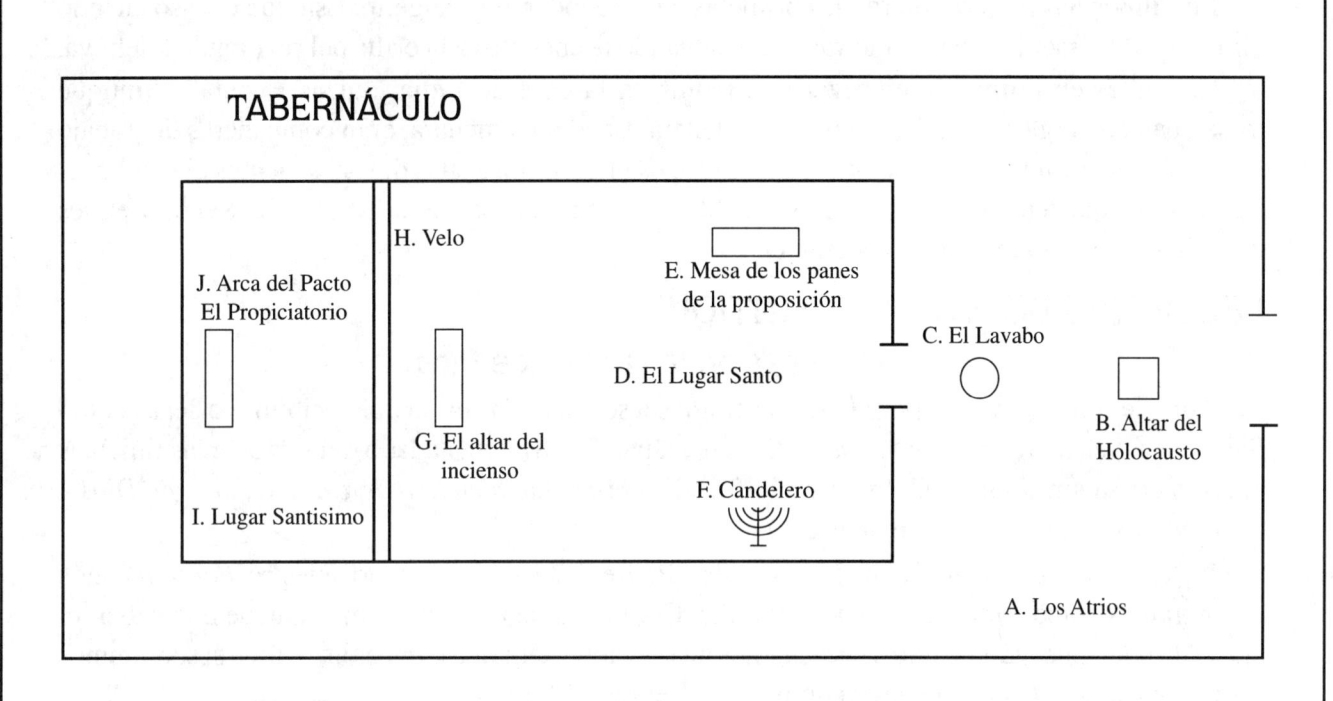

# Cuadro 32a

## TABERNÁCULO

- J. Arca del Pacto / El Propiciatorio
- I. Lugar Santisimo
- H. Velo
- G. El altar del incienso
- E. Mesa de los panes de la proposición
- D. El Lugar Santo
- F. Candelero
- C. El Lavabo
- B. Altar del Holocausto
- A. Los Atrios

Éxodos 25-27 Descripción del tabernáculo como es dada por Dios a Moises

II de Cronicas 3-5 Descripción del templo edificado por Salomón

Hebreos 9-10 Descripción de Jesus como sumo sacerdote para un tabernáculo perfecto

I de Corintios 6:19 y 20; 12:12 Descripción del cuerpo de Cristo con cada creyente como templo del Espíritu Santo

Siete articulos de muebles:
- Altar — Sangre
- Lavabo — Agua
- Mesa de proposición — Pan
- El Candelero de oro — Aceite
- Altar del Incienso — Oracion
- Arca del Pacto — Ley
- El Propiciatorio — Gracia

A. **Los atrios** Sitio de los Gentiles (Exodo 27:9-19; 38:9-20)
   **Paralelo Cristiano** — La mayoria del ministerio de Jesus tomo lugar entre los Gentiles

B. **Altar del Holocausto** (Éxodo 27:1-8) Cuando uno viene por la unica puerta, el se enfrenta con la necesidad de un sacrificio
   **Paralelo Cristiano** — Jesus es la puerta (Juan 10:9), el unico camino al Padre. El es tambien el Cordero de Dios, sacrificado por nosotros

C. **Lavabo** (Éxodo 30: 17-21) Lugar de limpieza
   **Paralelo Cristiano** — Nuestra necesidad de limpieza (Salmo 51:2). El mandamiento de limpiarnos mismos (II de Corintios 7:1); manera de limpiarse I de Juan 1:7 y 9; Efesios 5:25-27)

D. **El lugar Santo** Donde esta el pueblo de Dios (Exodo 40)
   **Paralelo Cristiano** — El cuerpo ungido de los creyentes y los articulos del mobiliario estaba disponible para ellos (Comunion, ministerio, comunicación con Dios) (Juan 14:23)

E. **Mesa de la proposicion** (Éxodo 25:23-30; Levitico 24:5-9) Una mesa que contenia el pan que representaba la presencia de Dios entre su pueblo
   **Paralelo Cristiano** — Jesus fue levantado (Juan 12:23); Jesus es el pan de vida (Juan 6:32-36)

F. **El candelero de oro** (Éxodo 25:31-40); Levitico 24:1-4)
   **Paralelo Cristiano** — Jesus es la luz del mundo (Juan 8:12); os creyentes son luz (Mateo 5:14-16)

G. **Altar del Incienso** (Éxodo 30:1-10)
   **Paralelo Cristiano** — Oración es como incienso (Salmo 141:2) Incienso representa las oraciones de los santos (Apocalipsis 8:3-5)

H. **Velo** (Éxodo 26:31 y 32) Separaba el lugar santo del lugar santisimo (Éxodo 26:33); Solo los sumos sacerdotes podian entrar, en el dia de la expiación (Hebreos 9:6 y 7); Se rompio en la muerte de Jesus (Mateo 27:51). Los creyentes pueden entrar ahora en la presencia de Dios por la sangre derramada de Jesus (Hebreos 10:19-22)

I. **Lugar Santisimo** (Éxodo 28:29; 26:33) Lugar donde la presencia de Dios mora:

J. **Arca del Pacto** (Éxodo 26:33) **El Propiciatorio** (Éxodo 26:34; Hebreos 9:5-12) (El Arca tenia adentro los diez mandamientos, la vara de Aaron, y un frasco de mana) Simboliza la ley de Dios y provision — lugar de su expiación

## EL FRACASO DE EVODIA Y SINTIQUE

(Basado en Filipenses 4:2 y 3)

En Filipos, las mujeres fueron las primeras en responder al Evangelio. Este fue el caso cuando vimos a Pablo traer las buenas nuevas a Lidia cuando la encontro a la orilla del rio orando a Jehova.

Creyentes en Filipos se empezaron a reunir en la casa de Lidia; quizas Evodia y Sintique trabajaban en la Iglesia local que vino a existencia. En alguna menera, eran compañeras de trabajo con Pablo en la ciudad, No sabemos lo que causo esa fisura entre ellas dos; ni sabemos el resultado. Lo cierto es que tenian un conflicto, que Pablo vio como un estorbo al trabajo del Señor y el, les urgio a que se reconciliaran y vivieran en paz.

## LECCIONES DE EVODIA Y SINTIQUE
### Relaciones en la Familia de Dios

Aunque fuimos creados por Dios, no venimos a ser sus *hijos* hasta que recibimos a Jesus como Salvador y Señor. Tenemos que *nacer de nuevo* (Juan 3:5-8) y trasladado del reino de las tinieblas al reino de Su amado hijo (Colosenses 1:13). *"Y si hijos, tambien herederos; herederos de Dios y coherederos con Cristo"* (Romanos 8:17).

En esta nueva relación con Dios nuestro Padre y Jesucristo como nuestro *hermano*, nos encontramos como parte de una nueva familia. Como con una familia humana, tiene que haber un ajuste de relaciones. Como hijos, necesitamos instrucción y tambien corección, porque si soportamos disciplina Dios trata con nosotros como hijos (Hebreos 12:7 y 8).

Pablo tenia problemas con mujeres chismosas en su dia. Mujeres en la Iglesia, hoy, tambien necesitan aprender a amarse una a otra y relacionarse una a otra como parte del mismo cuerpo.

Como Evodia y Sintique, somos colaboradores de Dios. Cada persona tiene una funcion en Su cuerpo. Debemos de conocer nuestro lugar y estar en sumision a la autoridad. Solo mientras llenamos nuestras mentes de la Palabra de Dios podemos ser de una sola mente, porque entonces tendremos la mente de Cristo. Es la unidad de Su mente que nos trae unidad y acuerdo real.

**I de Corintios 3:1-4** Division y contienda viene de tener una mente que es _____

_____

_____

esto quiere decir _____

_____

_____

**I de Corintios 2:16** Debemos de tener _____

_____

_____

**Juan 16:13-15** El _____

nos ayuda a tener una mente _____

_____

_____

**I de Corintios 1:10** Los creyentes son exhortados a _____
_____
_____

**I de Pedro 3:8 y 9** Como creyentes debemos _____
_____

somos llamados a _____
no _____

**Filipenses 2:2-8** Para tener el sentir de Jesus debemos _____
_____
_____

**Salmo 133:1** Debemos de habitar juntos en _____
_____
_____

**Santiago 3:16** Donde hay _____
_____
_____

hay _____
_____

**I de Corintios** 12:35 No debe de haber _____
_____
_____

sino _____
_____
_____

**Efesios 4:1-13** Venimos a la unidad de la fe por _____
_____
_____

**Efesios 4:14-32** Mientras maduramos en nuestras relaciones con Dios y con otros _____
_____
_____

# EL ÉXITO DE LOIDA Y EUNICE
(Basado en II de Timoteo 1:1-8; Hechos 16:1-3)

Aunque las abuelas son referidas en las Escrituras, el termino *abuela* es usado solo una vez.

Esto es en referencia a Loida, madre de Eunice, y abuela de Timoteo.

Loida era una Judía devota que habia instruido a su hija y nieto en las Escrituras del Antiguo Testamento. Ella era un vivo ejemplo de Joel 1:3, que dice, *"De esto contareis a vuestros hijos, y vuestros hijos a sus hijos, y sus hijos a la otra generacion."* Su familia habia pasado la Palabra de Dios de generación a generación.

La familia vivia en Listra, es posible que Pablo, durante una visita alli, tuvo el gozo de traer a Loida, Eunice y Timoteo a Cristo. (Hechos 14:6 y 7; 16:1). El luego escribio de su fe no fingida que habia en los tres. No hay registro del padre de Timoteo, aparte de la verdad de que el era un gentil.

La Biblia nos dice que Loida y Eunice tenian una gran influencia espiritual sobre de Timoteo. Estas mujeres piadosas lo entrenaron en la forma correcta. Que agradecidas deben de haber estado cuando Pablo escogio a Timoteo como su compañero en el trabajo misionero. Para Timoteo, Pablo parecia decirle, "Siempre te han enseñado las Escrituras. Esto representa la gracia de Dios para ti. Se agradecido.

Despues de la referencia de Loida y Eunice por Pablo no son mencionadas otra vez. Quizas eran ellas a las que Pablo se referia en I de Timoteo 5:4 y 5: *"Pero si alguna viuda tiene hijos, o nietos, aprendan estos primero a ser piadosos para con su propia familia, y a recompensar a sus padres; porque esto es lo bueno y agradable delante de Dios. Mas la que en verdad es viuda y ha quedado sola, espera en Dios, y es diligente en suplicas y oraciones noche y dia."*

## LECCIONES DE LOIDA Y EUNICE
### Relaciones Entre Generaciones en la Familia de Dios

El deseo de Dios es que toda la familia sea salva para que la Iglesia este compuesta de gente de todas las generaciones. ¿Cual es la oración del Salmo 71, particularmente versiculo 17 y 18?
_____
_____

Describa la salvación de las siguientes familias completas:

Rahab (Josue 2:17-19; 6:25) _____
_____
_____

El carcelero de Filipos (Hechos 16:31-34) _____
_____
_____

## EL ÉXITO DE LA SEÑORA ELEGIDA
(Basado en II de Juan 1:1-3)

Aunque la señora Elegida puede ser llamada exitosa, lo que leemos de ella contiene un aviso. ¿Quien era ella?

Primero, ella era una *dama,* implicando que ella era una mujer con dignidad. Ella fue *electa,* queriendo decir que fue elegida del Señor. Esta señora no solo fue elegida en el sentido de caracter, pero tambien fue elegida o escogida por Dios de acuerdo a su proposito eterno. Esta señora elegida fue probablemente una convertida del ministerio de Juan. El la ensalza por su devocion al Señor.

Es evidente que era bien conocida para Juan. Ya que no es mencionado su esposo, probablemente era una viuda rica que podia cuidar los santos de Dios que pasaban por su camino. Fue porque era hospitalaria que Juan la avisa de que no albergue a falsos maestros que niegan que Jesus vino como Dios manifestado en la carne. Juan urge a la señora que no sea engañada o que pierda lo que tiene. Le dijo que no recibiera a estos engañadores en su casa. Y que se cuidara de los tales, ella tiene que obedecer la verdad.

Sus hijos seguian su fe, caminaban en la verdad y Juan se regocijaba por esto.

## LECCIONES DE LA SEÑORA ELEGIDA
### Relaciones que no Debemos de tener como Parte de la Familia de Dios

Se nos ha dicho que estemos en unidad con los creyentes, pero tambien se nos advierte de no relacionarnos con aquellos que engañan y guian fuera del camino.

**I de Juan 4:1-6** Aquí se nos avisa concerniente _____

porque _____

_____

_____

**II de Pedro 2:1-22** Se nos avisa de falsos maestros y profetas que _____

_____

_____

**Mateo 10:5-15** Cuando Jesus mando a sus discipulos, les aviso de _____

_____

_____

**II de Corintios 6:16-18** Aquí, se nos avisa de _____

_____

_____

**II de Tesalonicenses 3:14 y 15** Aquí, Pablo avisa de _____

_____

_____

el dice, en este caso, de _____

_____

_____

**Mateo 18:15-17** Concerniente a la disciplina de la Iglesia, Jesus dice _____

_____

_____

**II de Timoteo 4:1-4** Aviso a los que viven en los ultimos dias

## RESUMEN

Usando el concepto de la Iglesia como una casa espiritual, consideramos las relaciones que Dios quiere que tengamos uno con el otro mientras somos "Juntamente edificados para morada de Dios en el Espiritu" (Efesios 2:22). Evodia y Sintique ejemplifican conflictos que ha veces surgen con compañeros de trabajo. Loida y Eunice fortalecen las relaciones familiares que debemos de tenes como Cristianos.

La señora Elegida nos hace saber de las relaciones que *no* debemos tener, particularmente con falsos maestros. Podemos aprender de cada uno de estos para ser mejores hermanas y hermanos en Cristo.

## EJEMPLO MODERNO

Como viuda reciente Rut encontro mucho tiempo en su vida, asi que ella ayudo voluntariamente en un ministerio de la iglesia que mantenia un centro donde los necesitados venian por comida y otras cosas necesarias. Varios dias a la semana se le veia entrevistando clientes, llenando la despensa, poniendo al dia los archivos — haciendo todo. No solo estaba capacitada, pero le gustaba estar ocupada. Mientras mas se envolvia mas veia cosas que arreglar. En varias ocasiones, ella sugirio cambios al liderazgo. A veces procedimientos eran alterados por la percepción de Rut. No obstante, mientras mas trabajaba y mientras mas oidas eran sus sugerencias, mas dominante se volvio con los otros voluntarios.

Cuando Pamela, una madre joven, se hizo voluntaria para el proyecto de Navidad, ella no sabia la situacion. Ella solo sabia que estaba emotionada acerca de como decorar las canastas, que mensajes poner en ellas, y la posibilidad de poner juguetes en la provisión de comida. Ella hablo con el director, quien aprobo sus nuevas y frescas ideas.

Pero cuando Rut descubrió lo que Pamela estaba haciendo, ella le hablo aparte y le explico que las canastas nunca se habian hecho asi. Luego ella sutilmente desacredito las ideas de Pamela cuando hablaba con las otras voluntarias. Pamela estaba herida, pero no sabia que hacer. Ella ya estaba envuelta en el proyecto y queria verlo terminado, asi que oro.

El liderazgo del centro estaba muy preocupado de tocar la situacion que estaba trayendo tensión a los voluntarios. Este tiempo de "buena voluntad a los hombres" estaba siendo una de "mala voluntad en el ministerio." Todo el proposito del alcance Navideño se estaba perdiendo entre sentimientos heridos.

La tensión era grande mientras los voluntarios se reunian para la reunion regular mensual. Se reunian en pequeños grupos en vez de hablar uno con otro como antes.

Para comenzar con una nota positiva, el director anuncio que negocios serian discutidos al final de la reunion. Luego introdujo a un pastor, que comenzo a leer la historia de Navidad. Despues, el pastor hablo de lo inigualable de cada regalo de los magos, el hablo de como cada persona hoy, tiene un regalo unico de servicio que puede traer ante el Señor.

Cerrando, pidio que bajaran las cabezas en oración, y que cada persona diera al Señor su regalo unico — el servicio especial que estaba haciendo esta temporada de Navidad.

Mientras todos estaban quietos, Pamela se paro y cruzo el cuarto. Puso sus brazos alrededor de Rut, dandole un abrazo mientras le susurraba en sus oidos. Pronto, los otros pudieron oir los sollozos de Rut — pero no se atrevieron a mirar por las lagrimas en sus propios ojos empañados. Ahora, pensando de su propio unico regalo no parecia apropiado. Ellos acababan de atestiguar lo que el unico regalo de Dios para el hombre puede hacer. Jesus vino a traer el amor de Dios y estaban recordando el nacimiento a través de las canastas que estaban regalando. Este amor trajo perdon y reconciliacion para Pamela y Rut. ¡Que regalo tan grande hay aqui para recordar en Navidad!

## ¿QUE PIENSA USTED?

1. ¿Cual es su concepto de la verdadera Iglesia? _____
_____
_____

2. ¿Como podemos como creyentes, estar unidos, de acuerdo y una mente? ¿Que impide esto?
_____
_____

3. ¿Como expresa usted amor e interes hacia su hermana en el Señor? _____
_____
_____

4. ¿Cual es su actitud hacia aquellos con quienes no esta de acuerdo? _____
_____
_____

5. ¿Cual es el aviso escritural concerniente a falsos maestros y profetas? _____
_____
_____

## EVALUACIÓN PROPIA

1. ¿De que forma esta usted implementando los principios aprendidos de estas cinco mujeres?
_____
_____

2. ¿En que forma esta usted fallando en implementar los principios aprendidos de ellas? ____
_____
_____

3. ¿Que necesita hacer usted para cambiar? _____
_____
_____

4. ¿Como lo hara? _____
   _____
   _____

*Lección 33*
# La Novia del Cordero de Dios

## *Un Ejemplo de la Iglesia Gloriosa*

*A fin de presentarsela a si mismo, una Iglesia gloriosa... porque somos miembros de su cuerpo, de su carne y de sus huesos. Por esto dejara el hombre a su padre y a su madre, y se unira a su mujer, y los dos seran una sola carne. Grande es este misterio; mas yo digo esto respecto de Cristo y de la Iglesia.*

Efesios 5:27a, 30-32

## PREPARANDO EL ESCENARIO

Mientras venimos a la ultima lección de este curso de estudio, tomaremos una mirada profunda a la ultima mujer de la Biblia — la novia de Jesucristo. Ella no es una sola persona, ni esta compuesta de muchas personas, sino una nueva creación de todos aquellos que sus nombres estan escritos en el libro de la vida. Ella es la Iglesia, los verdaderos creyentes nacidos de nuevo, el Cuerpo de Jesucristo. Ella es la culminación del deseo y plan de Dios para el hombre — gente con quien puede tener comunión intima por la eternidad.

En la primera lección, la novia fue introducida como la que Dios esta preparando hoy para reinar con Jesus. A través de este estudio, vimos como cada mujer de la Biblia nos enseño algo que nos ayuda a parecernos a la naturaleza de Jesus. Por permitir que el Espíritu Santo obre estas verdades en nuestras vidas, venimos a ser la novia con todo su esplendor y belleza que Dios desea.

Aprendemos que Dios tiene la ultima responsabilidad de traer a su novia a existencia, pero nosotros tambien tenemos una parte. Tenemos que aceptar lo que Dios hizo a través de Jesus, obedecer su Palabra y someternos al trabajo del Espíritu Santo en nuestras vidas.

## La Novia de Jesucristo

De acuerdo a la Palabra de Dios, la Iglesia es el Cuerpo de Cristo y la novia de Cristo, ambos. Estos dos conceptos tiene que ver con una diferencia de tiempo. Hoy, la Iglesia es el Cuerpo de Cristo manifestando la Vida de Cristo en el mundo. Un dia en el futuro, Dios presentara la Iglesia a Jesucristo como su novia.

Adán y Eva muestran un tipo de Jesus y la Iglesia (como fue dicho en la lección sobre de Eva). Eva fue la esposa del primer Adán, tomada de su costado mientras el dormia, y la hizo de la costilla de Adán; ella era del cuerpo de Adán. Dios la trajo a Adan y ella fue su esposa.

De esta manera, la Iglesia, la esposa del ultimo Adán, vino de Cristo. Mientras Cristo colgaba de la cruz, su costado fue traspasado; y sangre y agua salió. Esto representa, Cristo imparte su vida a nosotros. Mientras aceptamos que su sangre hizo expiación por nuestros pecados, y bebemos del agua de vida que ofrece gratis, somos de Su cuerpo. Despues, mientras Eva era presentada a Adán, Dios nos presentara a Jesus como su novia. Asi, esos que reciben vida eterna de Cristo un dia seran traidos a El.

Efesios 5:28 y 29 habla de relaciones con Cristo y la Iglesia comparandolo con una relación matrimonial. Como un futuro esposo, Jesus ama su Iglesia, la santificala hace santa (sin mancha ni arruga), y la limpia, preparandola para ser presentada a El mismo una novia gloriosa.

**Genesis 1:27 y 28** La novia puede ser comparada a la primer mujer que Dios creo en que ella _____
_____

**I de Corintios 15:45-49** Adán fue el _____
_____
_____

El Señor del cielo (Jesus) es el _____
_____
_____

**Oseas 2:19 y 20** Dios dice de El _____
_____
_____

**Isaias 54:5-7** El esposo de Israel es _____
_____
_____

**Colosenses 1:18-22** Jesus es la _____
_____
_____

**Efesios 2:1-7** Por aceptar lo que Jesus ha hecho por nosotros, nosotros _____
_____
_____

**Efesios 5:22-32** Cristo es el _____
_____

La relacion de la Iglesia con Cristo es comparada con_____
_____
_____

**Apocalipsis 3:21** La ultima posición de la novia (la vencedora) es _____
_____
_____

## Preparandonos para Estar Listos

Aunque es la ultima instancia de Dios que hace la provision entera para la novia gloriosa de Jesucristo, encontramos (en Apocalipsis 19:7), que ella tambien "se ha preparado." ¿Como hizo ella esto? Por aceptar la provision que Dios ha hecho para su redención a través de la sangre de Jesucristo, obedeciendo su Palabra, y sometiendo toda su vida al Espíritu Santo.

¿Cual es su posición como parte de la novia?
(Vea Juan 3:3-8; Romanos 10:17; II de Corintios 5:17; Apocalipsis 19:7) _____
_____
_____

¿Cual es su parte en ser hecho limpio, puro, y blanco?
(Vea I Juan 1:9; I de Juan 2:1 y 2; Efesios 5:26: Apocalipsis 7:14) _____
_____
_____

¿Que puede usted hacer para ayudar a separarse para Dios?
(Vea I de Juan 2:6 y 15-17; Hebreos 9:14; Juan 17:17; Romanos 8:14-18) _____
_____
_____

¿Que parte tiene la oración en traer el cumplimiento del plan divino de Dios?
(Vea Ezequiel 22:30 y 31; Mateo 9:38; Mateo 16:18 y 19; Lucas 10:19; Juan 20:21-23) _____
_____
_____

¿Como puede usted comenzar a gobernar, aun hoy?
(Vea Efesios 6:10-18; II de Corintios 10:3-5) _____
_____
_____

¿Que nos enseña Mateo 25:1-13 concerniente a estar preparado para la bodas venideras? _____
_____
_____

*"Amados, ahora somos hijos de Dios, y aun no se ha manifestado lo que hemos de ser; pero sabemos que cuando el se manifieste, seremos semejantes a el, porque le veremos tal como el es"* (I de Juan 3:2).

Siendo asi, la novia de Cristo sera una que:
- Ha aceptado que Jesus murió para redimirla
- Ama a Jesus y esta dedicada a El con todo su corazon
- Obedece completamente la Palabra de Dios
- Diligentemente ora que venga Su reino
- Intercede en oración para que otros le conozcan
- Participa en lucha espiritual
- Vive por fe en El y reclama Su Palabra para ella
- Le alaba y adora, teniendo placer en intima comunión con El
- Es vencedora en esta vida
- Esta dispuesta a sufrir por y con El
- Siempre busca hacer su voluntad
- Le da la gloria por todo lo bueno que acontece
- Sabe que El esta en control completo de todo
- Testifica de El siempre que es posible
- Se separa para El
- Permite que el Espíritu Santo la cambie a Su semejanza _____

_____
_____

## El Matrimonio de la Novia y el Novio

Comprender costumbres del matrimonio en tiempos Biblicos da una percepción de la union de la Iglesia y Jesucristo.

El novio viajaba de la casa de su padre a la casa de su novia. (A veces el padre enviaba un sirviente.)

*Jesus dejo a su Padre y vino a la tierra a buscar a su novia. (Efesios 5:25-28; Juan 1:14; Mateo 10:40; Juan 20:21)*

El padre de la novia negociaba con el novio por el precio que debia pagar para comprar la novia. *Jesus pago el precio de la redención con su propia sangre.* (I de Corintios 6:19 y 20)

Cuando el precio fue pagado, el pacto del matrimonio vino a ser efectivo. En este punto, el hombre y la mujer fueron considerados como marido y esposa, aunque no se habia consumado la ceremonia. (Tal fue el caso de Jose y Maria antes del nacimiento de Jesus.)

La Iglesia ha sido apartada (santificada) para el novio, Jesucristo. (Efesios 5:25-27)

Tan pronto como el pacto fue hecho, a la novia le fue declarado que se apartara para el novio. La pareja bebieron de una copa sobre la cual se habia pronunciado la bendición de compromiso.

*Jesus simboliza este pacto matrimonial durante la cena pascual con sus discipulos. La Iglesia comparte tomando la santa cena en memoria de El. (I de Corintios 11:25)*

El novio luego deja la casa de la novia y retorna a la casa de su padre. Allí, separado de su novia, el permanece por doce meses.

*Jesus ascendio a Su Padre despues de pagar el precio por su novia. (Juan 6:62; Hechos 1:9-11)*

Durante la separación, la novia prepara su ajuar de boda. El novio prepara su futura casa para su novia.

*Jesus esta ahora preparando un lugar para su novia. El Espiritu Santo tambien a dado regalos como parte de su preparación. (Juan 14:2; Efesios 4:11-13)*

Despues del periodo de separación, el novio y sus padrinos de bodas dejan la casa del padre del novio — usualmente de noche — y conducen una procesión a la luz de las antorchas a la casa de la novia.

*Jesus pronto regresara de la casa de su Padre acompañado de una hueste de angeles. (Juan 14:3; Mateo 24:30:25:31)*

Aunque la novia espera al novio, ella nunca sabe exactamente cuando vendra. Asi que, tiene que estar preparada para cualquier hora — dia o noche. Mientras El se acerca, ¡el dara un grito! *No sabemos el dia o la hora del regreso de Jesus. Pero, se nos dice que sera precedido por un grito. (I de Tesalonicenses 5:2; 4:16; Mateo 24:36)*

El novio tomo su novia, y sus sirvientes, y regresaron a la casa de su Padre. *La novia sera arrebatada en el aire para estar con el Señor.* (I de Tesalonicenses 4:14-17)

La novia y el novio entraron a la camara nupcial y sellaron su matrimonio en union física.

La union de Jesus con la Iglesia tomara lugar en el cielo por la eternidad. (I de Tesalonicenses 4:14-17; Apocalipsis 19:9; Apocalipsis 22:5)

Veamos escrituras adicionales que nos dicen de las costumbres del matrimonio:

Genesis 24 ¿Que similaridades ve usted entre Rebeca siendo la novia de Isaac y la Iglesia siendo la novia de Jesucristo? _____
_____
_____

¿Que nos dice del periodo de compromiso lo siguiente?
Genesis 24:58-61 _____
_____
_____

I de Samuel 18:17-27 _____
_____
_____

Mateo 1:18 y 19 _____
_____
_____

**Mateo 25:1-13** ¿Que aprendemos de la procesion a la casa de la novia? _____
_____
_____

**Genesis 24:65** ¿Que llevava puesto la novia? _____
_____
_____

**Isaias 61:10** ¿Como estaba el novio ataviado? _____
_____
_____

**Mateo 22:11 y 12** ¿Cual era la ropa distintiva de los invitados? _____
_____
_____

**Juan 2:1-11** ¿Como celebraron los invitados la ocasion? _____
_____
_____

**Apocalipsis 19:1-9** ¿Que revelacion aprende usted leyendo acerca de la cena de las bodas del cordero? _____
_____
_____

Cantar de Cantares de este libro, que esta lleno de imaginacion y simbolismo, ¿ve usted la relación de amor entre Jesus y su novia? ¿Donde? _____
_____
_____

## RESUMEN

La novia de Jesucristo es la Iglesia, los nacidos de nuevo verdaderamente creyentes en Jesus. Ella es la culminación del deseo y Plan de Dios para el hombre — pueblo con quien El puede compartir comunión intima a través de la eternidad.

## ¿QUE PIENSA USTED?

1. ¿Alguna vez a pensado de usted como parte de la novia de Jesucristo? ¿Como ha cambiado su pensar y su presente relación con El? _____
   _____
   _____

2. ¿Esta usted ansioso anticipando la cena de las bodas del cordero? ¿Como puede estar preparado? _____
_____
_____

3. ¿Ve usted ahora como la ayudaron las mujeres en la Biblia para asemejarse a la naturaleza de Jesus, para que usted sea una verdadera Iglesia gloriosa? _____
_____
_____

# AÑADE ENERGIA, REVITALIZA Y REVOLUCIONA

TU ESTUDIO BIBLICO CON OTRAS SELECCIONES
DE PUBLICACIONES HENSLEY

*A Través De La Biblia En Un Año*
Alan B. Stringfellow • ISBN 1-56322-061-X

*Mujeres En La Biblia*
Sylvia Charles • ISBN 1-56322-072-5

*Preparando El Matrimonio
En El Camino De Dios*
Wayne Mack • ISBN 1-56322-066-0

# ENERGIZE, REVITALIZE, REVOLUTIONIZE

YOUR BIBLE STUDY WITH ANOTHER SELECTION
FROM HENSLEY PUBLISHING

*Through the Bible in One Year*
Alan B. Stringfellow • ISBN 1-56322-014-8

*God's Great & Precious Promises*
Connie Witter • ISBN 1-56322-063-6

*Preparing for Marriage God's Way*
Wayne Mack • ISBN 1-56322-019-9

*Becoming the Noble Woman*
Anita Young • ISBN 1-56322-020-2

*Women in the Bible — Examples To Live By*
Sylvia Charles • ISBN 1-56322-021-0

*Pathways to Spiritual Understanding*
Richard Powers • ISBN 1-56322-023-7

*Christian Discipleship*
Steven Collins • ISBN 1-56322-022-9

*Couples in the Bible — Examples To Live By*
Sylvia Charles • ISBN 1-56322-062-8

*Men in the Bible — Examples To Live By*
Don Charles • ISBN 1-56322-067-9

*7 Steps to Bible Skills*
Dorothy Hellstern • ISBN 1-56322-029-6

*Great Characters of the Bible*
Alan B. Stringfellow • ISBN 1-56322-046-6

*Great Truths of the Bible*
Alan B. Stringfellow • ISBN 1-56322-047-4

## *Inspirational Study Journals*

A FRESH APPROACH
TO INDIVIDUAL AND SMALL-GROUP STUDY

*In His Hand*
Patti Becklund • ISBN 1-56322-068-7

*In Everything You Do*
Sheri Stout • ISBN 1-56322-069-5

*Rare & Beautiful Treasures*
Nolene Niles • ISBN 1-56322-071-7

*Love's Got Everything To Do With It*
Rosemarie Karlebach • ISBN 1-56322-070-9

# VISITANOS EN EL INTERNET

www.hensleypublishing.com

# Notas